JN174166

春秋の風

［新聞コラム］ 春秋の風

「震」の時代に生きる

梅本清一

北日本新聞社

春秋の風

「震」の時代に生きる

梅本清一

はじめに

四十年余にわたる新聞社生活をひとまず終え、人並みに振り返ってみる。一線の記者生活や管理職、役員時代。いろんなポストでいろんな仕事に挑戦した。では記者として「何を書いたのか」と問われると、世紀のスクープや特ダネなど自慢話はない。それどころか、新人時代に汗びっしょりになって、火事や災害現場を走り、原稿を書き終えた後、デスクに思いっ切り書き直されたことがよみがえる。

平成六、七年度の二年間、論説委員を務めた。務めたというよりも、在籍と表現した方が、いい。四十三、四歳のころだった。毎日の夕刊コラム「悠閑春秋」執筆を担当した。朝刊コラム「天地人」同様、一人前の一面下コラムである。以来、仕事の流儀が一変した。それまでは自分の取材担当分野があり、日々発生したこと、追い掛けるテーマがあった。しかし、新聞コラムはそういかないことが、すぐのみ込めた。日々のニュース、日々の空気の中で存在する。

コラムは無から有を生み出す作業である。テーマも、題材も、切り口も、任されているのだ。締め切りは正午。ゲラを点検し、刷り出しの夕刊を読めば、一日の仕事は一応終了するのだが、また無から有を求め、思いを巡らす時間があすの執筆完了まで続く。あすの朝刊のメニュー、深夜のテレビニュース、あすの歴史や歳時記も調べる。早朝各紙に目を通す。出勤前にテーマを決めることにしていたが、それもままならない。大事件や大災害が起きたのもこの二年間だった。阪神大震災や地下鉄サリン・オウム事件、この間に総理大臣が四人も登場したし、戦後五十年の節目に平和について考えさせられた、激動の時代だったかも知れない。

埃をかぶったコラムのスクラップブックを開いてみた。所々、読み返してみると、不思議なことになぜこの日、このテーマのコラムを書いたのか。書き終えた後、どこへ出掛けたのか。朝ごはんを慌てて食べ、飛び出したこと。夕刊作業を終え、ほっと一息し、出掛けた場所など結構、記憶がよみがえるのに驚く。思えば、私にとってコラムは、日々の刻みを書き留める日記のようであり、論説委員は四十年の中で特別な在籍であった。二年間で書いたコラムは日曜祝日を除き約六百本。論説委員から社会部長に異動になったものの、四年間朝刊コラム「天地人」の日曜日付を担当。これらの中から選び収録した。

論説委員時代、中東諸国を取材する機会に恵まれた。共同通信加盟社論説訪問団十数人の一員として二週間、レバノンからシリア、イスラエル、パレスチナ自治区、ゴラン高原を駆け巡った。訪問団は幸運にも、パレスチナ解放機構（ＰＬＯ）のアラファト議長との会見に成功した。新聞の一面や国際面にイスラエルとパレスチナの和平問題が連日、掲載される時代だった。帰国直後にイスラエルのラビン首相暗殺のニュースが飛び込み、朝刊一面で「和平の行方」のタイトルで連載した。無から有ではなく、国際ニュースのいま動いている事実を取材し、伝えることの難しさを学んだ。また、社会部長時代に富山県更生保護事業協会の広報紙に執筆したコラムを、「少年少女の風」のタイトルで、「和平の行方」と併せて収録した。コラムは全て旧聞であり、文章の拙さが目につき、赤面するばかりである。

年年歳歳花相似たり、歳歳年年人同じからず。巡る季節に咲く花々は変わらないけれど、時の主人公やニュースは次々と登場する。あれから二十年たつ。政治や経済情勢は大きく変わった。しかし、当時の社会の閉塞感から脱却したかといえば、そうでもない。東日本大震災を経験し、国際社会や国内の政治経済はなお危うい。平成二十七年は戦後七十年である。退職後に被災地を取材した「岩手三陸を訪ねて」「内外政治の風景」など現代版コラム「それから20年」と「変わる中東諸国　変わらぬ中東問題」を追加執筆し掲載した。

本書のタイトルは「春秋の風」――震の時代に生きる、とした。「悠閑春秋」の春秋を引用し、コラムは批判の姿勢、中正を旨とした。大事件が相次いだ二十年前と今日の日本も、何が起きてもおかしくない同じ「震の時代」と思う。一冊を通し、時代と社会と人間はどう変わり、変わらないのか。そんな見方で各ページをめくってもらえばありがたい。

目次

4部　それから20年

コラム　春秋の風

悠閑春秋

今春、中学校に入学する女の子が先輩としゃべっている。「中学校って楽しい?」「入学式のあとしばらくして歓迎テストがあるよ。全校テストのこと。成績順が出るからね。頭のいい子がいっぱいいるよ」◆「どんなクラブ活動があるの」「絶対運動部にしなさいよ。強いクラブだと練習がきついから。卓球かバレーボールかな。それから校内委員会や、学級の係を積極的にやった方がいい。入試の内申書に響くから」「うーん、中学校ってあんまり面白そうにないね」。側で聞いていたお父さんが憂うつになった◆県内の中学校は六年生と父母を対象にした入学準備説明会を終えた。教科内容、生徒会活動、制服、頭髪、ソックスの色、自転車通学の有無、家庭での学習時間…。親は準備でなにかと物入りだが、それ以上に子供の学校生活が心配になる◆山田洋次監督の映画『学校』の舞台は夜間中学だが、人と人のふれ合いや、語らいの中に学ぶことの本質があることを教えてくれた。本社が募集した映画『学校』の感想文が九日付本紙朝刊に載っていた。映画のシーンと重ね合わせ、恩師や仲間、生きることについて様々な感動や、思い出がつづられている◆県立高校入学試験がきょうから始まった。「偏差値追放元年」と言われた今年、例年になく父母や先生の苦労が多かったろう。子供たちの幸せ探しは始まったばかりである。

1994年3月10日北日本新聞夕刊の一面コラム「悠閑春秋」

「悠閑春秋」は２００９年12月に休刊した北日本新聞夕刊の一面コラム。２００７年3月まで本社論説委員が担当し、その後、外部の執筆者が引き継いだ。夕刊ならではの、やわらかく、面白く、また速報性の高い、その日に起きたニュースに関するコラムを目指した。

1 「震」の時代

阪神大震災の早朝、目が覚めた途端、激しく揺れた。その瞬間、神戸の街は崩れ、火の手が上がった。

東日本大震災の時、社内にいた。映し出されたテレビの映像は三陸地方を襲う大津波、町をのみ込む光景に息をのんだ。東北の震災が一層、困難に陥ったのは原発事故による放射能の拡散だ。「フクシマ」は原発の在り方を世界に発信した。

阪神大震災が終息する間もなく、地下鉄サリン事件が起きた。オウムによるテロだった。この年、驚く出来事が政治、経済とも続いた。一九九五年の世相を表現する一文字が「震」。おどろおどろしい。東日本大震災から四年たつが、復興には程遠く、福島の被災地の人々はなお、帰還できない。原発をどうするのか、明快な国家目標もなく、再稼働に向け進む。政治の世界では安倍政権は、憲法解釈による集団的自衛権の行使容認を閣議決定した。ある意味、今も「震」の時代ともいえよう。

１・17大地揺れる

（悠閑春秋　１９９５・１・17）

厳しい冷え込みで目が覚めた。午前五時四十六分、その瞬間、グラッときた。激しい揺れだ。これほどの揺れなら東北、北海道の被害は大きいゾ、と脳裏をよぎる。厳寒の被災者の姿を想像した。テレビのスイッチを入れる。映し出された画面は何と関西である。震源地は淡路島でＭ７・２。神戸、洲本が震度６（烈震）。関西で震度６は一九四六年の南海道地震以来という。地震は列島の北の端《はし》や海の遙《はる》か彼方《かなた》だけでない。地球全体でＭ７以上の地震の一割は、日本近辺で起きていることを忘れていた。

夜が明けるにつれ、被害が明らかになる。阪神高速道の高架橋が落下や横倒しになった。自動車が下敷きになり、死者が出た。電車が脱線した。家やマンション、神社など建物が倒壊した。各地で火の手が上がる。多数の人が生き埋めになったり、閉じ込められている。

東海道新幹線や高速道など動脈がストップする。ガスなどパイプラインが破裂した。高速道の落下は日本では初めてだろう。近代都市を襲った直下型大地震は、関東大震災以来だそうだ。人口密集地だけに被害が広がる。都市はもろい。

石橋克彦著『大地動乱の時代』によると、首都圏の大地震活動は、幕末から関東大震災で終わった。大地の平穏な時代が過ぎ、再び「大地動乱の時代が来る」と警告する。きょうあす、また大地が大揺れしてもおかしくない。家庭で職場で地域で備えは大丈夫か。

いのちを救え

（悠閑春秋　1995・1・18）

兵庫の直下型地震から一夜明けた。炎と黒煙がなお不気味に上がり、天を焦がす。焼け野原の街が広がる。何と無情な風景だろう。経済大国、科学技術の先端を走る日本だが、大地震にはなす術《すべ》もない。死者は二千人を超えた。

加えて、心配なのは行方不明者が千人以上もいることだ。ビルや高速道のガレキの下に埋まっているのか、家屋の柱と壁に挟まれているのか。体中、血だらけで救助を待っているのか。泣き叫ぶ声が聞こえる。救助が必要な場所は約八百カ所もある。

外国でこんな例があった。一九八五年のメキシコ地震で、国際救助隊が編成された。何日も経ってガレキの下から子供らが救助された。八六年のシンガポールのホテル倒壊事故では、やはり救助を待っている人々がいた。ボランティアらが「きっと生きている」と信じ、作業を何日も続けた。

豊かな国は地震の前には瀕死《ひんし》の状態だ。隣県の自治体などから救援隊が派遣された。物資や水を運ぶトラック。思い余って駆け付けたボランティアもいる。戦禍の遠い国へ行こう、と呼び掛けているのでない。食料も毛布も水もない。至急の救助、救援を待っている。

県内の警察、電力会社に加え、消防車十台、消防隊員四十二人が現地へ向かった。本社と北日本放送は被災地への義援金を募集している。同じ人間だ、日本人だ、隣人だ。心を一つに、まず命を救おう。

一歩一歩前進だ

（悠閑春秋　1995・1・20）

西宮北口と大阪・梅田を結ぶ、一部の私鉄電車が、やっと動き出した。車両は、終戦直後の風景とそっくりだそうだ。かつてはリュックを背負い、破れた服を着て、ぼう然と立つ人々でスシ詰め状態だったという。

西宮と神戸間の国道2号は人々の行列だ、と本社取材班が現地から報告している。買い出しの人。食料や水、薬などをリュックに詰め、被災地へ届ける人。西へ東へ人々が行き交う。手荷物を抱え、子供の手を引く人。カートを引く人。みな黙々と二時間も、三時間もかけ、歩く。バイクや自転車もいっぱいだ。

どの表情も疲労は隠せない。だが、怒り狂ったり、嘆いてばかりおれない。何とか生きようとする力強い姿だ。終戦のころと重ね合わせ、再び立ち上がろうと、お年寄りは体にムチ打っているのだろう。どん底から抜け出そうと必死だ。

一方で復旧が待てぬと、知人や親せきを頼りの〝疎開組〟も出始めた。避難所の市民が「ふろに入って、すっきりしたい」と漏らしていた。家、生活、会社、子供の教育、受験、ローン……。思い詰めると、眠れない。ひとふろ浴びれば、元気がわく。何とかなるさ、と気持ちの切り替えができるかもしれない。災害には必ず終わりがある、という。ずっと同じ状態が続くわけがない。一歩一歩、前進する。被災者が元気が出るよう、私たちも前進したい。

「何分初めての経験でして」

（悠閑春秋　1995・1・21）

現代の若者は「指示待ち人間」「マニュアル人間」という。計画や手順に沿って、大人が指示しないと、行動しないことだ。

兵庫県南部地震で救助、救援で行政の対応に、不満や疑問の声が上がっている。例えば、防衛庁や消防庁に「なぜヘリコプターで空から消火できなかったのか」。防衛庁に「なぜ隊員を早く、多く出せないのか」。食糧庁には「なぜ早く、米を供給してくれないのか」……。

答えは一つ。「兵庫県から要請がなければ、動けないのが行政の決まり。ほしいと言われれば、いつでも対応できる」。村山首相の答えも一つ。「何分初めての経験で、早朝の出来事だったため、混乱はあった」。なるほど、官僚や政治家も万事が指示待ち・マニュアル人間だ。

大災害を想定したマニュアルはそうない。大災害とはいつも、マニュアルを無視して襲ってくる。たとえマニュアルがあっても、どこか必ず狂う。だが、一カ所狂っただけで、すべてが狂う。だから指示ができない。行き着くところは混乱であり、責任の回避だ。

年の初めの小欄で、混沌《こんとん》の時代のキーワードは〈捨てる〉と書いた。時には固定観念をバッサリ捨てる。でないと、難局を乗り切れない、と。日本の指導者は営々と、指示待ちとマニュアルを守ることに腐心し、〈捨てる〉ことを忘れていた。

「阪神大震災」に統一

（悠閑春秋　1995・1・24）

江戸時代の、安政地震直後のかわら版に、地震ナマズを描いた鯰絵《なまず》がたびたび登場する。鯰は地震の震源を表現している。長いひげのでっかい鯰の上に乗った人々が、慌てふためいたり、怒ったりしている。

鯰の格好は普通だが、人々の様子から鯰の暴れ具合が分かる。鯰の体の上の人々は、江戸の町で暮らす人間社会だ。人がいなければ、鯰がどんなに暴れようが、被害はない。震度が大きかろうが、小さかろうが、暮らしに影響がない。

「兵庫県南部地震」が、きょうから本紙朝夕刊で、「阪神大震災」に名称が統一された。「地震」から「震災」になった。鯰だけの様子から、人々の混乱や慌てぶりなど実態に即した結果だ。人口密集地を激震が襲い、市民生活や経済活動などに、壊滅的な被害を与えているだけに、地震災害つまり「震災」の表記は自然だろう。

気象庁が地震名を付けるが、震源地を地震名の頭に置くのが通例だそうだ。「兵庫県南部地震」の震源地は県南部の淡路島だったため、そう名付けた。大正十二年の地震は、関東大地震と命名されたが、一般には関東大震災と呼ばれる。揺れだけでなく、空前の災害だったからだろう。

死者五千人を超え、避難生活者が三十万人。これを「震災」と呼ばず、何と呼ぼう。震源の鯰だけ重視する命名は、少なくとも文明社会の発想ではない。

援助の風やまず

（悠閑春秋　１９９５・１・25）

きょうの県内は少し青空が広がったが、寒さは厳しく、春はまだ先だ。天気予報で神戸のお天気マークが気になるこのごろである。

お天気ニュースで必ずキャスターは、神戸の予報を言う。被災者の気持ちが雨なら、せめて天気だけでも晴れてくれ、と願う。避難所生活から解放され、まずは仮設住宅で水入らずの食事と入浴。そんな日常生活を、一日も早く取り戻した時が早春だろうか。

被災者に春を願うのは、県民も等しく同じである。本社と北日本放送が募る義援金は、二十四日まで一週間で一万二千五百六十一件、一億八千五百九十万八百六十四円も寄せられた。個人が多いが、職場やサークル、町内会、小学校児童会、ＰＴＡ、消防団……。スーパーに備えてあった募金箱も届いただろう。

富山市奥田小では授業で話し合った。地震の怖さ、避難生活、人が死ねば、周りの人も悲しむこと……。手伝いにいけない。せめて寄付したい、と募金を始めた（25日付本紙朝刊）。児童会からは千円札もあるが、一円や十円、百円玉が目立つ。お年玉の一部や貯金箱丸ごとか。大切なお金を役立てる。これも一つのボランティアだ。

総数は一万二千件。多くは職場や町内会、募金箱にと、二重三重に寄せているに違いない。紙面に載るぼう大な名簿を見て、人情に熱くなる。被災地の人々に春を呼ぶ、援助の風は止まない。

政治家にとって国難とは

（悠閑春秋　1995・1・26）

昭和九年十一月、物理学者の寺田寅彦は「国難」を予想し、国や国民に警告した。「当局は目前の政務に追われ、国民はその日の生活に忙《せわ》しく、忠告に耳をかす暇《いとま》がないように見える。誠に遺憾だ」

国難とは、大地震など天災のことだ。二年前に5・15事件が起き、政治家や陸軍だけでなく、人々の目も心も戦争へ向かっていた。「国難」は戦争だった。その時、地震・暴風・津波・洪水など天災は国家を脅かす敵、これほど恐ろしい敵はいない、と言う寺田の姿勢は勇敢である。

寺田の理屈は極めて明瞭《りょう》だ。戦争は是非避けようと思えば、人間の力で避けられなくはない。されど、天災ばかりは科学の力でも、中止させる訳にいかない。また、肝心な戦争の最中に江戸安政地震程度の大地震があったら、どうなろうか、と。

戦後、組閣に当たって大災害など「国難」を口にしたのは、中曽根康弘さんぐらいだそうだ。危機管理特命担当室を置いた。大災害やハイジャックなどに対応した。が、数カ月後には内閣改造で担当室は消え、報告書はたなざらしになった。

大戦後、戦争の「国難」はなくなり、政治家はもっぱら政争に明け暮れる。政争疲れか、国会の論戦を聞いていて、歯がゆい。村山首相ばかりか、政治家にとって、「天災」と「政争」のどちらが「国難」なのだろう。

マンパワーは防災の要諦

（悠閑春秋　1995・1・27）

昨年暮れのこと。近所の老人が不明になった。午前中に隣町の親せきへ行くと言い張った。多少ぼけ症状があり、家族が引き留めた。目を離したスキに自転車に乗って、出掛けた。

夕方になっても帰らない。思い当たる所へ電話するが、所在がつかめない。警察へ捜索願を出す。親せきや近所の人たち、地区の消防団員が集まる。幹線道路や農道、川沿い、神社や公民館の軒下など八方捜すが、見当たらない。

消防団員、消防署員は深夜も捜索した。近隣市町の消防団にも応援を手配した。翌朝、方向が違う町で、住民の通報で保護された。この時の捜索で献身的な消防団員に頭の下がる思いがした。団員は農家や自営業者、若いサラリーマンも交じる。みなボランティアだ。

人口百四十七万人の神戸市には、消防団員が四千人いるそうだ。三十二万人の富山市には、千三百人余り。富山市の各分団にポンプ車が配置されている。神戸市にはほとんどない。土地がないうえ、普段管理が難しいためらしい。阪神大震災で消防団の存在が薄かった。富山市が万全というつもりはない。

不明者の捜索・救助に日ごろ、町内や近所付き合いのあった人々が動いた。コミュニティーのマンパワーがものをいった。「人は石垣、人は城」という。合戦だけでなく、防災の要諦《ようてい》でもある。

サクラソウは希望の花

（悠閑春秋　1995・1・30）

休日に久しぶりに、家族と花屋さんに寄った。温室栽培のものだが、黄色や紅紫色のサクラソウ、フリージア、チューリップが甘い香りを放っていた。

サクラソウを一鉢買い、テーブルに飾った。サクラの花弁と形が似ているが、一回りも二回りも大きい。花屋さんのサクラソウは西洋サクラソウで、プリムラと呼ばれている。語義は「第一の・最初の」といい、早春にふさわしい鉢花である。

悪夢の阪神大震災から二週間がたった。無我夢中でガレキの下から脱出した。大阪まで買い出しに行った。おにぎりを求め、行列についた。どうにかひとふろ浴びることができた。少し落ち着き、家族や財産を失った大きさに気付く。心にぽっかり穴があく。不眠、イライラ、食欲不振……。「災害症候群」という。今、被災者に心のケア、救援が必要だ。

「花は心の食べ物」という。被災者の心が和めばと、花の産地の市民が、避難所や病院にカーネーションやカスミソウ、サクラソウを届けたそうだ。西宮で震災に遭ったギタリストのクロード・チアリさんは、被災者の追悼と復興の願いを託し、組曲の作曲を始めた。避難所を、ギター片手に巡回している人もいる。歌も心を癒《いや》す。

春を告げる「第一の・最初の花」サクラソウの花言葉は希望という。希望のもてる「明日」が一日も早く来ることを祈る。

普通に振る舞おうよ

（悠閑春秋　1995・2・1）

激震の一月が去り、はや二月である。二月を陰暦で如月《きさらぎ》という。衣更着《きさらぎ》とも書く。寒さがなお厳しく、重ね着するので「きさらぎ」という。神戸は三日続きの氷点下を記録、被災者にこたえる如月である。

二月は商売や興行が振るわない「二八《にっぱち》」の月でもある。正月の次の月で、人々はお金を使い果たし、景気がよくない。株の相場が下がり、買い時になる。「二月の涙月」「二八の買い」というそうだ。ただでさえ、重苦しい月だというのに、阪神大震災の影響で、イベントやお祭りを中止する動きが各地で広がっている。札幌の雪まつりでは、花火の打ち上げや、タレントのショーなどが中止される。節分の行事を中止したり、縮小予定の寺社がある。八九年の昭和天皇の死去以来の自粛ムードだ。

被災地の神戸市南京町ではきのう、いったんあきらめかけた春節の神事を行った。商店街の戦後世代の人たちが「新年（旧正月）を前向きに迎えよう」と死者を供養し、再生のシンボルにと考えた。被災者に酒や水ギョーザを振る舞った。その心意気がいい。

被災地では、仕事のできる人は仕事を始めた。ゆっくりだが、一歩一歩、前へ進む。国民は喪に服す表情を見せても、被災者は決して喜ばないだろう。辛いけど、普通に振る舞い、被災者を思いやりたい。

「やるっきゃない」

（悠閑春秋　1995・2・3）

北日本文学賞選者の芥川賞作家、宮本輝さんの伊丹市の自宅が阪神大震災で半壊し、宮本さんは仮住まいのマンションで執筆活動をしている、と本紙朝刊（2日付）にあった。

地震発生時、北日本文学賞贈呈式のため富山市内のホテルにいた。足止めを食い、テレビで惨状を見るしかなかった。「生きていられるだけでよし、としなければ」と言った。今、ショックにめげず、机に向かう宮本さんを支えるものは、関西人の気丈さだろうか。

同じ伊丹市に住む田辺聖子さんは、地震の揺れが収まり、すぐにふろ場に走った。断水にならないうちに水をためたそうだ。さすが気丈で庶民的なおせいさん。田辺さんは「阪神は昔から豊かな地域。神戸の女性はしっかりしている。大丈夫よ」と言っている（『サンデー毎日』2月12号）。

元気な関西人の原動力は土着性だろうか。埼玉、千葉など東京周辺に住んでいる人に「どこから来たの」と尋ねると、「東京」という答えが多いそうだ。半面、関西人は「神戸から来てん」「大阪やねん」とはっきり言う。頑固なまでの愛着とプライドだ。

あの日、黙々とリュックを背負い歩いた。パニックも起きなかった。外国メディアは驚き、称賛したが、地域を愛する関西人だからこそ、ごく自然に立ち上がった。復興は案外早い。「やるっきゃない」だ。

よみがえれ花の街

（悠閑春秋　１９９５・３・11）

きのう、うつらうつらしていたら、テレビから『花の街』（江間章子作詞、團伊玖磨作曲）のメロディーが流れてきた。七色の谷を越えて／流れて行く風のリボン／輪になって輪になって／駆けて行ったよ／春よ春よと駆けて行ったよ……。明るく、それでいてどこか切ない歌である。『花の街』は第二次大戦が終わり、二年目のころにできた歌という。日本中の街は、まだ焼け跡を残していた。茶色く、くすんだ風景が広がる。風が吹けば、土ぼこりが立つ。人々の心がすさんでいた。気持ちは重く、暗かった。

そうだったからこそ、詩人の江間さんは祈りを込め、花の街を夢想したに違いない。作曲家の團さんは後年、「美しい街よ、よみがえれ。やがて将来に人々の心のつくる街よ、美しくあれ。江間さんの祈りに僕の祈りが合《がっ》して、この曲は生まれた」と語っている。

きのうは、東京大空襲から五十年目の日であった。それでこの曲が流れていたのだろう。阪神大震災に遭った被災地の人々の心も、戦災後と変わらないかもしれない。今、神戸の街から、ガレキを撤去する、クレーン車とトラックが土ぼこりを上げる。十万人近くがなお避難所生活である。『花の街』の歌は続く。美しい海を見たよ／あふれていた花の街よ／輪になって輪になって／踊っていたよ／春よ春よと踊っていたよ……。

地下鉄で薬物ゲリラか

（悠閑春秋　1995・3・20）

路上や庭にいた犬やハトが転がり、池の中のザリガニや魚が浮いている。見えざる猛毒ガスがマンションへ這《は》い上がる。部屋にいた住人が次々と、目が痛み、おう吐し、けいれんの果て死へ……。昨年六月二十九日の小欄で松本市のサリン事件をこう書き出した。

現代にこういうことがあっていいのか、と戦慄《せんりつ》した日が蘇《よみがえ》る。けさ混雑する首都圏の地下鉄ホームや車内、改札口に刺激臭が立ち込めた。十数駅で同時多発した。猛毒ガスはナチスが使ったサリンの可能性が高い、と警視庁が発表した。日本の中枢が恐怖に包まれている。

松本事件のあの犬や鳥のように、乗客がおう吐やめまい、のどの痛みを訴え、倒れた。六人の死亡が確認され、多数の人が重症だ。うずくまって動けない人、路上で人工呼吸を受ける人、口から泡《あわ》を吹き出している人、目が見えないとうずくまる人、救急車のサイレン……。ＴＶ映像を見て、ここは戦場なのではと目を疑う。

松本事件は窓を開けていたため、外から猛毒ガスが侵入した。窓を密閉すれば、ガスを排除できた。それがあの事件の教訓だった。だが、ホームや駅構内は閉じることができない。地下鉄車内に新聞紙にくるんだ不審な弁当箱のようなものがあった。車内や改札口にまかれたらしい。「薬物ゲリラ」なのか。「無差別大量殺人」を狙ったのか。日本では常時、防毒マスクが必要になってきた。

地下鉄サリン・狂気の沙汰

（悠閑春秋　1995・3・22）

地下鉄サリン事件が起きた夜、東京の友人宅へ電話した。友人が地下鉄・丸ノ内線を利用している、と知っていた。奥さんはいきなり、「大丈夫よ。主人は春にオフィスが変わったの。難を逃れたわ」と言う。さらに「あれはもう狂気の沙汰《さた》。東京はパニックよ」と続けた。

いささかオーバーのように聞こえたが、いつ同じ事件が起き、巻き込まれるか分からない。地下鉄で再び新聞紙の包み紙が見つかり、騒ぎ出す。お互い隣に座った男を怪しむ。日常生活が混乱に陥る。犯人はそれを狙い、何かへの報復と、取り違えているのか。

先月末、東京の目黒公証役場事務長、仮谷清志さん（六八）が拉致《らち》される事件が起きた。警視庁は仮谷さん逮捕監禁などの容疑で、新興宗教団体オウム真理教に対する強制捜査に乗り出した。事件への関与が濃厚なためだが、一連のサリン事件との関連も調べているようだ。

仮谷さんにしてみれば突然、平穏な生活が奪われたも同然だ。先日も脱会しようとした大学生が拉致され、犯行に加わった関係者が逮捕された。常軌を逸した行動だ。平成元年には、入信問題のトラブルで教団と交渉していた、横浜市の坂本弁護士一家が失跡している。

拉致事件もサリン同様、狂気の沙汰である。狂気が巣くう社会になってしまったのか。事件の徹底解明を望み、早く「正気の社会」へ戻したい。

殺人狂は亡霊

（悠閑春秋 1995・3・27）

「百万人を殺す人は英雄に讃《たた》えられ、一人を殺すものは死刑になる。人殺しはたくさん殺した方が勝ちなのか」――映画『チャップリンの殺人狂時代』の主人公・チャップリン扮《ふん》するヴェルドゥの最後の言葉を思い出す。この恐ろしい言葉で、彼は戦争をする人々や社会に、痛烈な一撃をたたきつけた。

ナチスドイツはヒトラーを「英雄」に祭り、ナチスを維持した。狂気ゆえに、ユダヤ人を大量虐殺、無差別殺害をやってのけた。毒ガス・サリンも開発した。恐怖心をあおるやり方である。人々は遂に狂人を狂人と思わなくなってしまう。

オウム真理教の施設がきのうから、殺人予備容疑で捜索を受けている。オウム教の文書には「真理を実践させるためには、いかなる手段でも用いる」とあるそうだ。「国家権力による毒ガス攻撃に遭う」と信徒らの恐怖心をあおっていた。

山梨県上九一色村の施設はまるで「化学兵器工場」だ。フッ化ナトリウムなど数百種類の薬品や試薬、高価なガス分析器、専門書など多数押収された。地下鉄で使われたサリンは、この工場で生成された可能性が高い。

人間の心は弱い。宗教が支えになることもある。だが、弱みにつけ込み、財産を奪い、生命を危うくする行為は、もはや宗教ではない。狂人の為せるわざである。「殺人狂」は亡霊のようだ。

百科事典入り急ぐ銀行

（悠閑春秋　1995・3・29）

銀行の歴史は合併の歴史という。例えば、預金量世界七位の三和銀は、昭和八年に山口、三十四、鴻池が合併し、日本一になる。戦前の大型合併の典型だが、三十八行の合併、吸収を経ている。富士銀は六十八行、三菱銀は少ない方で二十五行が一つになった（鈴木敦之著『あなたの銀行はどうなる』）。

合併話は今も、水面下でごろごろしている。陽《ひ》の目を見るのはごく一部で、結婚と同じである。出会い、相思相愛、夢、決断、合意、祝福、円満。こうなるのが理想だが、片思いや相性、決断が鈍ったりし、破談は枚挙にいとまがない。

三菱銀と東京銀が対等合併する。資金量五十二兆円に上る、世界一の銀行が誕生するそうだ。国内に強い三菱と、外国為替の東京の結婚は、相互補完型という。近い将来に信託、証券、金融債も発行するユニバーサル・バンク（総合金融機関）に変身するだろう。

かつて、米国のシティコープを世界的銀行に育てた元会長、ウォルター・リストン氏は「金を集め、貸すだけの銀行は滅亡する以外にない。やがて銀行という言葉は、百科事典にしか残らなくなるだろう」と予言した。英国の専門家は「二〇〇〇年には、典型的な銀行はもうなくなるはずだ」と言う。

金融自由化とサバイバル。規模拡大だけでなく、質的な大きな変化。「銀行」は間違いなく、百科事典入りへ急いでいる。

今世紀最大のハイライト

（悠閑春秋　1995・4・10）

日本の東西の顔、東京と大阪の知事に、青島幸男氏と横山ノック氏に決まった。「青島だあー」「パンパカパーン、今週のハイライト」。ともにお笑いの世界で一世風靡《ふうび》したタレント議員だ。

阪神大震災、サリン、警察庁長官狙撃、信組救済、八〇円台に突入した円高……。激震続きだが、政治は手をこまねいている。まさか「笑う門には福来る」と両氏の登場となったわけでもあるまい。新知事・県議らの誕生で列島が沸く中、既成政党の幹部らが泣いている。

今度の選挙結果は青島、横山両氏の勝利というより、日本の既成政党の敗北だろう。政党は理念や政策を提示しなくなった。合従連衡と権力ゲームに現《うつつ》を抜かす。自民党と新進党の違いも不明だ。官僚におんぶし、政党同士が戦いを放棄する相乗り・談合政治は最たるものだ。

「無党派層」はこれら政党の〝常識〟を簡単に笑い飛ばした。以前、小欄で都議会与党の相乗りを「赤信号、みんなで渡れば怖くない」のギャグそっくりと揶揄《やゆ》した。みんな並んでいるから、安心と思った。ところが、その先には「青島だあー」。ここでも安全神話は崩れる。

「政党にとって、〝有権者が支持政党なし〟へ動くのは顧客を失う企業のようなもの」と佐々木毅東大教授は言っている。顧客がいなくなれば、政党は消滅する。それでも政治が動くなら、これぞ「今世紀最大のハイライト」、いや悲劇だろう。

麻原彰晃を逮捕

（悠閑春秋　1995・5・16）

夜明け前、富士山麓《さんろく》に護送車やワゴン車、迷彩服の捜査員が集結する。TVのコメンテーターは「開戦前夜の雰囲気」と評していた。オウム真理教の麻原彰晃教祖が、殺人容疑で逮捕された。ついに、やっと、やれやれ……。感慨はさまざまだ。

三月二十日の地下鉄サリン事件、同二十二日のオウム真理教捜索以来、日本中を暗雲が覆った。だが、逮捕のニュースを聞いても、富士山麓の霧のように心が晴れない。サリンがほかに隠されているのでは、という不安だけではない。歴史に残る一犯罪では済まない。ズシリと重い課題を突きつけた。

サリンを使ったオウムの人たちに、言い知れぬ冷酷さがあった。国家に特別の不満があって、無差別大量殺人を犯したわけでない。犯行声明も姿もなく、ナゾめく。サリンとハルマゲドンはすべてを無にしようと企てた。それを「破局願望」と評論家の芹沢俊介さんは言っている（『世界』6月号）。

行き詰まりを感じた若者がオウムへ入信する。さらにそこでの行き詰まりを突破しようと、教祖は信者に恐怖心を煽《あお》り、人類の破局を招くサリンへ走った。翻って日本には、すべてを無にする大震災や根本対策がない円高、自分の子が、いついじめに遭うか分からない不安。無策が続く政治と政治家……。

どうでもいいや―そんな「破局願望」が人々に忍び寄っていないか。オウムは崩壊しても、オウムの根っこは残る。徹底解明は我々自身にもある。

サティアンの風景

（悠閑春秋　1995・6・7）

山梨県上九一色村の村人たちが「麻原彰晃らが起訴されたが、一日も早く富士山麓《さんろく》が以前の原野に戻ってほしい」と切々と訴えている。被告が起訴や死刑になり、サティアンが撤去されても、村人の心からオウムの影は簡単に消えないだろう。

それもそうだ、村人らは進出時からオウムと闘い続けていた。広大な山麓に、異様な建物が並ぶ光景は、やはり異常だ。何人もの信者が村人に助けを求めて来た。建物の中でサリンが作られ、異臭を放った。それでも警察の捜査が及ぶまで随分、時間がかかった。

それ以上になぜ、行政当局が立ち入り調査できなかったのか、悔やまれる。松本サリン事件もそうだが、異様な事件の割に世間の関心が薄かったのでなかろうか。警察や行政だけでなく、一部ジャーナリストを除き、マスコミも鈍感だった。

富士山麓と松本の共通項は地方、田舎だ。日本人は古来、都と鄙《ひな》を区別してきた。鄙《ひな》のものは軽んじてきた。作家、丸谷才一さんは「目黒公証役場事務長拉致《らち》とか、霞ケ関駅とか、東京に変事が起き、初めて日本中が事の重大性に気付く。田舎のことはピンと来ないという変な癖があるらしい」と『現代』7月号で書いている。

富士山麓にどれだけサティアンが建てば、日本中が騒いだのだろう。その光景を想像しただけで、ゾッとする。多くの犠牲者を出して、やっと富士山麓に目が向いた。疲れ果てた村人たちを思う。

坂本弁護士一家事件に思う

（悠閑春秋　1995・6・26）

坂本弁護士一家失跡事件で、昨年暮れ、本社ギャラリーで救援美術展があった。開会式に母親のさちよさん（六三）が駆けつけた。「地域のみなさまの心に感謝するばかりです。絵を見て頂き、協力して頂くことが救出に結びつくと信じています」。しっかりした言葉が忘れられない。

さちよさんの『希望』という詩がある。「……あらゆる伝を頼って協力を求める手紙を書いた／……全国各地の街頭で街中で集会でマイクを握った／できることなら逃げ出したい／その思いをこらえ必死で訴え続けてきた／息子たちを助けるためにどうぞ力をお貸し下さい」

一昨日の本紙夕刊と昨日の朝刊のショッキングな見出しに息をのんだ。「坂本弁護士一家を薬殺、富山で一人埋めた、オウム元幹部が供述」。もし本当なら、大変なことである。一日も早く元気な姿を、と願っていたのに……。

松本サリン、東京地下鉄サリン事件の事の始まりは、坂本弁護士一家三人の拉致《らち》だ。坂本弁護士はいち早く、出家信徒の親たちの相談を受け、教団と交渉した。交渉決裂直後の一九八九年十一月三日夜、自宅から忽然《こつぜん》と消える。自宅にオウムのバッジがあったが、宗教法人ということで捜査は及び腰だったという。

嫌疑が持たれながら、「一番疑われるオウムがするわけない」と居直るオウム。一家が事件に巻き込まれ、五年七カ月も行方不明という虚《むな》しい現実。さちよさんの心中を思うとつらい。

被災地・論説委員の目線

（悠閑春秋　1995・10・16）

阪神大震災から二カ月後、神戸新聞社論説副委員長の、中平邦彦さんから、横浜での会合で聞いた体験談が忘れられない。スーツ姿の中平さんは「実はこんな服装は、震災後初めてなんです」と言い、ぽつりぽつり話し始めた。

グラッときた次の瞬間、一秒で家屋がつぶれ、二秒で埋まった。警察や消防、自衛隊。この国は一体何をしてくれたのか、あらためて思った。二週間目でやっとふろに入った。中平さんは震災と同時にズックとリュックサックを背負う姿に変わった。社説やコラムを書く場所がない。震災で社屋が壊れたためだ。無事だった市立博物館で執筆した。

ふだん頼みの電話が使えない。取材相手とアポイントメントがとれない。論説室にあったスクラップ帳や本など資料が一切ない。毎日、ノートを持って現場へ行った。頭では書けない。行かないと書けなかった。素手で立ち向かった。

幸い、記事は読者の共感を得た。新聞が存在し、頑張っていること自体、市民の勇気づけになった。社説で今何をすべきか、どう生きるかを書き続けた。そのころ、在京紙の社説のテーマは政府の危機管理や対応への批判、東海地震は大丈夫かなどであった。被災者になって、それらの記事は他人事のように映った。検証は後でいいと思った。記者の目線は一点、「被災者」であった。今週は新聞週間。小欄を含め本紙はおごることなく、目線を低く低く、と自戒したい。

「震」の裏側に愛がある

（悠閑春秋　１９９５・12・13）

「震」という字は『角川大字源』によると、雷が物をふるわせる、そこから「ふるう」「ふるえる」意に用いるそうだ。大地が震え、人々を威《おど》し、驚かす。自然界では平常時、雷が暴れる様相ほど怖いものはない。

今年の世相を表現する一文字を、日本漢字能力検定協会が募集したところ、「震」が断然トップだった。次いで乱、災、恐、激、驚……狂と続く。雷どころではない。何とおどろおどろしい字の、オンパレードなのだろう。確かに「震」の一年だ。阪神大震災に加え、オウム事件の数々。地下鉄サリン、警察庁長官狙撃、坂本弁護士一家拉致《らち》。「震」はまだある。超円高、無党派知事誕生、都市博中止、金融機関倒産、大和銀行巨額損失、官官接待、スーパーの女高生銃撃、いじめ……。大地は震え、人々は怯《おび》え、時には怒った。

「震」は小社の新聞発行にも影響を及ぼす。朝夕刊以外の号外と特報（駅や繁華街の張り出し）は阪神大震災以来、二十一回にのぼる。「かつてないこと」と先輩諸氏は言い、道理で小欄も忙しい。原稿執筆中によく震えるニュースが飛び込んだ。書き替えもしばしばで、末尾には「祈る」「望む」と書いた。救出、復旧、平和を祈り、事件の早期解決を望んだ。

とはいえ、「禍《わざわい》を転じて福となす」という。震災でボランティアの活躍に感動し、「愛」という字を挙げた人もいた。「震」の裏側に「愛」がある。人の「愛」が身にしみた年でもあった。

クリスマス前の神戸

（悠閑春秋　1995・12・22）

クリスマス前の神戸の繁華街は例年以上に、豪華なイルミネーションで飾られている。震災で苦しむ市民を励まし、苦境をはね返そうという心意気なのだろう。

神戸新聞社の友人から手紙をもらった。神戸はやっとガレキが取り除かれ、更地《さらち》がやたら目につく。繁華街から一歩外を歩くと、師走の空の下、所々荒涼とした風景が広がる。街は次第に片付き、一見落ち着いていくようだが、それからがなかなか進まないそうだ。

手紙には「更地の広がる風景は、寂しいものです。そこをどうするのか。国、自治体、地域のコンセンサスは容易に得られません。私たちも含め、当分、試行錯誤が続きます。良いお知恵を貸して下さい」とあった。更地はだだっ広く、そこに立つと、木枯らしが身にしみるだろう。

手紙を読み、来年度の国の震災関連予算や被災者が気になった。総額は一千二百七十億円。経済復興優先型という。一方、行方の定まらぬ更地の横でなお七万人が仮設住宅で暮らす。わずか二十五平方メートルの狭い空間で年を越そうとしている。七百人の被災者が残る学校などの旧避難所も、年内に閉鎖されるそうだ。

震災から十一カ月余り。今、高齢者や障害者、震災遺児らにとって、一番辛《つら》い時でなかろうか。やっと立ち上がった人。心の傷が癒《い》えない遺児たちもいる。人々の関心が薄らいでいくが、「神戸」に学んだことを思い出し、もう一度、支え合う絆《きずな》を結びたい。

激震の1年終わる

（悠閑春秋　1995・12・28）

今年逝った人、出会った人。年の瀬にそれぞれの思いは深いが、まず阪神大震災の犠牲者を思った。六千三百八人。あらためて息をのむ数字だ。一人ひとりに人生のドラマがあったことを忘れまい。

作家、山口瞳さんの死も強烈だった。『週刊新潮』の連載「男性自身」は千六百十四回。休むことなく、三十二年間に及んだ。「どうやって死んでいったらいいのだろう。それぱかり考えている」。病床で綴《つづ》ったこの文章が絶筆となる。かつて「心の琴線に触れるもの（文）しか信用しない」と言った。胸に突き刺さる言葉である。

イスラエルのラビン首相の死は壮絶だ。「平和にイエス、暴力にノー」と名付けられた集会で弾丸に倒れた。最後の演説は「今、平和の好機が訪れ、我々はこれをつかまえなければならない」。後で知ったことだが、「痛い。でも大丈夫」と言い残したという。「でも（和平は）大丈夫」と言おうとしたのだろうか。ラビン首相といえば、同じ和平を願ったパレスチナ解放機構（ＰＬＯ）の、アラファト議長を思い出す。今秋、中東訪問で幸運にも会えた。とつとつと和平を語った、議長の顔が忘れられない。議長はクリスマスに、ヨルダン川西岸のキリスト生誕の地、ベツレヘムへ入った。和平の進展は揺るぎない。パレスチナの子供たちの笑顔を想像した。

さまざまな事件が起きた激動の一九九五年だが、人は出会い、人はまた逝く。〈年年歳歳花相似たり。歳歳年年人同じからず〉

納得できぬ住専処理

（悠閑春秋　1996・1・29）

「民、信なくば立たず」――民衆が政治を、政治家を、信用しなくなったら国は滅びる、と孔子は説いている。目下、「住専処理」で、国民のフラストレーションは頂点に達し、政治は国民の信頼を失っている。

その最大の元凶は住専の経営者、住専へ出資した銀行（母体行）、借り手の声も姿も全くないためだ。橋本首相は呪文《じゅもん》のごとく「金融システムの安定と内外の信頼を確保し、預金者保護に資するとともに……」と唱え、ひたすら「政治家を信用せよ」とおっしゃる。

されど、国民の税金を投入しなかったら、果たして金融システムが崩壊し、パニックが起きるのか。それがよく分からない。一番困るのは住専と母体行、借り手。さらに住専に天下った大蔵官僚の面々、献金を受けた政治家諸氏でないか、と勘ぐりたくなる。

納得のいく説明がないまま、国民の税金を使うことが次々と決まり、全国の地方議会では反対決議や意見書などがすでに八議会で採択、一一―三月議会で広まる勢いだ。阪神大震災の被災地から「救援も不十分なのになぜ、税金で不動産業者の穴埋めをする」と怒りの声が出ているそうだ。

聞こえるのは、関係者の責任回避となすり合いの声だ。いわんや借り手は、債務を返済するどころか、居直っている。一体、この国はいつから総無責任時代になったのだろう。「住専処理」の再検討を求めたい。「過《あやま》ちてはすなわち改むるにはばかることなかれ」

神戸の酒鬼薔薇聖斗《さかきばらせいと》

（天地人　1997・6・8）

犯行声明といえば、革マル派や中核派など、過激派の専売特許だが、神戸の小六男児殺害事件でも、犯人からとみられる犯行声明文が地元・神戸新聞社に届いた。

犯行声明文はふつう、公然と「私がやりました」という報告をいい、早ければ数時間後に、遅くとも十日前後までに出される。犠牲者の土師《はせ》淳君が行方不明になったのが五月二十四日。頭部が見つかった二十七日から八日後に、犯人は声明文入り手紙を送りつけた。時間の経過を考えても、手紙は犯人のものだろう。

犯人は「酒鬼薔薇聖斗」を名乗り、文面に「ボクがわざわざ世間の注目を集めたのは、今までも、そしてこれからも透明な存在であり続けるボクを、せめてあなた達の空想の中でだけでも実在の人間として認めて頂きたいのである……」とあった。

過激派などと違い、犯人は全く名前や所属を明かさない。透明人間か、仮面をかぶった人間を装っており、「自分をかまってほしいという心情が表れている」と専門家は分析する。顔を隠してはいるが、仮面の下からチラチラと顔を出したい、という願望ものぞく。意外と事件解決が早いという見方もある。

神戸の街に不安と恐怖が広がっている。第二の犯行を絶対、許さないためにも、うろたえると犯人の思うツボだ。冷静になることで、逆に犯人をじわりと追い詰め、早期解決につながると信じる。

山一証券が自主廃業

（天地人　1997・11・23）

証券会社のスキャンダルに、このごろ、嫌気がさしていたところ、「山一証券が自主廃業へ」のニュースである。負債総額は約三兆円の見込みで、史上最大の倒産だ。かつて山一証券は経営危機に直面している。一九六五年、証券不況で経営が悪化し、日銀から特別融資を受けた。この時、大蔵省や日銀の幹部らは、対策を練るため、日銀氷川寮にひそかに集まった。日銀特融の発動を決め、山一の再生に万全を期したのだ。六九年に完済し、山一は再スタートを切った。

きのう、大蔵省証券局長の記者会見をテレビで見た。そつのない「役人答弁」で、実に落ち着いていた。今後の経営体制について「早急に取りまとめるよう指示しているところです」とそっけない。どこか突き放した感じさえした。三十二年前の態度とは、様変わりだ。

山一を破たんに追い込んだのは、市場であった。損失補てん問題が次々と発覚し、市場では「飛ばし」の疑惑がたびたび浮上した。総会屋がらみのスキャンダル、顧客や取引企業の「山一離れ」、株価の低迷、業績悪化……。トップの交代など人事を刷新したが、「再生は無理」と市場が淘汰《とうた》の圧力をかけた。「共倒れはご免」と反応した。

金融・証券業界と大蔵省のもたれ合いは、「護送船団方式」と評され、企業を甘やかし続けた。今、それに決別し、日本版ビッグバン（金融大改革）を迎える。願わくば、山一の破たんが、日本経済再生のスタートでありたい。

「1・17」宣言忘れないで

（天地人　1998・1・18）

きのう本紙に、阪神大震災の、教訓の継承を訴える「1・17宣言」が載っていた。追悼式でも朗読された。「一月十七日は忘れない。一瞬にして私たちの街が崩壊した。家族を友人を財産を失ってはじめて、築き上げてきた近代都市の脆さをかみしめた……」と。

六千四百三十人が犠牲になった。あらためて数のすごさを思う。当時の新聞や雑誌を開いてみた。犠牲者の名簿が掲載されていた。生後間もない赤ちゃんから、百歳を超える老人まで、ぎっしりと紙面に詰まっている。一人ひとりの人生が、瞬時に途絶えた。行間から無念さが聞こえてくる。

兵庫県伊丹市の昆陽池公園では、ボランティアらが追悼の集いを開き、犠牲者と同数の、ロウソクをともした。「大好きな神戸、元気を出して」「生きよう」「愛する信じる夢を持つ」……こんなメッセージが、たくさん添えられていたそうだ。

けれど、人は嫌なこと、つらいことを忘れたい。そのことが総理府の世論調査に出ていた。地震を「危険と感じている災害」と答えた人は、三年前に比べ一二ポイントも減った。四人に一人は大地震の備えは何もしていないと答えている。三年前の大震災というのに、何と忘れっぽいことか。

冒頭の「1・17宣言」はさらにこう続いている。「技術の不足も、社会の不備もあっただろう。しかし、それらを過信し、危機感をもてなくなっていた、私たちの中の油断をまず、悔やまなければならない。明日の安全は、個人の意識に始まる……」

2　季節の移ろい

自宅庭のキンモクセイが今年の十月一日、一気に開花し、甘い匂いを放った。「悠閑春秋」のスクラップブックを開くと、十九年前の秋、九月二十八日にキンモクセイの匂いについてつづった。

花の盛りの時季は多少遅れてはいるが、季節のサイクルは今もそう変わりはない。けれど、このごろ、気候変動が激しい。かつて真夏日が続くとへとへとになり、雨が降れば一息つき、恵みの雨に癒やされた。今や猛暑日と突然のゲリラ豪雨。集中豪雨や巨大台風が増え、被害が大規模化する。生物ではカタツムリが姿を消し、クマの出没が頻繁だ。

たかが二十年の歳月だが、気候は地球規模で変化しているのか。とはいえ、巡る季節に吹く風や空の色に合わせ、植物が芽を出し、花を咲かせる。もし、植物や空の風情が違って見えたのなら、年を重ね、家族や暮らしが変わり、誰もが持っているこころの鏡の色が、変わったからではなかろうか。

―春―

旬を楽しむ

（悠閑春秋　1994・4・30）

親戚でもらった小ぶりのさよりの丸干しを食べた。わざわざ氷見の魚屋で、生きのいいのを買い求め、家で作ったという。ワタを取らず、塩水に通してから天日干しにしたものだ。

さっそく賞味したが、魚の生臭さがなく、甘みがある。それにワタの苦みがちょっぴりあった。「干ものの完成、これには気温と浜風の和合がなにより肝心」と、『魯山人味道』にある。浜風ではないが、さわやかな薫風と光を吸い込み、酒の肴《さかな》に最高であった。

魚屋やスーパーにいっぱい並んでいるが、さよりは丸干しが一番だ。今が旬だという。以前は春を告げる魚だった。それが、季節がちょうど反対の、ニュージーランド産が秋に出回り、季節感が揺らいでいる。寿司屋には、いつでもあるような錯覚を覚える。

旬といえば、タケノコも今が盛り。県外産が店頭にたくさん並んでいる。小杉町黒河産のタケノコは、春先が寒かったせいか、生育が例年より遅かった、と農家の人が言っていた。本当の旬のタケノコは、ニョキニョキ顔を出してからでなく、春先に、まだ雪が積もる地中から、掘り出したものをいうらしい。今はとっくに旬を過ぎ、市場の値が下がっている。

「旬内に竹の子となり、旬外に竹となる」と、古書にあるそうだ。旬とは一カ月を三分した十日間のことをいう。旬をとらえ味わい、楽しむには難しい時代である。

柳絮《りゅうじょ》飛ぶ

（悠閑春秋　1994・5・10）

きのう、昼過ぎ、富山市の城址大通りを歩いていると、綿毛が初夏の光の中を飛び交っていた。粉雪が舞っているようだった。お堀の側のシダレヤナギの種子だ。ヤナギの花は黄色味があり、新葉と前後して、雌雄別々に小さく穂状に開く。

雌花は実となり、晩春のころ二つに裂ける。中から綿毛が飛び出し、ふわふわと飛んでいく。飛ぶ様は、中国の詩文に「柳絮飛ぶ時、花城に満つ」とある。その姿は、さぞかし美しいのだろう。女子の文才の優れていることを指し「柳絮の才」という言葉もある。

花が散り、タンポポの綿毛も風に乗って飛んでいる。綿毛は冠毛という。子供のころ、綿毛を吹いて遊んだように記憶する。北欧の子供らは、もし一息で綿毛を吹き飛ばせたら、新しい着物が作ってもらえる、といってほっぺをふくらませ、吹き比べするそうだ。

アザミやテッセン、ポプラも冠毛の種子が飛び、繁殖する植物だという。そろそろ農道の脇や空き地に、紅紫色の野アザミが咲く。綿毛はほとんど近くに落下するが、気流に乗って五—一〇キロも飛ぶことがあるらしい。運よく土の上に落下するのは、ごくわずか。落下しても踏まれたり、荒らされたりする。

タンポポや野アザミが、コンクリートの割れ目や道端に咲いているのはそのためだろう。シダレヤナギの種子の落下点は、水辺であることが条件だ。飛ぶ様は華麗だが、生きるにはなお厳しい。

紫が映える

（悠閑春秋　1994・5・20）

きのうの午後、氷見市下田子の、藤波神社の大フジの花を見てきた。白フジは終わり、薄紫のフジの花房が初夏の風に揺れていた。説明板に樹齢二百年とある。根元の周囲が二・七七メートル。抱えても届きそうにない。

自生の山フジで、スギの大木に絡み、年輪を重ねている。石段を上って拝殿の裏へ回ると、大伴家持が詠んだ歌碑がある。「藤波の影なる海の底清み、しずく石をも珠とぞ吾が見る」。家持が辺り一面海だったころ遊覧に訪れ、詠んだという。

薄紫色の花は清楚《せいそ》さを備えている。都を懐かしむ家持の気持ちを、慰めたのだろうか。万葉集には、フジを詠んだ歌が二十一首もあるそうだ。源氏物語や栄華物語にも、フジの花の宴の情景がある。王朝びとには、みやびなフジが合っている。

芭蕉もフジの花を詠んでいる。「くたびれて宿かる頃や藤の花」。一日歩き通しだったのだろう。その時、ぼんやり薄紫色のフジの花が目に入った。疲れた心と体をいやしてくれた。枕草子の「めでたきもの」の段には「花も糸も紙もすべて何も紫なるものはめでたくこそあれ」。

アヤメ、ミヤコワスレ、トケイソウ、キリ……。紫や薄紫色の花が目につく。「雑草のムラサキサギゴケも紫。確かに紫の花が多い。でも今、白が圧倒的ですよ。目立つのでしょう」（太田道人富山市科学文化センター学芸員）という。紫や薄紫が映える季節である。

マンサク咲く

（悠閑春秋　1995・3・15）

婦中町の自然博物園ねいの里にマンサクの花が咲いているよ、と職場のカメラマンに聞き、訪ねた。同園に居合わせた、ナチュラリストの元秋陵仙さん（五五）に案内してもらう。気温の上昇とともに枯れ草と土の臭いが辺りを包んでいる。

今冬、雪が多かったのか、倒木が目立つ。すぐにマンサクの花を見つけた。春に「まず咲く」ので、マンサクと言うそうだ。黄色く細い、四つの花弁をねじらせている。うっかりすると、見逃しそうな小さな花だ。あちこちにいっぱい咲いている。木は細長く、粘りがあり、簡単に折れないという。

足元に、雑草のオオイヌフグリがひっそりと、花を付けている。直径一センチもない紫色の清楚《せいそ》な花だ。植物の本には、タンポポやスミレが、まだ姿を見せないころに咲くとある。ところが、タンポポの花に出合った。背丈の短いものだった。自然は教科書通りではない。

小池に近づくと、「ギョロギョロギョロ……」と鳴き声が聞こえる。耳をすます。軽やかなジャズのメロディーのよう。ヤマアカガエルのラブコールだ。池のあちこちに盛り上がるくらい、産卵してある。水が温《ぬる》んでいる証拠だ。

元秋さんは「春を待ちかねたように、生物は種の保存のため、必死なんです」と言う。春の語源は「発《は》る」とか、「張る」という。里山の生物は新たな生命を発し、元気に張り巡らす。春、春、春……であった。

生命はじける4月

（悠閑春秋　1995・4・3）

「一月はいぬる、二月は逃げる、三月は去る」というが、さて四月は？　四月を陰暦で卯月《うづき》。語源は卯の花の咲く月、稲の苗を植える月の略ともいう。

英語のエープリルはラテン語のアプリリスに由来し、「開ける」「日当たりのよい」などの意味があるそうだ（『暦と占いの科学』）。ギリシャ・ローマ神話で四月の神は、美と豊穣《ほうじょう》の女神だ。地中海生まれの彼女の行く先々には花が咲き、緑萌《も》える野山が広がる。

街を歩いていると、どこからともなく、甘酸っぱい、ふくいくたる香りが漂ってくる。ジンチョウゲの花だ。富山市の県民会館の生け垣の、ジンチョウゲは今が盛り。道ゆく人は匂《にお》いで春を実感しているに違いない。

春は花や土、草の匂いが漂い、さまざまな色で野山や街を彩る。モクレンやコブシ、ヤマブキが待っている。アンズやモモ、ナシもいい。ピンクや白、黄色の花々。百花繚乱《りょうらん》の季節が、すぐそこまで来ている。その中で、匂いと美しさを兼ね備えているのがサクラだ。今朝、県内は春の雪が舞い、磯部堤や松川べりのサクラも驚いただろうが、確実に膨らんでいる。

官庁街や松川べりをフレッシュな顔が元気に歩く。新社会人だ。若者には正月より、新年度が新鮮だろう。学生時代におさらばし、さまざまな期待と夢を膨らませる。四月は生命がはじける。

異変キャッチするギフチョウ

（悠閑春秋　1995・4・22）

サクラ前線に合わせるかのように、ギフチョウの前線も北上中だ。〝春の女神〟と呼ばれ、黒と白の縞《しま》模様に赤や青の斑紋《はんもん》が美しい。地上数十センチを舞い、決して空高く飛ばないそうだ。

八尾町の山間地に多いという。同町室牧小に尋ねたら、浅野美智子先生は「室牧地区では今年もたくさん見掛けた。そろそろ舞は終わりかな」と話していた。ギフチョウは本州のみに生息し、県内では五〇メートル付近の丘陵地から一五〇〇メートル前後の山地まで分布する。立山・八郎坂付近でも確認されている。

室牧地区では今年は今月五、六日ごろ、初めて確認されたという。子供たちはギフチョウが舞うと心が躍る。ＰＴＡが学校の裏山に整備した「ふれあいの小径《こみち》」で観察しているが、時々晴れた日に校庭まで舞い下りるそうだ。

同地区にギフチョウが多いのは、自然環境に恵まれているためだ。幼虫が食べる草・カンアオイ類、成虫の蜜《みつ》の源・カタクリ（かたかご）が群生している。カタクリは大伴家持が詠んだ花。花は紅紫色で、恥じらうように下向きに咲く。清楚《せいそ》な花にギフチョウの舞が似合う。

東京や神奈川など、都会では環境破壊によって絶滅した。心ないマニアもいる。「ギフチョウだけでなく、四季折々の自然が地域の自慢です。子供たちと一緒に大切にしたい」と浅野先生。ギフチョウは、環境の異変を、キャッチしてくれる友達だ。

試練の春、しなやかに

（悠閑春秋　1996・2・29）

きょうで二月が終わり、あすはもう弥生《やよい》・三月。季節は春だが、「暑さ寒さも彼岸まで」といい、寒暖を繰り返しながら、緩やかに春へ向かっている。

春の語源は「発《は》る」とか「張《は》る」、万物に生気がみなぎるさまをいう。春を感じた木々の芽が膨らみ始めた。空に突き刺す枝も、どことなく、しなやかさを取り戻した。春は英語でスプリングだが、まさに木々は弾性を帯び、バネのようになる季節である。

春はまた、とび立つ季節。若者は大学へ高校へ実社会へ進む。高校受験生は本番まであとわずか。体調を整え、最後の追い込みである。合否の関門が待っているが、これも人生の試練。後々ちっぽけなハードルに過ぎなかったと分かるはずだ。人生、山あり谷あり。失敗もあろう。失意のどん底に落ちることもあろう。

しかし、こんな時こそ、木々のように、しなやかに態勢を整え、顔を真っすぐ上げ、ほほ笑み返したい。ベンジャミン・フランクリンは「寒気の強い年には、春になって木々の緑が繁茂する。人間は逆境に鍛えられて、初めて成長する。すべて皆同じである」と言っている。木々同様、寒さを知る人間ほど成長する。

受験生ばかりでない。社会人もそうだ。人事異動でサラリーマンは多少の期待で心が乱れる。配転、左遷、栄転……という言葉があるが、〈去るも地獄、残るも地獄〉。辛《つら》い時には木々を眺めよう。

―夏―

ついたちマンジュウ

（悠閑春秋　1994・6・1）

富山市日枝神社の山王まつりが始まり、夏がやってきた。山王さんは春から夏へバトンタッチする。境内や参道に約千店の露店が軒を連ね、これほどの規模の店が並ぶ祭りは全国にそうないそうだ。

六月一日のきょう、富山市内では「ついたち（一日）マンジュウ」といって、マンジュウを食べる風習がある。「腹の中の虫がたからん」と伝えられる。戦前までお祭りの小遣いに、子供たちが「マンジューや、マンジュ。マンジュいらんけ」と節を付けて、触れ歩いたそうだ（『歳時記とやま』北日本放送編）。売り歩いたマンジュウの多くは、竹林堂の酒マンジュウだった。うまいものがたくさんある時代だが近年、素朴な味が好まれてか、「一日マンジュウ」を求めに客が殺到、今朝も午前五時前から長蛇の列だったという。

きのう本紙読者コーナーに、婦中町の笹倉正久さん（七五）が、山王まつりの思い出を寄せていた。「戦地で生きて帰れば、一日マンジュウを腹いっぱい食べてやろうと、夢にまで見た。思い出にかられ毎年列につくのが楽しみ」

食べ物でないが、やはり健康を願い高岡の瑞龍寺では「ひとつやいと」があった。仕事で疲れた農家の人やお年寄りらが、モグサの熱さに、じっと耐えていた。農作業は一段落し、田んぼは日に日に青さを増してきた。六月は人も木も草も田も、生気をたっぷり含み、健康になる季節である。

猛暑続きに一息

（悠閑春秋　1994・8・19）

きのうの夕方。富山市内で、にわかに強い風が吹き荒れたかと思ったら、灰色の空に稲妻が走った。何度も落雷が鳴り、大粒の雨が激しく降った。ビルの窓ガラスに雨粒がぶつかった。こんな大降りは四十九日ぶりだった。

傘を差し、街の歩道を歩いた。パチパチと傘に飛び跳ねる音が、不思議と小気味がいい。車はライトをつけ、タイヤが路面の雨水をかき分ける。シューと水を引く音が懐かしい。ビルの窓を見渡すと、サラリーマンやＯＬは仕事の手を休め、うれしそうに雨を眺めている。名も知らぬ通行人が「雨だね」と話し掛ける。街路樹がおいしそうに雨を吸っている。

乾き切った土は生気を取り戻した。夏野菜はもう終わりだが、収穫を待つさつま芋は地中で喜んでいるだろう。スイカやトマトの後、出番を待っていた大根やカブの種まきがやっとできる、と農家の顔がほころんだ。猛暑、残暑でくたくたになった人も木も土もコンクリートの街も、一息ついた。

ひと雨が空中の熱気とホコリを払った。雨には古来、洗いを清めるという思想がある。祭りの雨を、神の昇天、清めを意味する地方があるそうだ。気分が爽《そう》快になり、昨晩は熟睡できた。暑さがやむという処暑（二十三日）はもうすぐ。あと一息だ。

わが家の子供たちの夏休みは、終盤に入り、宿題に大慌て。あと一息だが、こちらは「暑い楽しい夏がもっと続いて」と願っているに違いない。

晩夏の雲

（悠閑春秋　１９９４・８・25）

朝夕は涼しいが、残暑は厳しい。きょうも三〇度を超す暑さだったが、猛暑続きのころを思えばどうってことない。今朝上空を見上げたら、絹雲がたなびいていた。立秋のころには姿を出すらしいが、久しぶりに見たような気がした。

「春雲は絮《わた》の如く、夏雲は岩の如く、秋雲は砂の如く、冬雲は鉛の如し」と言ったのは俳人・歌人の正岡子規。夏の雲と言えば入道雲だが、秋雲の代表は横に伸びる絹雲だろう。綿雲をほうきではいたような感じで、涼しさが空いっぱいに漂う。

絹雲の登場は、梅雨明けとともに、日本の北へ移ったジェット気流が再び南下し、大地へ差し込む太陽の熱量が減少したことを示す、と気象の本に書いてあった。絹雲の雲粒は氷晶。氷晶はゆっくりと下へ落ちるが、水滴より落ちにくいから、筋のように長く尾を引くそうだ。積乱雲の頭の部分から、吹き出した絹雲だと、何百キロも遠くまで飛ぶらしい。

丘の上で／としよりと／こどもと／うつとりと雲を／ながめてゐる　おうい雲よ／ゆうゆうと／馬鹿にのんきさうぢやないか／どこまでゆくんだ／ずつと磐城平の方までゆくんか。

教科書にも出ている山村暮鳥の『雲』だ。

富山インターハイが開幕したころ、縦に伸びていた白い雲は、終了と同時に横へ伸びていた。絹雲の行方を追うと、涼感と安堵《ど》と一抹の寂しさが忍び込む。晩夏の心は複雑である。

雨美人はつい消えてゆく

（悠閑春秋　1995・6・9）

作家、宮本輝さんの『雨の日に思う』というエッセーがある。「雨美人」と呼ばれる女性が登場する。学生時代、テニス部員だった宮本さんが、雨で練習のない日、喫茶店で見た女子大生である。「普段、テニスコートにいるときも、そう目立つタイプの娘でないのだが…雨の日の昼下がりになぜかしっとりと落ちついて、他のだれよりも魅力的に見える」と。そう見えるのはなぜか。湿気と適当な暗さが地味な顔立ちに、一種の起伏を与える。いや、傘《かさ》とレインコートの使い方がうまい…と、仲間とおしゃべりする様子が書いてある。

男性諸氏なら、同様な経験があるだろう。しかし、雨が降っていなくても、このごろ、街で見掛ける女性がきれいに見える。髪や顔がしっとりしている。髪と肌は、湿気と気温と空の色に、敏感に反応する。それこそ、梅雨入りをいち早く知っているのだろう。

気象庁は「九州から東北まで今月上旬に梅雨入りした」と発表した。「おやっ」と思うか、「そういえば、そうだな」と同調するか。女性の変化で、既に梅雨入りをキャッチした人、しとしと雨が降っていないのに変だと思う人、上旬っていつだ、と勘ぐる人もいる。

古人は「梅雨はついふり、つい上がる」といった。いつの間にか梅雨らしく、いつの間にか梅雨が明けていた。今年も「雨美人はつい現れ、つい消えてゆく」。梅雨とは、そういうものなのだろう。

風死す頃

（悠閑春秋　1995・8・7）

夏の暑さを辞書で調べた。盛夏、酷暑、厳暑、猛暑、炎暑、炎熱、酷熱、極暑、大暑、溽暑《じょくしょ》、炎天、炎日、炎昼、日盛、油照……。日本語は寒さより、暑さを表現する言葉が随分多いようだ。

例えば、炎昼《えんちゅう》は灼《や》けつくような夏の昼間をいい、炎天は炎昼の空を指す。灼熱《しゃくねつ》の太陽をさえぎるものが何もない。その空はすべてを圧倒し、ただ暑い。油照《あぶらでり》は空が薄曇りでも、風がなく蒸し暑い状態。じっとしていても、脂汗がにじむ。日本人は同じ暑さでも、風や空、空気の様子など、微妙な違いを感じ取るのだろう。

盛夏のころ、日が照って風がなく、息苦しくどこか、耐え難い暑さがある。作家、井上靖さんは「夏」という詩でこう歌っている。「四季で一番好きなのは夏だ／夏の一日で一番好きなのは昼下がりの一刻――／あの風の死んだ、もの憂い、しんとした真昼のうしみつ刻だ」と。

こんな状態を季語で「風死す」といい、関西の海岸地方に、多く見られる現象という。きょうから夏の甲子園・全国高校野球大会が始まった。一球一投一打に、選手やアルプススタンドの応援団が息を止める。熱い視線が注がれる。緊張の一瞬。舞っていた風が突然、ピタリと止む。「風死す」グラウンドは猛暑だ。だが、戦いに敗れた選手らの頬《ほほ》に、風がふいに吹くそうだ。井上さんが「風死す」が好きなのも、忍びよる次の季節を一瞬、感じるからだろうか。あすはもう「立秋」。

立山のけなげな高山植物

（悠閑春秋　1995・8・14）

久しぶりに立山へ行ってきた。あいにくガスがかかり、視界が悪い。雄大な峰々を望めなかったが、足元に咲く高山植物とじっくり対面できた。室堂平、みくりが池、地獄谷周辺では可憐《かれん》な花々が真っ盛りだ。

一昨年は冷夏、昨年は猛暑続きで、高山植物は元気がなかったという。県立山自然保護センター（室堂）によると、昨年の七月下旬には、チングルマが既に姿を消し、例年のお花畑は、ついぞ出現しなかったそうだ。雲上の植物は、涼しげに咲いていたわけでなかった。

今夏はその分、思い切り咲いている。真っ白なイワツメクサ、ピンクのイワカガミ。ちょっと背丈の高いコバイケイソウが雪渓の横に群生していた。緑の葉と雪、白い花の競演だ。淡いピンクのパラソルが開いたようなハクサンシャクナゲがかわいい。ミヤマリンドウ、タテヤマアザミ、ハクサンクロユリ、ヨツバシオガマ……。

高山植物はどれも、背丈が低いが、花は決して小さくない。下界の花々に負けないくらいだ。花は虫たちを呼び寄せ、虫に花粉を付けたり、逆にもらったりする。体の大きさに合わせ、花まで小さいと虫たちには分からない。種の保存のため、必死で存在をアピールしているのだろう。

だが花を摘んだり、抜いたりする心ない人がいる。チングルマの根元の茎はおよそ一センチ。それまで太くなるのに十年要する。けなげな花々はお盆を過ぎると、散り急ぎ、秋へバトンタッチする。

越中はカタツムリ方言王国

（天地人　1996・6・30）

先日、魚津水族館が、市内小中学生を集め、カタツムリの生息調査をしたというニュースが、本紙地方版にあった。カタツムリの観察とは今時、珍しい。

子供たちは学芸員の案内で、学校や自宅周辺でカタツムリを探し、生態や種類を調べた。角《つの》を出したり、引っ込めたりするカタツムリに、驚く子供もきっといただろう。小欄が子供のころ、ブロック塀《べい》や石に、へばりついているカタツムリを捕まえ、「デンデン虫虫、カタツムリ、お前の頭はどこにある……」と歌い、遊んだものだ。

カタツムリは地方によって、いろんな呼び名がある。学術上はマイマイといい、これは「巻き巻き」の意味。デンデン虫やデデ虫とも呼ぶが、子供のはやしことば、「角よ出い出い」とか、「出ろ出ろ」などが転じ、呼び名になったらしい。カタツムリは世界に約三万種類、日本に約七百種。県内に数十種類生息するが、呼び方は随分、多いそうだ。民俗学者の柳田国男は『越中と民俗』で「蝸牛《かたつむり》はデデムシ、マイマイ、ツブリ、ナメクジ、カタツムリ系統の方言が全国に分布しているが、最も豊富な地帯は越中であった」と述べている。

富山県はカタツムリの「方言王国」だが、八月に開く魚津水族館の特別展は「かたつむり王国――陸貝の不思議」という。梅雨のいっ時、「カタツムリ王国・富山」で、愛きょうのあるカタツムリと遊ぶのも楽しい。

消えた麦わら帽姿

（天地人　１９９６・８・18）

先日、小社の夕刊企画「96夏・涼感」で麦わら帽を取り上げていた。若い取材記者は、麦わら帽と言えば、森村誠一原作の映画「人間の証明」のあの言葉、「母さん、僕のあの帽子、どうしたでしょうね？」を思い出すと書いていた。

そう言えば、夏休みには麦わら帽をかぶり、虫捕りの網と籠《かご》を抱え、走り回った。泥んこになって魚捕りに夢中になったあのころ。とっぷりと日が暮れて、帰宅し、玄関戸を開けると、「宿題はしたかな」。母親の声がする。そんな思い出をだれもが抱いていることだろう。

近ごろ、麦わら帽をかぶった人を、あまり見掛けなくなったが、麦わら帽にはどこか、甘酸っぱいものがある。例えば、海辺ではしゃぐ少年、帽子の下で長い髪が風に揺れる少女。「海を知らぬ少女の前に麦藁《むぎわら》帽のわれは両手をひろげていたり」。寺山修司の歌に麦わら帽がよく出てくる。

麦わら帽は、ギリシャ時代にすでにあったそうだ。中世には農民の帽子になり、日よけ用にかぶっていた。小欄が子供のころ、農家の人が麦わら帽姿で稲刈りに汗を流していた。麦わら帽と田んぼが妙にマッチしていた。それがいつのころからか、女性や子供などの、おしゃれな帽子になった。

農家から麦わら帽が消えるにつれ、農業が廃れ、田園風景が徐々に消えていった。働き者の麦わら帽姿の男たち、走り回る、元気な麦わら帽の子供たち。一体どこへいったのだろう。

クマおじさんに遭ったら

（悠閑春秋　1994・9・7）

絵本の世界に、たくさんの動物が登場するが、一番の人気はクマだそうだ。クマと人間が対決することはなく、共存共栄や、仲のいい親子グマの、お話だったりする。顔に似合わず、情愛がこまやかな動物なのだろうか。

『クマおじさんのもり』という絵本がある。クマおじさんが、森へクリ拾いに来たかわいい女の子とお兄ちゃんを見つけた。クマは「たくさん落ちている所を知っているよ」と、教えたい気持ちを抑えた。木の陰で眺めていたが、「僕のような大きなクマが出ていくと、驚くに違いない」と、リスやウサギに頼む……。

今年は県内でクマおじさんに襲われたとか、人家の近くで目撃したという情報が多い。既に十二頭が捕獲された。猛暑で木の実の生育が悪く、冬眠前に栄養分を蓄えようと、必死なのだろう。トチの実や山ブドウは豊作だが、好物のブナの実は不作だ。

クマは元来、憶病者。楽器やラジオの音、叫び声を聞くと遠のく。もし、曲がり角でばったり出遭ったらどうする。死んだふり、木に登る、走って逃げる？　いや、何でもいいから話し掛け、ゆっくり後ずさりするのが一番、とクマと仲のいい人間が言っていた。

クマは本当は、クマおじさんのように、遠くから人間を見つめている。巨体を見て、驚く人間を知っている。偶然出遭ったら、気持ちを抑え、まず「こんにちは」とあいさつしよう。

利賀の栃《トチ》の木に会う

（悠閑春秋　1994・10・11）

利賀村の「利賀の栃の木」に会ってきた。国の天然記念物で、村のシンボル的存在だが、村教委が樹勢回復、保存へ大掛かりな作業をしているという話が、以前、本紙朝刊にあった。作業は完了し、トチの木は静かに息をしていた。

根元からわき出る水は「水持ちのトチ」として敬われ、ずっと、多くの村人の大事な飲み水だった。今も五軒の民家が、パイプで、その地下水を引いているという。凶作の年には、実が村人を救ったと伝えられる。

その巨木は、役場の裏手の坂道を上ると、傾斜地にどっしり立っていた。説明板には根の周囲九・六メートル、樹高二十メートル、樹齢推定七百年とある。まるで相撲の横綱が股《また》を広げ、見下ろしているようだ。見上げた瞬間、その大きさにおののくが、しばらくすると、去り難くなる。

十年前、急に衰え出したそうだ。腐食の兆候である、サルノコシカケが生えだした。内部が相当腐っていると、樹木医が診断し、大手術をした。人間の外科手術と同じで、悪い部分をすっきり取り除いた。根元部分が空洞化し、樹皮には殺菌剤やウレタンが塗られ、てかてかに光っている。

巨木はわずかに残る樹皮で、水を吸い上げている。ひん死というのに幹の裏側に、新芽がひょろひょろ出ていた。生あるものは死すというが、ぼろぼろになっても、力をふり絞り生きようとする。その凄《すさ》まじいエネルギーに、驚くばかりである。

嫌われ者のセイタカアワダチソウ

（悠閑春秋　1994・10・26）

僕らの名前は、セイタカアワダチソウ。あちこちで小さな花が、黄金色に輝いているよね。もうすぐ濁った灰白色の綿毛に変わるんだ。その群生は背が高く、醸造中の酒の泡に似ているんだって。だから、セイタカアワダチソウと、日本人が命名したんだ。

僕らの原産地は北米。よく覚えていないけど戦後、船の荷物に紛れ込んで、日本に上陸したんだ。最初にすみついたのが、北九州の炭鉱の街。石炭が徐々に廃れ、空き地は荒れ放題だった。繁殖するには都合がよかった。

日本が高度成長へ走ると同時に、僕らは太平洋ベルト地帯へ進出した。鉄道と国道に沿ってね。工場や道路がいっぱいでき、空き地や裸地は天国だよ。当時、脅威の公害草と騒がれ、びっくりした。ゼンソクの元と言う人もいるけど、虫が花粉を運ぶ虫媒花だから、それとは違うと思うな。

僕らは他感作用といって、嫌な物質を出し、他の植物の侵入を邪魔しているんだ。地下茎は一平方メートル当たり七十メートルもあるし……。わが物顔だからね。自然界は、多様な植物が仲良く暮らすのが一番。けど、侵入しやすい環境を作っているのが、人間なんだ。

嫌われ者の僕らだけど、雨が降ると、空き地の土砂の流出を防いでいるんだ。少しは感謝してほしいな。バブルの崩壊でこのごろ、空き地が随分多いね。お陰で今年は仲間が増えた。僕らはやっぱりアダ花か。

落ち葉は邪魔物扱い

（悠閑春秋　1994・11・1）

　木には何十年、何百年という一生がある。それに比べ葉の一生は一年と短い。葉は四季とともに新緑、深緑、紅葉へと変わり、人々の目を楽しませてくれる。落ち葉となって一生を終え、土に帰っていく。

　木は秋が深まると、寒い冬を乗り切るため、葉を落とし、エネルギーを節約する。紅葉は葉の葉緑素を分解し、その養分を幹や根っこに回し、しまっておく時に起きる現象だそうだ。養分を吸い取られた葉はやがて落ち葉となる。木の生命を永らえるため、葉は犠牲になっている。

　富山市内の、平和通りのイチョウ並木は薄黄色く、神樹通りのハナミズキは小豆色に染まり始めた。きっと市民に一生の別れのあいさつをしているのだろう。一方で一、二週間前から、まだ青い街路樹のせん定作業を所々で見掛ける。そんなに急がなくてもいいのにと思う。

　市役所にこの時期決まって、「落ち葉が家の前に飛んでくる。落葉前にせん定してほしい」と要望が入るそうだ。そのたびにせん定に飛び回る。玄関先や歩道に落ちると、「なぜ清掃に来ない」と怒りの苦情もある。悲しいかな、落ち葉は邪魔者扱いだ。

　生あるものに亡骸《なきがら》がある。人にも木にも葉にもある。街路樹は、人間と一緒に暮らす仲間たちだ。色づく葉の一生を見届け、面倒がらず、そっと亡骸を片付けてやりたい。

柿と日本人

（悠閑春秋　１９９４・11・８）

南砺地方特産「富山干し柿《ガキ》」の乾燥作業は、晩秋の風物詩だが、きょうはもう立冬。小春日和は天日干しに最高だ。新聞の見出しに以前「光を吸って甘くなれ」とあった。電気乾燥が主流だが、柔らかい光を吸った柿は、うんと甘いような気がする。

柿と言えば、〈柿くへば鐘がなるなり法隆寺〉である。正岡子規の有名な句だが、こんな句もある。〈三千の俳句を閲《けみ》し柿二つ〉。たくさんの投稿句に目を通した。ほっと一息し、柿二つ食べた。子規は柿が好物だったのだろう。

柿は食べるだけの物でない。渋柿から取った液を柿渋という。防腐効果があり、染料や塗料にするそうだ。柿の皮を干し、漬物に入れると、柿色のおいしいたくあんが出来る。焼き物の柿色にはしぶみがある。柿は日本人の心、文化であった。

今年は柿が豊作だ。酒の酔いざましに効くといい、随分食べた。木枯らしが吹き始めるころ、葉を落としたこずえに、熟れきった柿がわずかに残っている。冷たい空気にさらされ、夕日を浴び朱色に染まる柿は、晩秋にふさわしい風景だ。

昔は木守柿《きまもりがき》といって、あえて木に実を残しておいた。自然への感謝、神への供え物、飢えをしのぐ小鳥たちへの思いやりだった。現代は飽食の時代。木に登って、竹ザオでもぎ取る姿はない。小鳥たちは心置きなく食べるがいい。

秋思――夕暮れ時はよい時

（悠閑春秋　1995・9・9）

九月のカレンダーをめくって、もう九日。きのうは白露、きょうは中秋の名月。時の刻みは足早だ。暑かった夏が去り、去ってみれば去ったで、一抹のさびしさがよぎる。空気は澄み、雲は青いキャンバスに自由自在に模様を描いている。海も静けさが戻り、波がのんびり渚《なぎさ》に寄せている。

秋は夜長を楽しむとか、灯火親しむという。けれど、清少納言の『枕草子』ではないが、やはり「秋は夕暮」である。「夕日のさして山のはいとちかうなりたるに、からすのねどころへ行くとて、みつよつ、ふたつみつなどとびいそぐさへあはれなり……」と続く。

このごろ、ツバメたちが南の国へ帰る日が近づき、夕日をバックに名残惜しそうに飛び回っている。ツバメが去り、ガンが飛来すると、夕暮れ時はもの思いを誘う。「秋思《しゅうし》」という言葉がある。さしたる憂いや悩みはなくても、しみじみとしたあわれが漂う。

そうはいっても、「秋思」に浸っている暇などない、と言う人もいるだろう。景気の底から必死で這《は》い上がろうとする経営者、リストラで配置転換や職を失ったサラリーマン、一方で業績アップへ頑張るサラリーマン、就職前線超氷河期で、なお走り回る女子大生……。秋は秋で忙しい。だが、一時仕事を忘れ、我が身を顧みる。季節がめぐりめぐるように、めぐり来るそういう時を大切にしたい。

「夕ぐれ時はよい時／かぎりなくやさしいひと時／……」と堀口大学はうたっている。

キンモクセイの匂い

（悠閑春秋　1995・9・28）

日一日と秋が深まり、時々もらう案内状の、時候の挨拶《あいさつ》に「キンモクセイが匂《にお》うきょうこのごろ……」とある。今年のキンモクセイ（金木犀）は昨年に比べ、たくさん花を付け、匂いが強いように感じる。

ひところ東京など都会で、さっぱり花付きが悪いといわれた。キンモクセイは、大気汚染に極めて敏感な花木である。空気が汚れると、花を付けなくなってしまうそうだ。気候も左右しようが、匂いが強いのは、大気の環境改善が進んだ証拠と喜びたい。

自宅のキンモクセイの、小さな枝を一本折って、車の中に置いてみた。車から降り、再びドアを開けると、車内が甘い匂いに包まれていた。これなら、カーショップで買った芳香剤は無用だ。芳香剤には好き嫌いがある。やはり、人工のにおいだ。

キンモクセイの「におい」という字は「匂い」と書いた。「臭い」と書くと、意味が違ってくる。『大辞林』によると、匂いは「物から発散され、鼻で感じる刺激。かおり・くさみなど」とある。かおりが、快い刺激についていうのに対し、「におい」は、快・不快の両方について使われる。さらに『大言海』には、「匂ふ」は元来「艶《にお》ふ」から出た言葉で、「気色の映ゆること。美しき艶《つや》なり」とある。

そういえば、『源氏物語』には「薫君《かおるのきみ》」と「匂宮《におうのみや》」という、美しい貴公子の名前が出てくる。キンモクセイの花は美しくない分、「薫」と「匂」の気色がある。

勝興寺の秋

（悠閑春秋　1995・10・11）

JR伏木駅から二、三百メートルほど坂道を上ると、勝興寺である。ふだんは静かな名刹《めいさつ》だが、「宝物展」でにぎわっていた。今、調度品百点が公開されているが、国の重要文化財「洛中洛外図」（一双）は一見に値すると聞き、訪ねた。

勝興寺は文明三年（一四七一年）、蓮如が、砺波郡蟹谷庄土山に創建した「土山御坊」が始まり。戦国時代は一向宗門徒の旗頭として、重要な役割を果たし、近世は公家と姻戚《いんせき》関係を結び、絶大な権勢を誇った――とパンフレットにあった。「洛中洛外図」がこの寺にあるのも、そのためなのだろう。

慶長年間（一六〇五―一四年）に狩野派の絵師が描いたというが、約二百年前から寺宝として伝わり、同寺での公開は初めてという。金箔《きんぱく》地の中央に二条城を据え、伏見城も描かれている。四季折々の風景、祇園祭山鉾《やまぼこ》巡礼など年中行事や、物を売り歩く庶民の姿も見える。

全国に「洛中洛外図」はいくつもあるが、応仁の乱以後、再生した京の発展と成熟、さらに停滞していくプロセスが見てとれる絵画群だそうだ。ことに江戸時代は、政治、文化の中心が江戸へ移り、同時に京が衰退していったころだ。一極集中の始まりでもあった。

都の変遷を想像した後、境内に出た。大イチョウが微動だにせず、立っている姿を見て、妙に安心した。葉はほんのり黄色く色づき始めた。樹齢二百年はあろうか。この大木も幾年もの秋を迎え、この地を見つめている。

富山湾の魚は旨《うま》い

すし屋へ行ったら、おやじさんが「アナゴ（穴子）がうまいよ。今が旬《しゅん》だからね」と勧めた。なるほどうまい。富山湾の地物で、氷見の魚市場で仕入れたという。

歳時記には「アナゴは夏が旬」とある。さらにアナゴといえば、東京湾の羽田沖産と相場が決まっている。初夏のころ、あまり大ぶりでないのを天ぷらにして食べるのが最上だそうだ。冬場は東京湾のアナゴは旬でなく、たとえ地物の表示がしてあっても、うまくないのだろう。

「秋サバは嫁に食わすな」という。サバは秋から初冬にかけてが一番うまいからだ。今が旬だが、富山で捕れるサバは地物だからといって、とびきりうまいわけでない。「この時期のサバは地物より、他の産地物を扱う」とおやじさんは言う。サンマもそうだ。秋が旬だが、日本海産は脂がのってない。もちろん、サンマは三陸沖に限る。

水産庁の音頭で、スーパーなどの店頭の水産物に、「地物」や「養殖もの」「解凍もの」を表示する試みが進んでいる。県内のスーパーでは「氷見産」や「新湊産」という表示も見掛ける。どこで捕れた魚か、どんな品質か知りたい消費者の要望にこたえた。水産庁は五年間で定着させたいという。

地物だからと言って、「新鮮でうまい」と判断するのは間違いだと、すし屋から教わった。海と季節と魚がマッチしてこそ、うまいのだろう。もっとも冬場、富山湾産の魚は、ほとんどうまいと言っても過言でない。

（悠閑春秋　1995・11・18）

―冬―

カレンダーめくると「叫び」

（悠閑春秋　１９９４・12・15）

来年のカレンダーが届く季節になった。「いきいき富山'95観光カレンダー」は情緒豊かな絵画がついており、来年が待ち遠しい。立山連峰を望む海王丸、松川べりのチンドン、幻想的なホタルイカ……。月ごとに楽しめ、めくる感激がある。

ローマ暦で朔日《ついたち》を「カレンデ」といい、「叫ぶ」という意味だそうだ。カレンダーの由来らしい。月の満ち欠けが暦のころ、いつ月が見え始め、満月になるか重要だった。見張り役が「月が出た」と叫び、人々に知らせた。時の始まりは感激の瞬間だった。

暦は、月による時の測定から、次第にサイクルが長くなった。寒暖の繰り返し、草木の開花、日影の長短や昼夜の長さの周期、天空の星の動き、太陽の高度の変化……。人間は、月の満ち欠けよりずっと長い、時の区切りに気づく。

食物の種まきや耕作、取り入れなどの準備に、自然や天候だけの目安では雑になる。やがて、地球が太陽の周りを一公転する時間を、一年とする太陽暦が生まれた。太陽暦は、農業など人間の生活を豊かにし、サイクルは長く、かつ細かくなった。

カレンダーは人間等しく時を刻む。季節の移ろいは同じだが、喜びや苦しみは日々みな違い、境遇もたやすく変化する。年年歳歳花相似たり／歳歳年年人同じからず、という。来年もそれぞれの一年一月一日がある。カレンダーをめくるごとに「叫び」はきっとあるはず。

眺めたい冬の立山連峰

（悠閑春秋　1994・12・17）

雪の季節になった。富山市向新庄の写真家、風間耕司さん（五六）は富山の冬が好きだ。灰色の空、冷たい風、雪……どこがいいの、と転勤族はいうだろう。それが違う。立山連峰が一番見える日が多いのが冬だと、風間さんは声を大にして言う。

目が覚めると、まず二階のカーテンを開ける。曇り空でない限り、日の出のころ、見える確率が高い。晴れ間がのぞき、風が少し吹いた時、立山連峰がすーっと顔を出すそうだ。色や造形の変化が楽しめるのは、午後二時から四時ごろという。見えたら、常願寺川堤防へ走る。冬の山肌は、ごつごつして見える。

初めは青と白のコントラストな峰々。時間がたつにつれ、黄色っぽく、ピンク色に、日が暮れ屋敷林が黒いシルエットを描く。同じ峰々は二度と拝めない。いろんな表情がある。一日堤防で眺めていても飽きないくらいだ。何とぜいたくだろう、と思う。

三十年前、東京生まれの風間さんは富山へ引っ越してきた。富山駅に下り、東側をふと見た。立山連峰が見えた。その威容にショックを受けた。あの感動が忘れられない。以来、山がよく見える常願寺川の近くで暮らしている。

立山を借景に朝食をとった時、「富山に住んでいるんだな」と実感する。冬は立山連峰にしっかり顔を向け、眺めようじゃないか、と言う。気持ちがふさいでいたら、しゃきっとするそうだ。

温かい焚火《たきび》

（悠閑春秋　1995・12・8）

師走に入り、冷え込みが厳しい。街路樹の葉は落ち、道路の隅にある。落ち葉というより、朽ち葉だ。朽ち葉は腐り、下水へ流されていくのだろうが、かつて農家は葉っぱを集め、たい肥にした。必要がなければ焚火をした。焚火の周りに人が集まり、世間話をした。焚火には人を引き付ける魅力があった。

初冬の一時、子供らと庭の朽ち葉を集め、焚火をした。木くずを加え、新聞紙に火を付ける。サツマ芋をアルミホイルにくるんで、中へ入れた。なかなか燃えないので、息を吹きかけた。煙が目にしみ、涙が出る。何とか燃え上がった。炎は大きくなったり、小さくなったり。まるで生き物だ。風に揺れ、顔が熱くなる。冷たい風を感じない。何も考えず、ぼんやり炎を眺めていても飽きない。子供のころの郷愁が蘇《よみがえ》る。炎には不思議な魅力がある。炎が消えるまで待った。

焚火は石器時代に生まれた人類の英知であろう。元来、かがり火やかまどで焚《た》く火も、焚火と言ったそうだ。火は神聖なもので、神事や仏事に欠かせない。いくさにも重要な役割を果たした。煮炊きや暖をとるのに必要だったが、現代は電気やガス、石油がとって代わった。

近年、焚火はおろか、火さえ生活の場から消えつつある。生活は確かに便利になった。煙で目から涙が出ることもないし、じっと監視する必要もない。合理的だ。半面、どこかせわしく、大切な人の心の温かさも、失ったような気がする。

めでたい冬至に乾杯

（悠閑春秋　1995・12・21）

きのうのような好天は、季語ではどう表現するのだろう。「歳時記」をめくり、小春、小春日和というには遅いし、寒気が厳しいころの晴れた日、冬晴とも違う。冬暖《ふゆあたたか》、冬ぬくしとでも言うのだろうか。

暖かい日は日暮れが遅く感じ、うれしくなるが、きょうは時々冷たい雨が降る。カレンダーを見ると、あすはもう冬至である。一年で最も昼間が短く、夜が最も長い日だ。しばらく長く暗い冬が続くと思うと気が滅入るが、この日を境に昼は逆に長くなる。寒さは厳しさを増すけど、光の方は春へ向かう。木々は光を浴び、エネルギーを蓄えるだろう。

冬至を「一陽来復」という。陰が極まって陽に転じる。めでたい日だ。この日を陽気回復、再生を願う日、新しい太陽の誕生日とする民族が多い。クリスマスは冬至の祝祭に由来するといい、中国では郊天の儀といって、天子が天を祭る重要な日という。

日本では冬至南瓜《かぼちゃ》といって、南瓜を食べる風習がある。あるいはこんにゃくを食べ、柚湯《ゆずゆ》に入ったりする。そのいわれははっきりしないが、南瓜はビタミンAが豊富で中風除《よ》け、こんにゃくは魔除け、柚湯は体が温まり、風邪やあかぎれ予防に役立つ。昔の人の知恵である。柚湯に入ると、体がぽかぽかする。そこでビールを一杯飲むのがいい。グラスをゆっくり鼻に近付けると、ほのかな酢っぱい香気がする。手肌にしみた柚が匂《にお》う瞬間だ。あすの夜はめでたい冬至に乾杯。

春の七草・今昔

（悠閑春秋　1996・1・6）

正月七日は、七草とか七日正月といって、七草粥《ななくさがゆ》を食べて祝う風習がある。現代は廃れてしまったが、これを食べると一年の邪気を払うそうだ。七草は「春の七草」のことだが、全部言える人はどれほどいるだろうか。

せり、なずな、おぎょう、はこべら、ほとけのざ、すずな、すずしろ。「枕草子」に、「七日、雪間の若菜摘み。青やかに、例はさしもさるもの、目近からぬ所に、持て騒ぎたるこそをかしけれ」とある。若菜摘みの風景は今はないが、このごろスーパーや花屋で時々見掛ける。花屋の春の七草は、小さな籠《かご》に盛られており、スーパーのは七草粥用だ。

せりは昔、川の土手下などに随分生えていた。今では、お吸い物やお浸しなどに時々、お目にかかる程度。なずなは道端や空き地に自生するペンペン草。おぎょうはハハコ草のことで、昔、草餅《くさもち》に使った地方もあったそうだ。すずなはかぶ。すずしろは大根だ。

七草は「七種」とも書き、七種類の若菜や薬草を、お粥に炊き込んで食べる意味が含まれている。当時はあつもの、つまり吸い物にする場合が多く、粥になったのは室町時代。今で言う七種類の七草になったのが鎌倉時代だそうだ。

七草粥はまさに「薬膳《やくぜん》料理」。カロリーが低く、正月食べ過ぎたおなかにちょうどいい。現代はヘルシー料理の材料として、七草がスーパーで並ぶが、古人は若菜に宿る生命力に願いを託した。

オリオン星雲とらえる

（天地人　１９９９・１・31）

きのうの本紙、世界最大級望遠鏡「すばる」が撮った画像写真に息をのんだ。オリオン星雲の中心部は、恒星が放つ赤外線を波長によって、赤や緑、青で画像化され、鮮やかである。星雲が凝縮し、爆発後に、星が誕生する「現場」も、とらえた。

じっと眺めていると、宇宙のかなたへ吸い込まれそうな、不思議な気分になった。オリオン星雲は、地球から約千五百光年も離れているという。一光年は、光が一年間に達する距離。すなわち、約九兆四千六百億キロメートル。さらに、その千五百倍の距離に、オリオン星雲がある。

と言っても、気が遠くなるようで、とらえようがない。冬の星座と言えば、オリオン座である。オリオン星雲は、オリオン座の南に扇形に広がっている。「すばる」で望めなくても、冬の夜空にきらめくオリオン座を、肉眼で眺めるのもいい。

子供のころ、親から「ほら、あれが三つ星だよ」と教えられた人もいよう。三つ星は、お父さん、お母さん、子供。オリオン座には、「親子星」という呼び名もある。オリオン座から南東の方に、夜空で一番明るい恒星といわれるシリウスがある。直径は、太陽の二倍。光は青白く、「南の色白」と呼ぶ地方もあるそうだ。

晴れた夜、仕事帰りにちょっと足を止めて、きらめくオリオンやシリウスを見つめれば、気分そう快。親子でなら、会話もはずむ。きっと星座は、いろんなことを語り掛けてくれる。

3　平和を願う

一九九五（平成七）年は戦後五十年。終戦時、十歳の少年なら六十歳。戦時下を知る人がまだ大勢いた。戦地に赴く若者が主人公の記念映画の上映が盛んだった。当時、トレンディードラマで活躍の織田裕二、仲村トオル、鶴田真由ら俳優がスクリーンに登場、若者も映画館に足を運んだ。戦時下の暮らし展や語る会が各地であった。

中国などアジア諸国への日本の進出が侵略行為か侵略的行為か、自民・社会の政権与党内でもめた。かくも歴史の評価に時間がかかるのか。「やっと五十年」の感慨を覚えた。

二〇一四年夏、戦争放棄をうたった平和憲法、第九条が揺らいだ。安倍晋三首相は憲法の柱である平和主義を積極的平和主義と言い換え、自民・公明政権は集団的自衛権行使容認を閣議決定した。要は米国など同盟国の戦争に参加する権利を認めた。今「戦後」ってどこの戦争？　そんな若者が多い中、二〇一五年は戦後七十年である。

8月2日天まで焼けた

（悠閑春秋　1994・8・2）

富山高校演劇部が十三日に、朗読劇「八月二日、天まで焼けた―富山大空襲」を、富山国際文化センター「オルビス」で上演するそうだ。空襲で母親を失い、遺体を子供が焼かねばならない、異常な体験をつづった『八月二日、天まで焼けた』（奥田史郎、中山伊佐男著）などが台本という。

台本を読み、生徒たちが感想を寄せている。「こんなにひどいものだったのか、とショックを受けた。朗読者として、戦争の残酷さをしっかり伝えたい」「富山大空襲は私にとってずっと過去のこと。少しは理解できたので、ほかの人にも伝えたい」

「私は戦争を知らない。この朗読劇に参加し、十分の一ぐらい理解できた」「富山に住んでいながら、大空襲のことはほとんど知りませんでした。罹災《りさい》率九九・五パーセントとは一体どんな世界なんでしょう。今日の富山には全くそんな影はないんです」…。

演劇部員は偶然に富山大空襲を学んだ。多くの高校生は、そのことさえ知らない。顧問の和田雄二郎教諭は「私が子供のころ、日清・日露は昔の出来事だった。同じように今の子供には先の戦争、空襲は大昔のことなんです」と言う。今年は空襲で亡くなった人の五十回忌。

語り継ぐべき証言や資料が、余りにも少なく寂しい。戦争体験者は「風化させるな」と言うだろうが、記録や証言に触れない限り、語り継ぐことは難しい、と生徒たちの感想文が語っている。

戦争を知らない記者たち

きょうは四十九回目の終戦記念日。遺族は高齢化し、戦争を知らない世代が圧倒的だ。あの日が次第に遠くなる。月刊誌『花も嵐も』八月号に、あの日の思いを記した作家、故井上靖さんの一文が掲載してあった。

井上さん(当時二十六歳)は毎日新聞社会部記者だった。「会議が終わり、席に戻るとデスクから『玉音を拝してのトップ記事を書いてくれ』と言われた。引き受けたが、難しい。デスクから催促が飛ぶ。脱稿後は編集局ががらんとする。薄暮の街を歩いた。焼け跡がどこまでも拡がっている。この夜も宿直室で眠ったが、眠りは浅く、ひどく寝苦しかった」

あの夜はだれもが寝苦しかったに違いない。けだるさ、不安、解放感、落胆……。思いはさまざまだったろう。あの日、北日本新聞の記者たちは、やはり落胆と虚脱の中、しばらく仕事をする気力が沸かなかったという。しかし、悲涙を払い、書いた(『富山県民とともに―北日本新聞100年史』より)。翌十六日付の論説にこうあった。「恐らく今後の幾年、幾十年は日本歴史ありて初めての大苦難に直面するであらう。だが、之《これ》は天が日本民族に期する所大なる為にほかならぬ。……互ひに手に手を取り合はせ……邁進すべきである」

来年は戦後五十年。筆者も含め、北日本新聞の記者たちは大部分、戦争を知らない世代で占める。先人からあの日の感慨や体験を聞き、後世へ伝えたい。

(悠閑春秋　1994・8・15)

和平へ闘うパレスチナ人

（悠閑春秋　１９９４・10・27）

イスラエルのラビン首相と、ヨルダンのマジャリ首相が、両国の南部国境で平和条約に調印した。イスラエルが建国宣言して以来、四十六年に及んだ戦争状態に、終止符が打たれた。

調印式で、ヨルダンのフセイン国王は「死や不信、苦しみ、恐れはなくなるだろう」と言い、ラビン首相は「荒野を次の世代へ、豊かなオアシスに変えよう」と語った。確かにイスラエル・アラブの対決から共存の時代へ近づいた。が、イスラエルとの戦争で逃れた、パレスチナ難民はどうなるのだろう。難問は先送りされたままだ。

パレスチナの詩人、サリーム・ジュブランの詩にこんなのがある。太陽は境界を越えてやってくる／だが祖国よ、国を追われたぼくたちから見れば／あなたの空とぼくの目の間には／仕切りがはだかって／その風景はまっくらに見える（広河隆一著『中東　共存への道』）。

平和と共存を夢見ながら、対立するユダヤ人とパレスチナ人、イスラエルとアラブ諸国（人）……。境界はユダヤ人とパレスチナ人の間だけではない。国家と国家、民族と民族、人と人の心に二重三重にある。それが中東だろうか。ジュブランの詩にも和平への希望と絶望が入り交じる。

二千年も前から「神から与えられた土地に帰ろう」と言い続けたユダヤ人。イスラエル建国で追われ、生命と人権を取り戻すため闘うパレスチナ人。心の境界がなくなる日はいつだろう。

戦禍の子供たち

（悠閑春秋　1994・11・18）

戦争でいつも犠牲になるのは、女性や子供たちだ。アフガニスタン、ソマリア、旧ユーゴスラビア、ルワンダなど、民族紛争や内戦が続く中で、子供たちが圧倒的に多い。

英国の援助団体「セーブ・ザ・チルドレン」は「戦禍の子供たち」という報告書を発表した。過去十年間に兵士より多い百五十万人が戦争のため死亡したという。犠牲者はそれだけではない。四百万人が爆弾や銃撃、地雷などで身体障害者になっている。栄養失調や病気にかかったり、家を失い、心の傷を負った子供たちの数は計り知れない。

子供たちは銃後の犠牲者と思っていたら、スーダンでは、十二歳以上の小中学生を対象に、徴兵制を導入する大統領令が発令された、というニュースが入ってきた。子供たちが内戦の戦闘要員として、訓練されるそうだ。

戦争を見つめる子供の目はいつも冷徹だ。大人は戦争で狂気の沙汰《さた》となる。かつて『アンネの日記』のアンネ・フランクは隠れ家で、『ズラータの日記』のズラータ・フィリポヴィッチはサラエボで戦禍を目撃した。淡々とつづった日記は、大人の反論や言い訳を許さない。

『アンネの日記』にこんな記述があった。「もしも神様の思《おぼ》し召《め》しで生きることが許されるなら……きっと世のなかのため、人類のために働いてみせます」。犠牲になった子供たちを思うと、胸が痛む。

戦後50年はスタート年

（悠閑春秋　1995・1・9）

今年のキーワードは「戦後五十年」。戦争体験者の子供、その子供、そのまた子供が生まれている。五十年とは随分長い年月である。もう五十年だが、歴史ではたかが五十年。歴史の評価はそう簡単に下せるものでない。

例えば、日露戦争。『坂の上の雲』の司馬遼太郎さんは、この本の準備で、当時の参謀本部の日露戦史を通読した。個々の戦闘状況は実に詳しいが、全体図がさっぱりつかめなかったそうだ。大国ロシアに勝ち、偉い将軍たちに遠慮して客観的な評価を下せなかった、と司馬さんはみる。

九十年前の日露戦争の評価は定まりにくいが、太平洋戦争後の五十年は短い。五十年は一つの区切りだが、戦争の事実や人間の真の姿を、きちんと見る上で、あの戦争は何であったのか、歴史を刻むほどもっと検証していいだろう。

村山富市首相はあす訪米し、クリントン大統領と会談する。外務省首脳は「戦後五十年の一九九五年の年頭に大統領と会うことは意義がある」と強調。二十一世紀を展望し、相変わらず「緊密なパートナーシップ」を築きたいという。

昨年、「キノコ雲切手」で戦争終結を早めたとする米国人の考えに驚いた。そうでないとする米国人も知った。「戦後五十年」といっても日米同じ響きではない。防衛や経済の付き合いはあるが、文化や考え方の溝はなお深い。会談は溝を埋めるスタートにしたい。

戦争観を超えて

（悠閑春秋　１９９５・２・２）

平岡敬広島市長と本島等長崎市長が、『世界』2月号で、「被爆50年を迎えて」をテーマに対談している。

平岡氏「トルーマンは戦争を早く終わらせるため、原爆投下したというが、核兵器という今までと非常に質の違った殺戮《さつりく》兵器が出てきた。その結果どういうことが起こったかが問題なんです」。本島氏「世界で原爆は戦争の終結を早め、アメリカの言う方が正しいという世論が多い。我々はそのことを知っておかないといけない」。

アメリカの退役軍人などは、原爆投下で、人命を救ったという。トルーマン大統領は二十五万から五十万人、レーガン大統領は百万人、ブッシュ大統領は数百万人を、救ったと言ったそうだ。日本人が知らないところで、数字が一人歩きしている。

原爆投下を正当化するアメリカ人に対し、日本人の戦争観はどうか。「あれは侵略戦争でなかった」「南京大虐殺はでっち上げ」――こう言う閣僚がたびたび登場する。そのたびに近隣諸国から非難を浴び、罷免を繰り返し、おわびを続ける。

米スミソニアン航空宇宙博物館が、初の原爆展を大幅に縮小する。肝心の被害の大きさや投下のいきさつなど、カットする。戦争終結のシンボル・キノコ雲を見ても、地上の地獄絵は見たくないのだろう。平岡市長が言うように、お互い、どんな結果が起きたか、直視せずして対話は進まない。

侵略的行為は的はずれ

（悠閑春秋　1995・6・8）

日本人は「―的《てき》」という言葉をよく使う。合理的、進歩的、習慣的、屈辱的、支配的、思想的、日本的、ブルジョア的、惰性的、喜劇的……。「―的」は英語の形容詞を作る言葉、「―tic」に相当する。「―的」は特に論文に多い。かつて、学生のアジビラに「我々は現在的に……」という言葉が頻繁に見られた。理解に苦しんだ経験がある。例えば、こんなふうに使う。「あなたの好意的態度を感じた」。この場合、好意のある態度だが、ズバリ「好意を感じた」わけでなく、含みがある。「―的」は一種のにじみ、ムードを示す言葉だ。

中国語で「的」は日本語と全く違う。「日本的性格」といえば、「日本の性格」となる。つまり、名詞と名詞の間に「的」を使うと、「―の」「―に関する」「―についての」という意味になるそうだ（大野晋・編『この素晴しい国語』）。

戦後五十年決議で与党案がまとまり、九日にも衆院本会議で採択される見通し。社会党とさきがけが主張した文言の一つ、「侵略行為」が「侵略的行為」に変わった。自民党が「的」を盛り込むよう強く求めた。英語では「的」の有無にかかわらず、同じ意味。日本人はあいまいに解釈する。そこがミソだろう。

決議案の決着の仕方は妥協に妥協を重ねた「日本的やり方」だった。近隣諸国はその点先刻、承知している。それで理解が得られると思ったら、「的《まと》はずれ」だろう。

タイムスリップあってはならない

（悠閑春秋　1995・6・10）

今年は戦後五十年。さまざまな企画がある。記念映画もその一つ。東宝「ひめゆりの塔」、東映「きけ、わだつみの声」、松竹「ウィンズ・オブ・ゴッド」がそろって上映中だ。

学徒たち（学生）の悲惨な行路を描いた「きけ、わだつみの声」を見た。戦争映画は暗く、重い。織田裕二や風間トオル、的場浩司、仲村トオル、緒形直人、鶴田真由ら、トレンディードラマでおなじみの俳優らが出演している。学徒と同世代の人たちに見てもらおうと、起用したそうだ。軽い気持ちで映画館に入った。

映画は学徒兵の悲惨な姿を、タイムスリップという現代的な手法で描いている。真夏のラグビー場で学生（緒形直人）がスクラムを組み、タックルした。気がつくと、そこは五十年前の神宮外苑の学徒出陣壮行会場だ。「これは夢だ。悪い夢を見ているんだ」と行進する自分に言い聞かせる。

戦場で学徒兵たちは死について、戦争について考え、悩む。ある者は「俺《おれ》が戦うことで、敵が母や妻、恋人に近づくことを、一日でも一時間でも遅らせたい」「親や兄弟、友、美しい山や川。それが祖国というものなら、それを救うために命を投げ出してもいい」と。

映画館の外に平穏な日常の風景があった。和《やわ》らかな風、人々の笑い声、喧噪《けんそう》、街のにおい……。これはきっと夢ではない。この平和は多大な犠牲の上にある。タイムスリップは、絶対あってはならない。

フランス核実験再開か

（悠閑春秋　１９９５・７・21）

フランス観光省の今年の対日キャンペーンは「身近なフランス」（フランス・ブロッシュ）だそうだ。昨年の日本人観光客は九十二万人。二、三年後は百五十万人が目標という。ファッションや芸術など日仏交流は日本の片思いが続く。

今、フランスが世界の注目を集めている。南太平洋で再開しようとしている核実験に豪州やニュージーランドは抗議行動を起こし、欧州議会でも反対の声であふれた。英国やデンマークなどでフランス製品の不買運動が広がる。ドイツ週刊誌は読者にシラク大統領へ抗議のはがきを出すようキャンペーンを始めた。唯一の被爆国・日本はやっと重い腰を上げ、国連へ核実験禁止の決議案提出の方針を決めた。五十嵐官房長官がフランス大使に中止要請した。「核実験が安全ならなぜ、本国でしない。パリ郊外でやったらいい」と息巻いた田中科技庁長官も大統領に抗議の手紙を送った。

仏当局者の一人は「豪州に比べ、日本人はおとなしい」と評したそうだ。日本在住フランス人らが「日本人はもっと強い怒りを行動で示して」と署名を集め、駐日フランス大使に抗議した。今こそおとなしい日本人でなく、筋を通す真の姿を見せよう。政府に任せず、地方自治体や地方議会は抗議の決議を、市民はさまざまなアクションを起こしたい。

ルイヴィトンの不買運動もいいが、この夏、「身近な日本」の対仏キャンペーンは、反核行動が一番だ。

戦時下の暮らし展

（悠閑春秋　1995・7・27）

奉公袋、慰問袋、臨時召集令状（赤紙）、千人針、配給切符……。戦時下の言葉である。一つでも、意味が分かる人はどれだけいるだろう。たとえ知っていても、実際に見た人はごくまれに違いない。

富山市郷土博物館の「戦後五十年にあたって―一九四〇年代の資料展」をのぞいた。ゲートル、空襲で焼けた盃《さかずき》、リュック、ジュラルミンの鍋《なべ》、空襲警戒警報札、敵機来襲で注意や心構えを記した張り紙も。それぞれに戦時下の生活がにじんでいる。

本社も県民会館で「戦時下の暮らし展」（十五日―十七日）を開く。遺族から二百点余り遺品が寄せられた。どれも部屋の隅に保管していたものだ。例えば、配給切符。正確には「家庭用物資集成購入通帳」から切り取った購入券。当時、醤油《しょうゆ》や砂糖、せっけん、ちり紙などが配給された。お金より大切で、肌身離さず持ち歩いたそうだ。

本紙連載の「戦時下を語る」によると、富山市の貴堂とみさん（六二）の父母と兄ら五人が富山大空襲に遭い、自宅横の防空ごうへ逃げたが、死亡した。遺体とともに購入通帳が見つかった。親類宅に疎開し、無事だったとみさんが大事に保管し、本社に届けた。

富山市も市民プラザで「あゆみ展」（一日―六日）を企画、遺品がたくさん届いた。胸の奥にしまっていた思いが戦後五十年を機に、堰《せき》を切って出てくる。遺品は次代へ伝える「戦争の語り部」。各展示会へ足を運ぶことを勧めたい。

鎮魂の花火大会

（悠閑春秋　1995・7・31）

夜空を彩る花火は涼感を誘い、「夏が来た」と実感する。近年、イベントに花火はつきものだが、鎮魂の思いを込めた花火も多い。

江戸両国の花火は享保十六年（一七三一年）、川開きに初めて悪霊払いとして打ち上げられた。八代将軍吉宗のころで、当時、米が不作だったり、疫病が流行した。江戸では水害、火災など大災害が相次いだ。火の生命を夜空へ上げ、悪霊を追い払おうとしたのだろう。今日、隅田川花火大会として親しまれている。

あす一日は、富山市の神通川で、第四十九回北日本新聞納涼花火大会がある。この花火大会は富山大空襲の犠牲者の鎮魂と平和への願いが込められている。昭和二十二年八月、富山市復興祭が開かれ、式典のほか花火大会やミス富山、花電車などのイベントがあった。今、花火大会だけが残る。

今年は大仕掛けの超特大「幻想大オーロラ」「スペース・ウルトラナイアガラ」が見もの。千数百発の大輪小輪の打ち上げ花火。特に空襲で亡くなった人たちを弔い、平和を祈る灯ろう流しがある。戦後五十年、あらためて「鎮魂の花火」に思いをめぐらしたい。

〈打ちあげし花火の下に幾山河〉西本一都。戦争を知る世代は同感だろうか。富山市も整然とした街並みと緑が広がる。軍事用として始まったという花火は、平和な時代に観賞用に発達し、日本は今や世界一の花火生産国だそうだ。夜空の花々は「平和の証《あかし》」である。

「ヒロシマいのちの伝言」の高橋さん

（悠閑春秋　1995・8・5）

ヒロシマの語り部、高橋昭博さん。六十四歳。被爆者。原爆資料館館長も務めた。「非被爆者」には、ヒロシマのことは分かりっこない、とずっと思っていた。

一九七〇年、俳優の山本亘さんに会う。原爆映画「ヒロシマの証人」に出演した兄の山本学さんを通じ、面識があった。大江健三郎さんの「ヒロシマ・ノート」が話題に。「あれはきれい過ぎる。体験者でないと分からぬ」という高橋さん。山本さんは静かに反論した。「分かりっこない、とはねつけられたら僕ら若者はどうしようもないじゃないですか」。ハッとした。

間もなく、修学旅行に来た東京の高校生に、被爆体験を語った。真剣な目、メモを取る手、素朴な疑問。胸が熱くなった。初めて、ケロイドを隠していた包帯を解き、腕を見せた。生徒たちに告げた。「あなたたち若い人が、被爆者の苦しみの後継者になって下さい」

一人の生徒から手紙が届いた。「原爆とカキ、これが僕の頭にひらめく広島でした。原爆が人類の破滅につながると思ってもみなかった。この事実を世界へ、その前に日本全体に伝えねばなりません……」。この時、高橋さんは体験を語る大切さを知った。

以来、若者に希望を託し、語り部行脚へ。「ヒロシマは過去のものでなく、現在に生きている。……それは核時代がある限り、人類に課せられたテーマです」と、高橋さんは近著『ヒロシマいのちの伝言』（平凡社）で訴えている。

かみしめたいワイツゼッカーの言葉

（悠閑春秋　1995・8・10）

島村宜伸文相の戦争責任発言が、韓国政府、マスコミの反発を招いている。初登庁後の会見で「相も変わらず昔を蒸し返して、それをいちいち謝罪していくというやり方は、果たしていかがなものかと思う」と語った。この種の閣僚発言は〃年中行事〃のようで、実に情けない。

確か先の五十年国会決議で、政治家たちは「謝罪」を文言に入れるべきか否か、すったもんだした。結局「謝罪」は外れ、「侵略行為」も「侵略的行為」に変わった。過去の事実に目をつむり、あいまいな表現に終始した。島村発言はその延長線上にあり、本音がぽろりと出たのだろう。

一方、こんな言葉もある。「自らの歴史と取り組もうとしない人は、自分の現在の立場、なぜそこにいるのかが理解できません。過去を否定する人は、過去を繰り返す危険を冒しているのです」（8日付中日新聞）——来日中の前ドイツ大統領、ワイツゼッカー氏が先日、東京で講演した。

ワイツゼッカー氏と言えば、一九八五年の「荒野の四十年」演説を思い起こす。「過去に目を閉ざす者は、結局のところ現在にも盲目となる」。非人間的行為を心に刻み、世代を超え、みんなで戦争責任を担おうと呼び掛けた。ドイツ国民ばかりか、世界の人々の共感を呼んだ。

うっとうしい嫌な歴史の事実に目をつむりたい——それは人間の願望だろうが、直視しない限り、過去から永久に「解放」されない。ワイツゼッカー氏の言葉をかみしめたい。

受け止めたい沖縄の心

（悠閑春秋　1995・9・22）

沖縄の米兵による、女子小学生暴行事件は、日米地位協定の見直し問題に発展し、国内外に大きな波紋を呼んでいる。こうサラリと書くと、事件発生時から逐次、報道されていたように錯覚するだろう。本土の人は当初、ニュースをほとんど知らなかった。国民に明らかになったのは、大田沖縄県知事が、駐日米大使や外務省に抗議してからだ。実は今月四日夜に事件が起きた。翌日、容疑者は米兵三人と分かるや、県民の憤りが渦巻いた。学校や市民、警察や行政などが抗議の声を挙げる。残念ながら、刻々本土へニュースが伝わらない。いや受け止めなかったのか。

沖縄は一九七二年に本土に復帰し、二十三年たつ。生活様式や文化も、急速に本土化が進んだ。若者は沖縄がかつて、アメリカの施政権下にあったことさえ知らないだろう。だが、復帰した今も巨大な基地だけが残っている。日本全土の一パーセントに満たない面積の県に、在日米軍施設の七五パーセントも集中し、市民生活を日常的に妨げている。ことに県民は、米兵が犯罪を起こすたびに、煮え湯を飲まされた。起訴まで日本側に身柄の引き渡しをしない、と定めた、日米地位協定が重くのしかかる。

冷戦構造が崩れ、今年は戦後五十年。この問題は安保・防衛など、日米の在り方の本質にかかわるが、ウチナーンチュ（沖縄の人）の心を今こそ、ヤマトンチュ（本土の人）は、同じ「国民」として受け止めたい。

8・15は平和記念日

（天地人　1996・8・11）

間もなく、「終戦の日」の十五日が巡ってくる。この日、子供らは父親のお盆休みの一日としか思っていない。もし、カレンダーに「祝日」マークが付いていたら、どうだろうか。

総理府は昭和二十三年に、「希望する国民の祝日」について世論調査している。新年が一番多く、次いで天皇誕生日、お盆、平和を記念する日（将来、講和条約が結ばれた日）、建国記念の日、春分、秋分、新穀に感謝する日、国のために亡くなった人々を追憶する日、国際親善の日、ひな祭、新憲法施行の日……と続いたそうだ。

当時、国会で八月十五日を「平和記念日」にすべきかどうか、議論された。だが、GHQが「いかなる名目をもってしても、八月十五日は祝日あるいは記念日としてはならない」と見解を出した（熊倉正弥著『新聞が死んだ日』）。恐らく反米思想や共産主義の台頭を恐れたのだろうか。

今日、八月十五日を「祝日」にしようという動きがさっぱりない。それに比べ、政治家は七月二十日の「海の日」祝日制定には素早かった。今年から祝日になり、子供らは夏休み一日得をしたと喜んでいた。この日は明治天皇が東北巡行を終え、横浜へ帰港した日だ。

戦後五十一年である。今一度、国民に祝日に関するアンケート調査したら、八月十五日を「平和記念日」に——と挙げる人が果たしているだろうか。

リメンバー・パールハーバー

（天地人　1996・12・8）

五十五年前の今日が日米開戦の日。アメリカ人にとって、十二月八日は「リメンバー・パールハーバー（真珠湾を忘れるな）」である。この記念日の二日前、広島の原爆ドームが世界遺産のリストに登録されることになった。何か、歴史のめぐり合わせを感じる。

共同電によると、クリントン大統領は八日を「国民パールハーバー追悼の日」にすると発表した。「五十五周年を迎え、攻撃や第二次大戦で亡くなった、すべての人々を追悼しよう」と国民に呼び掛け、連邦省庁は半旗を掲げた。多くのアメリカ人は、この日を戦後の「出発点」と思っている。

原爆ドームの登録に当たって、米国は「戦争遺跡は世界遺産条約の範囲外」と審査決定に参加しなかった。さらに「ドームの申請は、歴史認識が欠けているのではないか」とまで言ったそうだ。やはり、根底にパールハーバーがある。

反対に遭ったが、「惨禍の遺産を後世に残そう」と多くの賛同を得て、登録が決まった。第二次大戦の惨禍を残す施設としては、ポーランドのアウシュビッツ強制収容所跡に続く。今回のように「負の遺産」をめぐって、国の歴史や文化の違いで、解釈が異なることもあろう。

今年はまだ戦後五十一年。歴史が続く限り、原爆ドームは人類の「遺産」であることは間違いないが、心の風化はあってはならぬ。「リメンバー・ヒロシマ」である。

日韓共通教科書

（天地人　1997・7・27）

歴史の視点は人さまざま。まして世界史となれば、国々によっても解釈が異なる。戦争がいい例だ。自国の都合で正当化する。侵略か否かとなると、考え方がまるでかみ合わない。戦争を共通認識でとらえることは難しい。

戦争の記述で、国々の歴史教科書が根本的に違えば、相互理解はいつまでたっても深まらない。例えば、日本と韓国がいい例だ。韓国から「歴史教科書について日韓で共同研究したい」と提案があったが、日本はこれを拒否したそうだ（23日付本紙）。

その理由について文部省は、「この種の研究は民間の研究者の手にゆだねるべきで、政府がかかわるのはなじまない」と説明している。共通教科書づくりは簡単ではないが、ヨーロッパの実践を見習いたい。以前、『ヨーロッパの歴史』（東京書籍）という本を見た。どこにでもあるようなタイトルだが、副題に「欧州共通教科書」とあった。

執筆者は国籍の異なる十二人の歴史家だ。フランス、イギリス、デンマーク、イタリア……、ドイツも参加した。全員が三年かけて原稿を書き、読み直し、討議を重ね、作った。第二次大戦についてこう記してある。「ヨーロッパはまずヨーロッパが引き起こした暴力によって、次いでヨーロッパが被った暴力によって深い傷を負った」

本書はEU加盟国で各国語版が同時刊行されたという。「日韓共通教科書」はいつできるだろう。

地雷除去で国際貢献

（天地人　１９９７・11・２）

地雷を踏み、両足がなくなる、目がない、腕がちぎれている。病院に担ぎ込まれ、横たわる老人や子供、母親たち……。地雷は無差別に人間をバラバラにし、殺す兵器だ。

世界六十四カ国で約一億個が埋設されており、毎年二万二千人が死傷している。地雷を間違って踏めば、体が吹っ飛ぶ。地雷原に近付くことができず、踏み込めない。そこで土を耕すことも、人が歩くこともなく、荒土と化してしまう。

対人地雷の除去は、新たに埋設されない前提でも、現在のペースだと、千百年もかかると推定される。一九九四年で十万個が除去されたに過ぎず、一方で二百万個が埋設されており、気が遠くなりそうな話だ。地雷をいかに除去するか。地雷除去は世界の大きなテーマである。

先日のＮＨＫ番組『未来派宣言』で、ベンチャー技術で地雷探知機を開発した、日本の企業家を紹介していた。地中を映像化し､立体的にとらえることで､正確に地雷をキャッチする。よりスピーディーな除去を目指す。この企業家はカンボジアで実験し、改良を重ねている。大量に製品化されれば、地雷除去を待ち望む世界の人々の朗報だ。

政府は､十二月にカナダで署名式が行われる､対人地雷全面禁止条約に署名する。橋本首相は「全面禁止の国際努力を支持する」と表明しているが、技術貢献は日本の専売特許だ。地味だが、こうした貢献で日本の評価を高めたい。

4　地域に元気を

「アベノミクスは地方には波及していない」「人口はますます東京一極集中し、地方は疲弊し、人口減が止まらない」と地方は嘆く。

二十年前のころ、地方分権が叫ばれた。富山市は中核市に〝出世〟し、国や県が持つ権限が大幅に移譲された。地方自治や地方分権という言葉に希望を託し、地方分権一括法が十五年前に成立した。

二〇〇五（平成十七）年の、平成の市町村合併の嵐で富山県は三十五あった市町村が十五に減った。大沢野町・本社主催の「ふるさとみらい21大沢野」や「小杉町のヒーロー柳沢」などコラムに登場した地域の話題が懐かしいが、まだ旧市町村名である。このころ、高岡の瑞龍寺が大修理を終え、国宝に指定された。

県民待望の北陸新幹線は、国の財源難を理由に現在のフル規格で着工認可されたのが十年前のことだ。新幹線は開業するが、一方で人口激減時代を迎える。「地方創生」というが、これからが正念場である。

4年に一度の報告会

（悠閑春秋　1994・3・26）

「○○議員の町政報告会がありますので、忙しいでしょうけど公民館へ顔を出して下さい」。このごろ、町内の世話役が夜、触れ回る。「珍しいことだな」と、せん索する。しばらくして別の議員の報告会がある。「来年の春は統一地方選か」と納得した。

選挙期間中は平身低頭、お願いに徹する。だが、当選後はずっとごぶさたである。地中から虫がはい出すように、議員らは今、一年後をにらみ、活動を再開した。劇作家でコラムニストの高田保さんは「政治家は次の時代のことを考え、政治屋は次の選挙のことしか考えない」と言ったが、四年に一度だけ、報告会を涼しい顔で開く議員は、政治屋の最たる者だ。

地方議員はふだん何をしているのか、住民には見えにくい。ふだんの活動報告がない限り、知る由もない。議員への期待は就職や媒酌人など、頼み事ぐらいしか思っていない住民が多い。

住民自身も政治屋を容認していないか。地方議員は国会議員と違い、住民と最も密接に付き合い、政治や行政への要望を日常的にキャッチできる。報告会や活動通信の発行など、住民とのチャンネルをもっと駆使したらいい。

細川連立政権が発足して以来、国政は政治改革、政界再編をはらみ、目が離せない。地方政治や地方議員の活動はそれに比べ地味だ。が、ある日突然、「報告会です」では情けない。

風を友に町おこし

（悠閑春秋　１９９４・５・25）

漫画や絵本の世界で、よく空を飛ぶ人間や動物が主人公になる。科学の時代でも人間は自分の体で、風に吹かれ、風を切って大空へ飛びたい、と夢を抱く。

地域活性化の総合イベント「ふるさとみらい21・大沢野」（北日本新聞社、大沢野町主催）がスタート、町民文化会館で開かれている「ふるさとを描く10人展」を見てきた。イベントのテーマは「風と生きる」。神通峡や猿倉山に吹く風、石仏のほおをなでる風。どの風景にも大沢野の風が吹いていたように思えた。

美術評論家、山梨俊夫さんの新著『風の絵』には、風は、フェルメールやモネ、漂泊の画僧雪村など、昔から画家たちにいろんな絵を描かせてきた、と書いている。眠っていた記憶、自分が気付かない能力、ある時歓喜を高め、不安を増幅させる。その力は無限大なのだろう。

高い山で南風がさえぎられ、南風は神通川上流の上空に集まる。より強い南風となって、峡谷の上空を吹き抜け、ダシ風、オロシ風となって富山平野へ吹き下ろす（『とやまのお天気』富山地方気象台編）。時には人の命も奪う、怖い風だ。

青森県金木町の地吹雪体験ツアーが、都会人に人気だという。怖く、暗い地吹雪が新鮮に映った。逆転の発想である。本紙連載「風を友に」には町おこしへ、風と遊ぶ発想を喚起する。風には何かフッと呼び起こす魅力がある。

寅さん山王さんにおいでよ

（悠閑春秋　１９９４・６・２）

私、生まれも育ちも葛飾柴又です。帝釈天で産湯をつかい……。きのう夕方、富山市の山王まつりで、露店の並ぶ通りをぶらつきながら、ふと映画『男はつらいよ』の寅さんを思い出した。寅さんは今ごろどこで、口上を語っているのだろう。

昔は寅さん同様、露天商を香具師《やし》と呼んだ。今年は山王さんに二割増の約千店が集まった（二日付本紙朝刊）。祭りの規模はともかく、露店の数は日本一、俗にいう香具師祭りでは最大という。彼らが口をそろえて言うから間違いない。

関東から来る者や九州、関西方面から北上する者。露天商たちは山王さんに集結し、年に一度顔を合わせ、情報交換する。かつて次の旅先で「山王さんの本道場《ほんどば》（一番良い本通り）で商売してきた」と話せば、いい場所で商売ができたそうだ。山王さんはヒノキ舞台、いわば「競う祭り」なのだろう。寅さんのような口上を山王さんで語り、売り上げ一番なら、香具師として日本一の折り紙がつく。時代は流れ、口上を語る香具師はほとんどいない。客層が変わり、暴力団排除を目指し、場所決めは抽選。それも口上が消えた要因かもしれないが、山王さんの日本一は健在だ。

『男はつらいよ』は富山が舞台になっていない。寅さんを呼ぼうというグループもある。それはともかく寅さんよ、日本一の山王さんへ、いや富山へなぜ来ないの。富山に来ないで、大きな顔をして口上は語れないよ。

中学生議会に学びたい

（悠閑春秋　1994・8・20）

ある議会の議員の質問を紹介したい。「広報となみに下水道のことが掲載されていますが、内容が難しい。排水設備実施って何ですか」「砺波には公園がたくさんあり、樹木が多いが、歩道の横や駅前、人や自転車がよく通る所にも街路樹を増やして」「市内の中学校はバスケットが盛んです。市長さん、三人で出来る3ｏｎ3というバスケのゲーム知ってますか。小さい公園たくさん造って下さい」「道路が広くなるのは結構なんですが、どうして事故が減らないのでしょう。安全を考えた道路造りなんですか」

先日、砺波市で初めて開かれた中学生議会だ。議員は中学二、三年生三十人。将来を担う中学生に、政治や行政を学んでもらおうと、市教委が企画した実践的な政治教育だ。中学生議員は宿泊して猛勉強し、自分たちで質問を考えた。

質問の中身はどうだろう。中学生も読める広報紙、バスケができる小公園、道路が広くなるのに事故が増える……。面白いし、核心をズバリ突いている。一つ目線を低くすると、大人が当然と思っている問題点が見えてくる。

議会を学んだのはむしろ、行政側だった。教育長の飯田敏雄さんは「大人の議会は根回し、駆け引きの世界。子供はストレートだ」と苦笑いする。用語にも随分苦労した。「検討します」「善処する」「研究する」……。こんな意味不明な答弁では納得してもらえない。汗をたっぷりかいたそうだ。

合掌造りが世界遺産に

（悠閑春秋　1994・9・29）

桂離宮の美を再発見した人と言えば、建築家のブルーノ・タウト。タウトが合掌造りの様式美を絶賛したことは、あまり知られていない。著書『日本美の再発見』を読むと、確かに一九三五年五月に白川郷を訪れている。

雨が降りしきっている。藁葺《わらぶき》屋根が実に美しい。まるで褐色の毛皮そっくりだ。棰《たるき》は棟木を支えるために上部で交叉《こうさ》している。破風《はふ》のところに、棟先から藁束が下げてあった。いかにも装飾的な印象である、と書いている。

さらに構造的にも論理的、合理的で、日本の建築ではまったく例外に属する。巨大な合掌屋根は、その下に三階層を収め、ドイツの農民屋根に酷似している。……あたりの風景は日本的でない。スイスか、さもなくばスイスの幻想だ、と。タウトは五箇山へは行かず、高山から富山県入りした。もし足を伸ばせば、同じ合掌造りの集落に出合い、「ここにもスイスの幻想が……」と言っただろう。

「白川郷・五箇山の合掌造りの集落」がユネスコの世界遺産に推薦され、日本政府が正式に推薦書を提出した、と九月定例県議会で報告があった。

国内では法隆寺、姫路城、京都の文化財などに次ぎ六件目。六十年前にタウトの目に留まったことを誇りに思うが、合掌造りは幻想でなく、今も現実の世界にある。他の遺産に比べ偉大なのは、生活の激変の中、なお人々の息遣いが聞こえることである。

朗唱の輪広がれ

高岡古城公園内で「万葉集全二十巻朗唱の会」が始まり、古城の森に朗々とした声が響く。約千九百人が三昼夜、全四千五百十六首を一首一首唱え、見知らぬ読み手へつないでいく一大ドラマである。

会場を見てきた。万葉人の原色の衣装をまとった市民が、次々とお堀の舞台に登場する。参加者は五歳の園児から九十一歳の老人まで。空を見上げながら、唱える人。うれしそうに語りかけるような人。軽いリズムに乗っている人。熱唱、絶唱、詩吟調、歌曲調……。若いグループもいた。聞いている人もさまざま。ビニールを敷いて座っている主婦。万葉集の単行本を開いている老人。弁当を食べながらの家族連れ。女子大生グループ。わいわいがやがや、先生に引率される園児たち。つえをついたおじいちゃんもいた。

隣人に声をかけたり、語り継ぐことが困難な時代に、歌をつなぐエネルギーはどこから生まれるのだろう。朗唱を発案した富山市の公認会計士、千田篤さんは「高岡には万葉への思い入れが脈々と続いている。商人、工芸の町としてこの企画を懐深く取り入れ、昇華していく素地があった」（高岡市立中央図書館報）と述べている。

一人ひとりが高岡から全国へ世界へつないでいく。そして世界中の人々が、あちこちで自慢の詩や歌を唱え、大きな朗唱の輪になっていく。そんな夢を見てみたい。

（悠閑春秋　1994・10・8）

熊の胆《い》の苦味いつまでも

（悠閑春秋　1994・11・9）

薬の味は近年、味が全く無いか、甘いかのいずれかである。苦い薬をのむことは滅多にない。良薬は口に苦しだが、苦味を守っているのが富山の薬、熊胆《ゆうたん》（くまのい）だ。甘みをつけることも可能だろうが、良薬の故、頑固一徹に苦い。

薬の紙袋に強そうなクマの絵が印刷してある。苦味を我慢し、一粒のめば、腹痛も立ちどころに治まりそうな気がする。近年、二日酔い防止にのむサラリーマンが多いらしい。富山の薬では六神丸と並び依然、不動の地位だ。

製法はクマから採った胆のうの胆汁を乾燥させたものだが、胃腸病、黄疸《おうだん》、鎮痛、消炎、解熱などの効能がある。熊胆は中国最古の薬物書『神農本草経』に出ており、朝鮮を通って、大和朝廷に伝わった。江戸時代に普及し、ことに越中売薬の反魂丹として庶民の薬になったそうだ。

古来、中国から入手しているクマの胆汁が、平成四年にワシントン条約で輸入禁止になった。富山の薬の危機だ。そこで、富山市薬業貿易振興会が中国へ調査団を派遣、数年後に、人工飼育のクマから抽出した胆汁の、輸入再開のめどが出てきた。

クマを殺すわけでないので、条約本部はそれでも「ノー」と言うことはあるまい。クジラの時もそうだが、いつも文化の違いが対立の溝を深める。あの苦味は富山の歴史、文化のシンボル。いつまでも残したい薬である。

とやま住まい考

（悠閑春秋　1994・11・12）

「男たる者、家を持って一人前」という言葉が今も県内にある。お陰で富山県の持ち家率、部屋数、一人当たりの畳数は全国一だそうだ。

散居村の家を見た県外の人は一様に驚く。立派な玄関と座敷、太い柱に感心するが、重厚で大きな家は田園風景にふさわしい。おおらかな気分に浸れる。だが昨今、住みやすい家造りにこだわる。間取り、洋風か和風か、老いを考えての設計……。住まいに対する県民の考えが変わってきた。

家を直すというと、アメリカ人はペンキとハケ、中国人はコテ、日本人はノコギリとカンナを持ってくるという。外観より内部をきれいにする日本人に対し、アメリカ人は街への配慮、風景を共有財産とみているのだろう。

本紙朝刊の連載記事をまとめた『とやま住まい考』（富山住環境研究会編）を読むと、住宅は独立しているのでなく、風景に溶け込んだり、異景を放ったりしていることが分かる。ログハウスやマンション、公共トイレ、家風、窓の風景、空間教育、都市の演出、景観の輪郭の話……。住まいは奥深い。

「建築は空《くう》を切り取る」という。人々は建物の稜線《りょうせん》、輪郭を意識する。富山の景観の創出は、立山連峰や自然の木々をいかに組み合わせるか、と本書にある。未来の富山はどんな輪郭を描き、空を切っていくのだろう。楽しみだ。

絹ごし豆腐派の富山県民

（悠閑春秋 1994・11・15）

夕方、冷たい風に遭うと、湯豆腐で一杯やりたいと思ったりする。あるいは風邪をひいた時、食欲がなくても口に入るのが湯豆腐だ。江戸の川柳に〈湯豆腐を食い逃げにする風の神〉とある。〝畑の牛肉〟と言われる豆腐は日本人の栄養源である。

豆腐は湯豆腐のほか冷や奴《やっこ》、みそ汁、鍋《なべ》物などに使う。子供のころ、ピーポーという豆腐売りのラッパの音がすると、ステンレスのボールを持って、買いに走った。以前はよく食べる副食の一つだったが、食生活の多様化で、需要は微減傾向という。

豆腐は大別して、木綿《もめん》ごし豆腐と絹ごし豆腐がある。木綿ごしは豆乳にニガリを入れて固め、木綿布を敷いた箱へ流し込む。重しをのせ、水気を切ったもの。絹ごしは水切りをしないで、固めたもの。絹を使わないが、柔らかいためそう呼ぶらしい。わずかな水分の差で舌触りが随分違う。

豆腐製造のクレハ食品（小杉町）によると、県内では、湯豆腐に絹ごしを使う家庭が、圧倒的に多い。他県はふつう少し固めの木綿ごしを使う。絹ごし湯豆腐は珍しいそうだ。県民の豆腐全体の消費割合は、絹ごし二〇に対し、木綿一。他県はほぼ半々という。同社の山口寛専務は「微妙な風味を大切にする県民の食感覚の表れでないか」と分析する。

県民気質は堅物、ぶっきらぼうと評されるが、実は「絹ごし」でなかろうか。

市町村われらが自治の砦《とりで》

（悠閑春秋　1995・2・27）

「人民の、人民による、人民のための政治」はリンカーンの有名な言葉。人民を住民に置き換えると、「住民の、住民による、住民のための政治」。最近、議論されている、地方分権の在り方を言い当てている。

本紙朝刊の連載企画『市町村われらが自治の砦』の第2部「開かれた議会へ」で、県内の議員や議会の動きをレポートしている。行政の追認、マンネリと根回し、ボス支配……。大抵の地方議会のイメージだが、連載を読んで前向きな動きが芽生えている、と分かる。

たとえば、砺波市庄東地区の議員が超党派で、地域住民と、診療所の開設運動を展開している。上市町の主婦が父母に相談なく、児童館前の道路計画を決めた議会に不信感を持ち、お母さんたちの支援で町議になる。既成政党の枠に縛られたり、業界バックの議員には、住民のための政治の発想は生まれにくい。

本来、福祉や環境、住宅など、自分たちの生活や将来像は、身近な地方議会で決めてゆくべきだろう。地方分権に反対する、官僚の言い訳は決まっている。「地方には任せるだけの能力がない」「ゼネコン汚職がいい例。権限を与えると、何をしでかすか分からない」「議会にチェック機能がない」

きょうから二月定例県議会が始まった。市町村の三月議会も招集される。「住民の、住民による、住民のための分権」へ、議員諸氏の自覚と奮闘を望む。

裾野見えてきた外国人地方参政権

（悠閑春秋　１９９５・３・１）

「ローカルな環境だからこそ、グローバルな世界が極めてクールに見えてくる。地方人こそ国際人たり得る……日本を富士山にたとえれば、広大な裾野が地方だ」と岩國哲人氏（出雲市長）が『鄙《ひな》の論理』で語っている。

近年、地方で外国人労働者、留学生が随分増えている。在日韓国人など定住外国人も多い。街を歩けば、必ず外国人に出会う。以前のように振り向いたりはしなくなった。職場や地域で共に働き、暮らしている。地方同士の国際交流も活発だ。地方の国際化が進んでいる。

だが、国の役人には頂上が見えても、裾野の変化が見えないらしい。憲法によると、定住外国人はたとえ税金を納めても、国籍がなければ、住民にはなれない。従って、身近な首長や地方議員を選ぶ地方参政権を保障していない。「国民に非《あら》ずんば、住民に非ず」である。

ヨーロッパでは、地方参政権を、外国人に開放するところが増えているそうだ。例えば、ドイツ統一前の九〇年五月、東ベルリン在住の日本人ソプラノ歌手が、市会議員に立候補した。当選できなかったが、国政選挙では国民として日本で、地方選挙では住民としてベルリンで、一票を投じることが可能だ。

最高裁は定住外国人に対し、「地方選挙権を法律で付与することは、憲法上禁止されていない」と初の判断を示した。裾野がやっと少し見えてきたらしい。

高校入試問題に「直接請求権」

（悠閑春秋　1995・3・10）

県立高校の社会科の入試問題で、第一問目が「地方自治」についてであった。その中に「地域住民に直接請求権が認められている理由を書きなさい」とある。お父さん、お母さん、ちゃんと解答できましたか。

「直接請求？　昔習ったようだけど、忘れたよ」と言う人が多いに違いない。それもそのはず。県議会では、昭和四十五年八月、「県公害防止条例」の改正を求め、初の直接請求による臨時議会が招集されている。以来、直接請求という言葉は何度か聞くが、ここ二十年近く、御無沙汰《ごぶさた》である。

地方自治法によると、住民に対し、政治に要望をより反映させるため、直接請求を保障している。例えば、条例の制定・改廃や事務の監査、議会の解散、首長・議員の解職。ことに条例の制定・改廃は本来、首長と議員の仕事である。あえて住民に保障するのは、一人ひとりの意思を尊重しているためだ。かつて、住民は直接請求という権利を、しっかり行使していた。今日、条例案といえば、首長提出がほとんど。議員さえ忘れている。四十七都道府県で、一九八一年から十年間、暮らしや生活にかかわる議員提出条例案は、わずか九十六件。うち二十件可決したに過ぎない（五十嵐敬喜・小川明雄共著『議会』）。

冒頭の問題は受験生だけでなく、住民と、選挙を控える立候補予定者に対するものでもあった。お忘れのないように。

サラリーマンは議員にふさわしい

（悠閑春秋　1995・4・19）

富山、高岡両市議選と町村議選が真っ最中。立候補者の職業欄を見ると、農業、自営業、会社役員、政党・団体役員が目につく。純粋なサラリーマン（会社員）はあまりいない。いても労働組合出身というケースが多い。

農村地区でも、住民の八、九割がサラリーマンで占めるが、住民代表の議員になる人は、皆無に等しい。そんなことを言うと、「サラリーマンが議員になる暇なんてない」「選挙に出るカネがあるわけない」と一蹴《いっしゅう》されそうだ。

しかし、このいびつな構成が、地方議会を不健全なものにしている。利権に群がる議員を許している。長年、特定の職業や階層の人の意見で、政治が動いていないか。東京都議会議員にサラリーマンがたくさんいたなら、信用組合救済や世界都市博などに、次善の策があったような気がする。

サラリーマンにとって、議員への壁は厚い。そこで、議員の半数をサラリーマンを中心とするボランティアに切り替える。欧米のように議会は休日か、夜間に開く。会期の工夫も必要だろう。企業の人材を地域に戻す。そこから地方議会の活性化が始まる——と金子仁洋著『官僚支配』にある。

無投票当選が相変わらず多い。少数激戦と言われる市町村も、実は議員のなり手がいない。サラリーマン層が参加できるシステム作りは、政治を変える足掛かりになる。

政治家的知事とは

（悠閑春秋　1995・4・21）

中沖富山県知事に数年前、「魅力あるリーダー」について語ってもらった。知事就任の翌年に遭遇した、五六豪雪を振り返り、「あの時、部下に対策をどんどん指示した。だが〝前例がない。そんなことはできません〟と拒否され、非常に悩みました」と。

行政は前例や慣例、文書で動く。それが迅速かつ確実、と役人は信じている。その積み重ねがマンネリ化を生み、県民の思いと遊離することがある。知事は当時、行政マンとしてでなく、政治家であった故に〝前例発言〟に驚いたのだろう。

知事職は、政治家と行政のトップという二つの顔を持つ。同じ政治家でも、国会議員や地方議員、直接有権者から選ばれない総理大臣とも違う。行政にしっかりものを言い、自ら行政を引っ張ってゆく。両方を兼ね備えたバランス感覚が求められる。

青島東京都新知事と行政当局の間に軋轢《あつれき》が生じている。世界都市博中止を公約に掲げた青島氏に対し、都幹部は「それは困ります」と反発する。現地を視察した青島氏は、規模縮小など見直しに傾き、揺れている。中止は政治家・青島氏の公約なら、開催は東京都が既に国内外に出した公約だ。

近ごろ、行政マン的知事が多いが、政治家的知事が少ない。青島氏は、推進と中止の財政上の「損得勘定」を公開するそうだが、政治家と行政のトップとしての「損得勘定」も熟慮されたい。

女性県議が躍進

（悠閑春秋　1995・4・25）

池渕正さん。富山県で初の女性県議。窪村（現氷見市）生まれ。昭和二十二年四月の最初の統一地方選で、当時の氷見郡（定数三）から選出された。女性参政権が実現し、全国で政界へ躍り出た女性が目立ったが、池渕さんもその一人である。

日本女子大卒。両親を失い、酒造業を切り盛りする。一方で青年団や婦人会活動に加わる。「世のため、人のため」と無所属で出馬を決意。三十八歳だった。青年団や村の有志が奔走する。開票の結果、県内で最高得票の一万四百十六票を得た。全国の女性議員候補者の中で最高だったという。

公約は「のびやかな文化富山県」を掲げ、任期中は婦人と幼児問題に地道に取り組んだ。四年後の選挙で次点に泣き、政界から去った。五十三歳で亡くなる。池渕さんの後、女性県議は昭和三十年から三期務めた上滝タミさん（社会、富山市）もいる。

十三回を数える統一地方選が終わった。女性議員が躍進した。県内市町村議選で大島、大山町で初議席を獲得するなど、全部で十二人が当選した。女性議員の総数は、これで史上最多の二十一人になったが、全市町村議員の三・四パーセント。県議はなおゼロだ。

ＰＴＡや婦人会、町内会、買い物やカルチャー仲間……。人と人のネットワークの中で気付いたことに、しなやかに取り組んでもらいたい。池渕大先輩が歩んだように。

民生委員は地域の顔

（悠閑春秋　1995・7・10）

「あなたの地域の民生委員を知っていますか」。議員、自治振興会長、老人クラブ会長、婦人会長、PTA会長、児童クラブ会長。このうち二、三人は思い浮かぶが、民生委員まではどうも、という人が多いのではなかろうか。

先日、富山県民生委員・児童委員大会シンポジウムで、こんな素朴な問い掛けがあった。会場の民生委員から「それはないでしょう」という声が上がった。ところで、民生委員って何だろう。広辞苑には「社会福祉の増進のため、生活困窮者の保護指導に当たる職務とする者」とあるが……。

民生委員の歴史は七十年余り。時代とともに職務内容が変わった。県内に二千三百四十一人いる。昔は困窮者を保護する地域の名士、今や地域福祉のコーディネーターだ。近年、特養ホームや介護支援センター、訪問看護ステーションなど、高齢者を支える施設が整う。ホームヘルパーなどマンパワーが活躍し、民生委員の存在感が薄い。

だが、それらマンパワーは実は民生委員に頼っている。寝たきりや一人暮らし老人などの相談や、地域の実情を、マンパワーに伝える、大切な仕事を担う。高齢者世帯が増え、さまざまな制度や福祉サービスを、吸収するだけでも大変らしい。随分、忙しいそうだ。

民生委員は「地域福祉の顔」に、住民一人ひとりは民生委員の「サポーター」になろう。みんなが民生委員の顔を覚えたなら、あなたの町や村は「安心社会」です。

古代の越中も米どころ

（悠閑春秋　1995・11・25）

奈良に都があったころの越中と言えば、万葉集の選者・大伴家持を思い起こす。数々の歌から、越中の自然や人々の暮らしぶりが浮かぶ。だが、当時の経済基盤、とりわけ農地がどうなっていたか、案外知られていない。

県公文書館で開催中の『荘園図から見る古代越中展』（十二月八日まで）を見た。荘園図は開墾した農地を描いた古代の地図だ。農地は当時、権勢をふるった東大寺や西大寺、唐招提寺などが所有していた。中世の荘園図のように絵画的で美しくないが、条理制や土地の実態がよく分かる。

現存する古代荘園図は、全国で三十六点、うち十七点が越中のものだそうだ。越中に荘園が特に多かったわけでないが、中央の権力者にとって、魅力的な地方だったらしい。畿内《きない》からそう遠くないし、河川が多く土地は肥沃《ひよく》、稲の栽培に適していたのだろう。古代越中は、すでに米どころだったわけだ。

展示されている荘園図は、正倉院宝物からカラー複製したものという。図には土地区画や地名、開墾状況、道、溝（用水）、社《やしろ》などが細かく記してある。田んぼは碁盤の目のようにきれいだ。一つ一つの田んぼに「越中刻印」が押してあった。

本物の荘園図は麻製で、染みがいっぱいあるそうだ。豊かな農地は、自然にできたわけでない。農地には、千二百年も昔の、農民たちの汗が染み込んでいる。

富山市が中核市に〝出世〟

（悠閑春秋　１９９５・12・６）

富山市など全国十二の市が、中核市になることが確定した。中核市の触れ込みは、地方分権推進のさきがけ的制度。人口三十万人規模の都市では、富山市が唯一という。まずは富山市の〝出世〟を祝いたい。

中核市。耳慣れない言葉だが、広報「とやま」にこう記してあった。地域の中核的機能を備えた市で、福祉や保健衛生、環境保全、都市計画などの分野で、市民生活に密着した事務などが県から移譲され、政令指定都市に準じた権限を持つことができる――と。市民の方々、お分かりだろうか。

例えば、身障者手帳の交付手続き。これまで窓口の富山市へ申請し、県が書類審査した。県に他市町村からも書類が届く。二カ月ごとに開催の、県審査会の待ち時間がある。単なる更新でも、交付まで三、四週間要した。これが富山市で事務を一本化するため、約十日間で済むそうだ。

県が富山市へ移譲する権限は、約千八百項目。特別養護老人ホームの設置認可、民生委員の推薦、墓地や火葬場の経営許可、母子福祉資金の貸し付け、母子相談員の設置、飲食店の営業許可、浄化槽の設置・届け出……。挙げればきりがない。中核市の恩恵は、事務の効率化に伴う市民サービスの向上であろう。不必要なハンコと書類作成を省いた。

行政がもったいぶって費やした時間は、単純に、千八百項目×〇〇時間。想像を絶する。では浮いた時間をどう使う。創造的施策（思索）に充てていただきたい。

町のヒーロー柳沢

（悠閑春秋　1996・1・30）

小杉町の飲食店に入ったら、店の主人と客二人の会話が弾んでいた。「柳沢ちゃ、黒河（小杉町黒河）のもんやそうやの」「そーや、親父はラーメン屋やってるそうやけど、どこよ。一回行って来んまいか」

「そってよ、Jリーグ十三チームから誘いを受けたそうやの」「野球で言えば、福留みたいもんや」「いや、それ以上の大物やちゃ」「野球のイチローみたいになるかもしれんゾ」「となると、町名の変更も」……。サッカーの鹿島アントラーズ入りした、富山第一高の柳沢敦選手（一八）は小杉町出身。どうやら町の話題をさらっているようだ。

町の広報『こすぎ』1月号の「今年にかける」のコーナーに柳沢選手が登場。「高校ナンバー1のスーパープレーヤー」「ふるさとからの応援励みに」と元気な見出し。本紙販売店発行の『小杉専売ニュース』に「柳沢選手五輪代表候補に」「快挙に後援会づくりを」「Jリーガー以外で一人」と報じている。

柳沢選手は地元・歌の森小学校を卒業した。聞けば、学校ではガキ大将だった。町の児童サッカークラブに所属し、一、二年生の時から、ボールを蹴《け》らしたら五、六年生もかなわなかった。運動能力は抜群、相撲もめっぽう強かったそうだ。

地域の活性化に腐心する市町村だが、スーパースター誕生が何よりうれしい。文句なしに住民だれもが浮き浮きする。で、冒頭の会話のおのおのは、中年のおっさんたちであった。

これしきで大雪？

（悠閑春秋　1996・2・2）

県内に「大雪警報」が発令中である。警報という言葉を聞くのは、平成六（一九九四）年一月二十三日以来のこと。この時の富山市の最深積雪が六〇センチ。きょう午前十一時現在で七四センチ。昭和六十一（一九八六）年二月六日の一一七センチ以来の大雪だ。

今朝も大雪で道路は大渋滞である。スリップ事故が続出、渋滞を避けようとする車が、わき道へ殺到する。路肩へ突っ込んだ車がおり、大混乱のところもあった。除雪車はフル稼働のようだが、歩道まではすぐに手が回らない。通勤途中、車道をとぼとぼ歩く姿が目立った。

雪対策で思い起こすのが「富山県総合雪対策条例」だ。五六豪雪を教訓に、昭和六十年三月、全国で初めて制定された。雪害のない街づくりを目指し、雪に強い住宅など、生活環境の整備、交通・通信の確保、道路や要援護世帯の除排雪の推進、さらに雪の利用や研究などを掲げている。

条例の趣旨は、住民の権利を規制したり、保証するものではない。県と市町村と県民の役割を明らかにし、計画的に雪に強い県土を実現するため、方途を規定している。道路の除雪であれ、屋根雪下ろしであれ、マイカーの自粛であれ、県民一人ひとりの協力があってこそ可能なわけだ。

今のところ、豪雪というには程遠い。だが、これしきの降雪で交通網や生活が大混乱すれば、「平成八豪雪」と〝命名〟されかねない。でないと、「克雪、利雪、親雪」が泣く。協力して乗り切りたい。

小さな地域の住民投票

（悠閑春秋　1996・2・19）

朝日町境地区の、場外舟券売り場・ボートピア誘致構想をめぐり、賛否を問う地区内の住民投票が行われた。ボートピアの是非はともかく、「住民投票」で、地域の将来を決めるケースはそうない。それだけに注目した。

元々一昨年秋ごろ、若手住民がつくる「境を考える会」で誘致構想が持ち上がった。地区に提案し、署名活動を展開した。過疎で悩む地区を、ボートピアに活路を見いだそうとした。県外視察や地区総会を重ねた。静かな県境はかんかんがくがく、議論が沸騰した。

面白いのは、静観していた町職員や町議が突如、県外のボートピア施設へ、視察に出掛けたことだ。「三月議会を控え、一度見ないことには何も分からない」と考えた。住民の動きに、行政や議会が慌てふためいたのだろう。

ふつうなら、町がまず、施設の誘致に動き出す。職員や議員が、多数派工作に乗り出す。地区民は賛成、反対で対立が深まる。しかし、境地区は全く逆だ。一部住民の発案で議論され、「住民投票」にたどり着いた。もちろん、自治体が制定する「住民投票条例」とは違い、法的拘束力はない。住民自身が考え、選んだ手段だ。「住民投票」の結果、反対票が過半数を占めた。住民間のしこりを心配する声があるが、境地区民は貴重な財産を得た。「住民の、住民による、住民のための政治」。自治の実践だ。宮崎海岸のヒスイにも勝る輝きである。

目を凝らしたい予算案

（悠閑春秋　1996・2・23）

県や富山、高岡市など県内の自治体は、新年度予算案を発表、概要が連日、本紙朝刊に掲載されている。規模は一千億から十億円単位までいろいろ。縁のない大きな数字を眺めても、家計のようにリアルに伝わって来ない。

原因は何だろうと考えた。単純だが、知らないところで予算案が決まり、一人ひとりが編成過程に参画していないからだろう。道路舗装にしろ、児童遊園地にしろ、街灯一基の設置にしろ、予算を付けてほしい、と市や町に働き掛けたり、話し合うことがないためだ。

普段、一人ひとりあるいは町内会が、町づくりや生活環境について陳情や要望し、予算編成に参画するチャンスがあるはずだ。あなた任せの町づくり、予算が当たり前になっていないか。たとえ大きな数字の予算も、小さな数字の積み重ね。小さな数字に、それぞれが、しっかり目を凝らせば、予算全体が身近に感じるだろう。

とは言っても予算には、時の知事や市町村長が、いかなる優先順位で活動しようとしているか、色濃く出るものだ。立教大教授の新藤宗幸さんは「予算とは、政治と政策のあり方を問い、ゆくえを考えるよい〝教材〟である」と言っている。

今、国の予算案、税金の使い道が議論されている。予算に対する国民の関心が高まった。県や市町村の〝教材〟もしっかり勉強し、あすのまちづくりに生かしたい。

地方は「国引き」に結集を

（悠閑春秋　1996・2・27）

『出雲国風土記』によると、昔、小さい国土を嘆いた八束水臣津野命《やつかみずおみつねのみこと》は、おおきな鋤《すき》を取り出し、「国来《くにこ》、国来」（国よこっちへ来い）と言って、太い綱で海の向こうにある土地を引き寄せ、出雲に加えたそうだ。岩國哲人さんは出雲市長の時、この神話について面白いことを言っている。「出雲が他の文化圏へ侵入したり、侵略されたわけでもない。自らの力で他の文化圏を〝こっちへ来いこっちへ来い〟と引き寄せた。出雲はパワフルな存在であった」と『鄙の論理』で書いている。

現代の「国引き」は、地方が中央に対して、ダイナミックな方向転換や、壮大なプランを求める動きと言い換えてもいいだろう。例えば、橋本大二郎高知県知事が、県職員採用試験の受験資格から国籍条項を撤廃する方針も、「国引き」の一つだ。自治省は「国引き」の動きが他県に広がらないよう、必死だ。橋本知事の言い分は「地方行政はサービス業。地方のために働く人の力を借りるのに、日本人も外国人もない」。国の論理は「当然の法理」を挙げる。「公権力の行使または国家意思の形成への参画に携わる公務員になるために、日本国籍を必要とする」。地方公務員にもこの論理が当てはまる、と主張する。

これは定住外国人に対し、「地方参政権」を認めない国の論理とそっくりだ。「国民に非ずんば、住民に非ず」である。もはや、地方は「国引き」に結集し、「国よこっちへ来い」と引き寄せる以外にない。

論は地方から

（天地人　１９９７・２・16）

地方の時代が叫ばれて久しいが、地方紙で働く記者にすれば、「論は地方から」と言いたい。『新聞研究』２月号は「論―地方から」と題し、地方紙論説責任者の座談会や提言などを特集している。

国の政治や経済、行政などさまざまな制度は、機能不全を起こしている。阪神大震災やオウム事件、急激な円高や円安、金融機関の破たん、厚生省事務次官汚職、最近ではタンカー重油流出事故でも、初動態勢の遅れが響き、結局はボランティア頼りだった。

制度の矛盾は、往々にして地方で噴出している。例えば、阪神大震災で国の対応のまずさは承知の通りだが、復興の遅れにも表れている。神戸新聞の中元孝迪論説委員長は、座談会で「復興を進める過程で地元がどんなにいいアイデアを出しても、補助金を取るため東京の機嫌をとらねばならない」と現状を明かす。

確かに、今の法律や規制に従っていては、どうにもならない状況がある。各地で明るみになった官官接待や、カラ出張の根っこにも通じている。本県でも、国の農業予算消化のためカラ出張があった。モラルの欠如が批判されようが、地方が政策を立て、予算を組み、監視するシステムになっていないところに問題がある。

「分権なんていう言葉はなくてもいい。地域から政策を考えていかないと、もうどうにもならないという、うねりみたいなものを感じる」（山田邦見北海道新聞論説主幹）。今こそ地方の時代と思う。

国宝になった瑞龍寺

（天地人　１９９７・１０・１９）

きのうの朝、高岡市の瑞龍寺を訪ねた。八丁道を真っすぐ進むと、瑞龍寺に出合う。総門前でガイドが観光客に「瑞龍寺が国宝指定後、初日の拝観です」と話すと、笑い声が広がった。

山門をくぐると、仏殿の鉛ぶきのかわらが秋の薄日に光っている。スズメがいっぱい飛び交い、楽しそうに鳴いている。境内は芝で敷き詰められ、ゆったりとしている。木々も色付き、線香のにおいがする。いつになくどこか華やいだ雰囲気が漂っていた。

国宝指定を一番喜んでいるのは市民であろう。昭和、平成にまたがる大修理では、市民パワーが結集した。事業費七億二千万円でスタートしたが、修理が進むにつれ、新たに貴重な建築部材が多数見つかった。部分的な修理から、伽藍《がらん》全体の復元に広がり、総費用二十二億円に膨らむ。国や県、市の予算だけでは賄えない。企業や市民の浄財が頼りだった。地元・経済界が力を合わせ、「瑞龍寺伽藍復元事業委員会」（竹平政太郎会長）が奔走、市民の一口募金などで、大きなうねりとなった。大修理への協力は、瑞龍寺への市民の熱き思いと一致した。

大修理の話がまだ動き出していないころ、四津谷道昭住職は、東大寺再建に尽くした高僧、重源の伝記を読んでいた。その時、こう話したのを思い出す。「心は一つ。時代は違えど、仏の心を民衆に説き歩いてこそ、復興への道が開けるんだ、と学びました」。瑞龍寺と市民の心が一つになって、今国宝となる。

棚田オーナー制度

（天地人　１９９８・11・1）

氷見市の山間地に行くと、階段状に、猫の額のような小さな田んぼが所々にある。棚田と呼ばれている。大きさや形はさまざまだが、地形を生かした上手な区割りに感心する。同時に田植えや刈り取り、水の管理など農家の苦労を思う。

この棚田を貸し出し、田植えなど農作業をしてもらう、棚田オーナー制度を始めようと、氷見市は、棚田保全推進会議をこのほど発足させた。同市の長坂地区でスタートする。事業は、市が農家から借りた棚田を会員に貸し出し、会員は田植えや、はさ掛けなどの作業が体験できるそうだ。

氷見市だけでなく棚田を持つ多くの市町村は、地域活性化や都市と山村との交流など、オーナー事業に期待を寄せる。そのきっかけになったのが、三年前に高知県梼原村で開かれた、第一回「棚田サミット」だ。棚田の保存と、都市住民との交流などを提言した。

今、棚田は全国七百余の市町村に二十二万一千ヘクタールあり、水田の八パーセントに当たるそうだ。近くでは輪島の千枚田が有名だ。どこも年々、労働力の不足と高齢化で、姿を消しつつあるが、輪島では、市職員や都会のボランティアの協力で、何とか維持している。

オーナーとなる都会の人は、棚田を見て何と思うだろう。四季折々、山村の原風景である棚田は、確かに美しいけれど、「スピードと効率だけを求めていいのか」と訴えているようでならない。

エザライの風景

（天地人　1999・3・28）

　このごろ、休日に農村のあちこちで、スコップを持った人々の集団を見掛ける。地区民総出のエザライだ。作業は、農業用水の底に堆積している土砂をスコップですくい上げ、道端や田んぼへ入れる。三月から四月初めにかけての農村風景である。

　筆者も一日、作業をしたが、翌朝、手足の痛さで目が覚めた。かつてエザライは専業農家の人たちの仕事であったが、今や主役は兼業農家のサラリーマン。スコップを持つ手もどこかぎこちない。少し作業をしては、一服。作業と一服の繰り返しで、「一服の合間に仕事だね」と笑った。

　エザライという言葉は、町に住む人には縁がないだろうが、大田栄太郎さんの「日本の民俗—富山」によると、小川をエーとか、砺波地方ではエーガワというそうだ。漢字では江とか、江川であろう。そのエーに土砂が沈殿し、早春に掃除することをエザライ（江浚い）という。

　かつて田んぼに運び入れられた土砂は、湿田地帯では大変貴重であった。乾田化に少しでも役立ったのである。しかし、現代のエザライはドブや、ごみさらいの感がする。川の底から空き缶やペットボトルが続々出てきた。道路沿いの用水だと、その量に驚く。これでは田んぼを潤す用水と言い難い。

　川の底の堆積物から、マナーの悪さ、人のこころのよごれが見えてくる。

利賀村横領事件その後

（天地人　1999・7・4）

先日、終了した連載「ドキュメント地方選のかたち」で、本社記者が利賀村を訪れたのは、昨年末だった。村は、まだ元収入役の公金横領事件で揺れており、村民たちは取材に対して、貝のように口を閉ざした。

何度も足を運んだ。顔なじみになっても、記事にしようとすると、名前はもちろん、年齢さえ拒んだ。「小さな村だから、たとえ匿名でも年齢でだれが話したのか分かってしまう」と言う。民宿に泊まろうとしても、断られたほどだった。それほど事件は村民にショックを与えた。

半年後に村を再訪した。雪深い風景から緑あふれる村に変わっていた。久しぶりに会う村民の視線が気になったが、取材で知った議員や村民は「やあ、また来たがけ」と受け入れ、民宿は歓待してくれたという。事件を乗り越え、選挙を経て、「村民は何かふっ切れたのでは」と記者は言う。

村に変化の兆しが見え始めた中、きのうの本紙が「利賀フェスティバル」が今夏を最後に、十七年の歴史に幕を閉じる、と報じていた。「世界のトガ」と呼ばれるほど名を上げ、村おこし優等生の利賀村。来年から衣替えし、コンクール形式の国際演劇イベントの開催を検討しているという。

事件を契機に政治意識に変化が芽生え、こんな時の「利賀フェス」終幕のニュース。利賀の山々に新しい風が吹くことを祈りたい。

地方分権一括法

（天地人　1999・7・11）

中央省庁改革関連法と併せ、地方分権一括法案が国会で成立した。国と地方が上下から対等・協力の関係に転換する。国は、地方自治体を下部機関とみなし、押しつけていた機関委任事務が廃止され、権限がどっと地方に移るという。

県内の市町村議会の六月定例会でも、分権をめぐり、議論が活発だった。分権法は、介護保険や教育など、暮らしや生活に大きな影響を及ぼす。自治体の対応や準備、分権によってどう変わるのか等々、メリットをただす議員が多かったそうだが、メリットは、議員自身にもあることを忘れないでほしい。

たとえば、分権法では、議員が議案を提案できる要件が、現在の議員定数の八分の一以上から、十二分の一以上に緩和された。わずかな緩和措置といえばそれまでだが、やる気のある議員にとって、朗報だろう。何も会派で議案をまとめ、提案しなくても議員有志でも可能だ。

だが、これまで県内でも議員提案が極めて少ない。昨年九月に大門町議会で可決、成立した「空き缶等の散乱及びポイ捨て防止条例」は、一議員の行動が原動力になった。全国から資料や類似の条文などを取り寄せ、勉強し、町や議会で議論を重ね、仲間の町議五人で共同提案にこぎつけた。

政策が伴う議案は、そう簡単にできるものではない。ふだんの学習と行動が必要だ。地方分権時代は、議員とそれを支える住民のやる気が問われる。

富山大学の地域貢献

防衛庁への、ジェット燃料などの納入に絡む、入札談合事件を報じた20日の本紙一面に、この事件について、富山大経済学部の滝川敏明教授のコメントが載っていた。

滝川教授の専門は独占禁止法。マスコミの取材に対し、的確に発言できるだけに、この分野では名高い専門家なのだろう。独禁法に詳しい先生が、なぜ富山大に、と思っていたら、21日の日経の「交遊抄」で、八田英二同志社大学長が、滝川教授との出会いで明かしてくれた。

出会いは、かれこれ三十年前。公正取引委員会での採用面接試験の控室だった。大学が同じ京都ということで、二人は話が弾んだ。以来、道は違えど、交遊を続け、滝川教授は公取委産業調査室長、渉外室長などを経て、富山大に赴任したそうだ。

八田学長が言うように、大学の先生は助手、講師、助教授、教授と階段を昇るのは普通だが、このごろは民間や官僚出身の教授も結構多いようだ。その道に優れ、有能な人なら、どんどん大学教授に招かれる。大学のビッグバンともいえよう。地元にいながら、富山大の著名な先生のことを知らず、恥じ入るばかりである。

大学開放の在り方が今、問われている。公開講座の開設や施設・設備の一般市民への開放、地域との共同研究など富山大は積極的に取り組んでいる。大学と地域をどう交流を深めるのか。優れた、やる気のある先生を地域へアピールしたい。

（天地人　1999・10・24）

5　暮らしと社会

震撼《しんかん》する事件が起きた時代だが、経済分野は住専や銀行の破綻、合併など相次いだ。バブル経済が崩壊し、デフレ時代に突入、政治の混迷同様、社会全体が霧に包まれたように停滞していた。神戸の小六男児殺害事件で中三の少年が逮捕され、週刊誌に少年の顔写真が掲載されて波紋を呼んだ。

全てが不透明で「不安の時代」であった。その裏返しのように「家族」や「愛」、「支え合い」のような優しい言葉がもてはやされた。このころからか、自宅に届く年賀状に家族の写真入りが目立った。家族を取り巻く社会の風圧が強まり、絆が強まったのか。

本項では「震」とは縁のない、家族や地域の回りで耳にした暮らしの話を取り上げることを心掛けた。今、想像を超えるネット社会の功罪、消費増税や過度な円安物価高、小泉改革で生んだ大量の非正規雇用者の増大、超少子高齢化社会に伴う難問山積。「不安の時代」がなお続く。

現代の銀舎利《ぎんしゃり》

（悠閑春秋　1994・3・12）

舎利《シャリ》は白米の飯の俗称。かつて銀舎利とも言った。米だけのごはんが珍しい時代背景があったから、銀舎利という言葉が生まれたのだろう。戦中や終戦後の食糧難時代に使われたが、稗《ひえ》や粟《あわ》の混じったごはんはずっと昔もあった。

江戸時代、武士や町人のごはんは、米がやや多い程度、農民は米を年貢として供出し、稗や粟を食べていた。明治、大正になって徐々に米が増え、昭和に入って庶民の茶わんに、やっと白いごはんが盛られたという。

日本の米が店頭から消えた。外国産米は残り、ことにタイ米が嫌われている。知り合いの農家が驚いていた。「親せきの知人だと名乗る人から突然〝米を売ってもらえないか〟と電話があった。〝食べる分しかない〟と断ると、〝じゃ今年収穫の三百キログラム予約したい〟ときたのには参った」

昨秋から国産米の買いだめが横行し、自由米（ヤミ米）が出回るなど、流通機構が機能していない。国産米不足で、舎利を外国産米に切り替えるすし店が現れた、と本紙朝刊が伝えていた。農水省が国産米だけの販売を禁止、反発の声が出ると一転、国産とタイ米のセット販売も認めるなど、混乱が続く。外国産米のおいしい炊き方や、料理法など新聞、雑誌で特集を組んでいる。食卓でタイや中国の人々の暮らしを話し合ったり、想像してみる。少ない国産米は現代の銀舎利か。そんな時代でないはずだ。

新入社員に「おはよう」

（悠閑春秋　１９９４・４・２）

春の光が降り注ぎ、職場に新入社員がやって来た。どの顔もキラリと輝く。身のこなし、歩き方はまだ地に足が着いていないけど、目線は真っすぐ向いている。二十年、三十年のベテランも、この時期、きりりと身が引き締まるから不思議である。どの企業も昨今、新入社員教育に力を注ぐ。

というより、そうせざるを得ないようだ。「残業が多い。もっと楽な会社へ移りたい」「海外旅行に思うように行けない」――とあっさり辞めるケースが結構あるらしい。

ギャップに悩む管理職は嘆く。――「残業を命じたが、断られた。理由を尋ねると、友達と飲む約束があるから、と悪びれた顔もせず言うんだから」「こっちが仕事をしていても、時間になったら、気にせずさっさと帰る。気を使いたまにも、と酒に誘うが、嫌な顔をされた。上司の都合のいい日を逆に聞いていている始末ですよ」

待て、新入社員にも言い分がある。――「おっ、やってるな。しっかりやれよと、上司に木で鼻をくくった言い方をされると、ムッとする」「先輩や上司に『おはようございます』と言ったのに、返事がなかった。あいさつはお互い交わすもんでしょう」――これでは上司がソッポを向かれても、仕方あるまい。

コミュニケーションを深め、仕事のノウハウを伝えていくためにも、上司や先輩は新入社員に「おはよう」と、先に声を掛けたい。

航空機にも落とし穴

（悠閑春秋　1994・4・27）

昨夜、名古屋空港で中華航空エアバスA300型機が着陸に失敗、墜落し炎上、乗員乗客二百七十一人のうち、二百六十一人が死亡する大惨事が起きた。犠牲者に高岡市の夫婦もいた。台湾観光の日本人ツアー客が多く、乳児二人の命も散った。

先日、一九八五年八月十二日の日航ジャンボ機事故で、奇跡的に生還した川上慶子さんが、看護師試験に合格した、という明るいニュースがあった。その時、五百二十四人を乗せ、ダッチロールを繰り返し、御巣鷹山へ激突した、あの暑い夏の夜を思い出した。

昨夜の事故現場をTVで見た。暗やみに炎が噴く。鎮火し、白煙の下には真っ黒に焼け焦げた機体の残がいがあった。黒い死体らしきものが布に巻かれ、運ばれる。救助作業員が残がいの上を歩く。修羅場だ。

「ゴーアラウンド（着陸復行）」と交信を最後に墜落した。着陸時の八分と離陸時の三分を「魔の十一分」という。無数のハイテクが駆使されている。それでもパイロットは最も神経を使い、緊張する。日航ジャンボ機事故をルポした、作家の吉岡忍さんは「信頼で結ばれる、大小無数のシステム世界の裏側を、じわじわと、侵食していくものの存在を感じとった」（『墜落の夏』）と、書いている。

大量、便利、超高速。一方でうっかり、見落とし、気まずい人間関係……。現代科学の粋を集めた航空機にも落とし穴がある。計器の狂いか、操縦ミスか。悲劇は身近にある。

危険球

（悠閑春秋　1994・5・12）

プロレスの場外乱闘でいすや机を投げ合う。観客はいすを投げるレスラーを見て喜ぶ。いすや机はレスラーが投げ合う、試合の道具みたいなものだ。昨夜のプロ野球、ヤクルト―巨人戦は野球がボールを使ったけんかになった。違反じゃない、と抗議するなら、プロレスへ転向の道もある。

投手が打者にボールを故意にぶつける、「危険球」をめぐって乱闘になり、三人が退場処分になった。ヤクルトの西村と巨人の木田両投手が、打者にボールをぶつけた。それが故意なのか、単なるミスによる死球なのか。

規則では「危険球」とは、投手が打者を狙って投球すること、とある。そこで主審は故意に狙ったかどうかの判断が求められる。「ピッチャーが自白しなければ、他人が判断するのは無理」という持論の野村監督。試合後、「故意かどうかは最高裁でないと分からない」と、言い張ったそうだ。

それなら主審は不要になる。広辞苑には「故意とは、自己の行為が一定の結果を生じることを認識し、ある行為をした場合の心理状態」とある。主審はボール、ストライクの判定だけが仕事でない。投手のしぐさ、目つき、試合の流れから故意かどうか、「心眼」で敢然と判定すべきだろう。

乱闘こそ面白い、と言う人もいたが、後味の悪さが残ったことは間違いない。今、「危険球」はプロ野球界全体に投げられている。お忘れなく。

ツバメの宿

（悠閑春秋　１９９４・５・13）

愛鳥週間がスタートし、先日県内一斉のツバメ調査が行われたが、調査員の子供らがわが家にも「ツバメのお宿」シールを張っていった。ツバメたちは巣作りに大忙しだ。

砺波市杉木、元小学校長の林梅夫さんは昨年、自宅に来たツバメを思い出している。ヒナが産まれたころだった。部屋にいると、二羽の親ツバメが飛んで来て、チューチューとけたたましく鳴く。林さんのそばで旋回する。何か催促している様子だった。巣のある納屋へ歩き出すと、ツバメが付いてきた。

戸の桟に大きなヘビ、青大将がへばりつき、ヒナ鳥を狙っている。林さんは手で青大将をつかみ、外へ出した。親ツバメは落ち着き、巣に戻った。「危険を知らせに来たんだ」と思い、ツバメ一家がなおのことかわいくなった。長年、巣作りに来るが直接、話をしたのは初めてだった。

元来、ツバメと人間は仲がいい。「ツバメが巣をかけると縁起がいい」「家が繁栄する」と、喜ぶ。地方の農村によって「田の神様を負うてくる」「巣をかけると豊作」といって、〝穀神のお使い〟とする俗信があるそうだ。

ツバメに限らず、キジやハトも人間の近くで巣を作る。天敵から逃れるため、人間のそばにいる方が安全なのだ。彼らを追い回すと、すみかを奪われたも同然だ。自然にさりげなく付き合う。それが人間と野鳥が共に暮らすマナーだ、と林さんから教わった。

リンゴの気持ち

（悠閑春秋　1994・5・18）

「リンゴの唄」が戦後焼け跡に流れた。闇市《やみいち》で、引き揚げ船の中で、人々は口ずさんだという。戦争を体験した者ならなおのこと、日本人はリンゴに愛着を覚える。

先日、ニュージーランド産リンゴの輸入第一便が神戸港に届いた。事実上、輸入禁止状態だったが、対日批判の風が強く、農水省は植物防疫上の問題がクリアできた、と解禁に踏み切った。今秋には米国産も解禁の見通しで、国内産の出荷時期と重なる。牛肉、オレンジ、コメに次ぐ自由化で農家は頭が痛い。

昔から日本にリンゴはあったが、明治時代に国家の施策として、欧米品種が本格的に導入されたそうだ。今、青森や長野など寒冷適地で栽培されている。県内では魚津や最近、富山市池多、高岡市国吉の農家も産地化に力を注ぐ。

リンゴは元々、西欧の代表的な果物だ。人類の行く末や歴史も変えている。『旧約聖書』にはアダムとイブの二人が食べた禁断の木の実は、リンゴだったたし、ニュートンが万有引力を考えつくきっかけは、リンゴの落下だった。リンゴへの思いは西欧人の方が強いかもしれない。

県内にわずかだが、ニュージーランド産があすからお目見えしそうだ。「いずれ外国からたくさん輸入され、扱わない訳にいかない」（丸八中央青果）という。隣に並ぶ国内産リンゴは何とつぶやく。「リンゴはなんにも言わないけれど……」。その気持ちよく分かりますよ。

サマータイム制は御免

（悠閑春秋　1994・5・28）

日が随分、長くなった。今朝の日の出が午前四時三十六分、日の入りが午後七時一分の予定。太陽が出ている時間は、実に十四時間二十五分である。

年を取ると夏場、早く目が覚める傾向が強いらしい。しかし、もっと早いのは鳥たちだ。スズメは忙しそうにエサを捜し回っている。わが家で飼っている数羽の中国産のニワトリ、烏骨鶏《うこっけい》は日の出前からクックックックッと鳴いている。

寝るのはやはり、日が暮れてからだ。日中昼寝をするのかどうか分からないが、夏場は卵をよく産む。冬場は活動が鈍るのか、さっぱり産まない。エサを食べるだけである。烏骨鶏は夏場、早寝早起きでなく、遅寝早起きである。モーレツに働く。

鳥はみな働き者かと、言えばそうでもない。富山市ファミリーパークによると、飼育のニワトリは飼い慣らされ、日中起きている。野生の鳥は夜明け前から活動を開始、日が暮れて休む。夏場は繁殖期で忙しい。活動時間は長いが時々、羽を休めている。うたた寝なのかもしれないという。

夏場、仕事開始時間を一時間早める、サマータイム制導入論が盛んだ。早く終わった分、レジャーやスポーツにあてる。国は省エネ効果と景気浮揚を期待する。それはそれで結構だが、睡眠時間を削ってまでサマータイムなんて御免だ。来世は野生の鳥ならまだいいが、働きづくめの烏骨鶏にはなりたくない。

魚はボラに限る？

（悠閑春秋　1994・6・15）

今日の本紙朝刊に「クロマグロ規制提案、ケニアがワシントン条約会議へ」という記事が載っていた。漁場は異なるが、確か先日来、富山湾内で大量のマグロが水揚げされ、氷見漁港は三十二年ぶりの大漁のはずだった。それなのになぜ規制の話に、といぶかしく思う。

クロマグロは北太平洋、大西洋に分布。重さ三百キロ以上になり、脂肪分の多いトロは、マグロの中でも最高級だ。漁獲量は二十年前の三分の一以下に減少したという。九二年にもマグロ問題が浮上した。国際世論は鯨の次はマグロと、日本人の食生活を逆なでしているようだ。

トロ好きの日本人だが、貝塚でマグロの骨が見つかっており、日本人は原始時代からマグロを食べていた。江戸時代には網で大量に捕れ、利用に困ったらしい。高級魚とは程遠く、むしろ下等な魚だった。

このころの高級魚はタイが一番。ヒラメ、スズキ、カツオ、ボラ……と続いたそうだ。ボラ一匹四十文、酒が一升買え、供宴の献立にしばしば出た。大正のころまで、見向きもされなかったマグロがランクを上げ、ボラが下降線をたどる。魚の世界も栄枯盛衰と言うべきか。

マグロ規制は日本経済への攻撃という見方がある。金に物をいわせ、大量に空輸し、とことん食べようという態度を改めるべきでないか。年に一、二度、うれしい時に口に入ればいい。食べてばかりいると、嫌になり「魚はボラに限る」と言う時代へ逆戻りです。

脳死・死んだ俺は誰？

（悠閑春秋　1994・6・20）

落語の『粗忽《そこつ》長屋』は自分が死んだと告げられ、自分の死体を引き取りに行く話。自分はピンピンしているのに納得できない。現場へ行くと体が伸びているが、自分だ。死体を抱く。オチは「抱かれてるのは俺だが、抱いてる俺はだれだろう」。

粗忽者の笑い話だが、自分の死亡を自分で確認する、そんなふうに死ねたらいいな、という願望もあるところがすごい話、と『大往生』（永六輔著）にある。落語はむしろ死とは何か、脳死や臓器移植の問題に悩む現代への警鐘でないか。

先日、横浜市の病院で、四人の脳死患者から腎臓が摘出され、移植に使われた。臓器提供者（ドナー）本人の意思が不明なケースがあり、課題を残した。脳死を死と認めるべく臓器移植法案が国会に提出され、現在審議されている。

ドナーの意思が不明な場合、家族は本人の意思を忖度《そんたく》して判断するよう求めている。忖度とは聞き慣れぬ言葉だが、広辞苑では他人の心中を推し量る、とある。提供してよいという本人の具体的な言動があったかどうか、家族が推察することがポイントだ。

中村桂子早大教授は「日常の死の概念は脳死、心臓死という臓器の名前で語れない。……脳死状態での提供は他人のためになるという気持ちがないとできない」（『本の窓』六月号）と書いている。忖度が一人歩きするのが怖い。でないと自分で死体を「ハイどうぞ」と言うしかない。

映画「女ざかり」

（悠閑春秋　1994・7・4）

丸谷才一原作の映画『女ざかり』を見た。主人公は吉永小百合さんが演じる、新聞社の新任女性論説委員。シングルで年ごろの娘と大学教授の恋人がいる。それでいてバリバリ仕事をする。そのシチュエーションは、女性にはうらやましいのではないか。

それに比べ、登場する男性の新任論説委員はふがいない。筆者と同じ男性論説委員として同情する。社会部時代、取材にかけては、らつ腕なのだが、文章を書くのが苦手。社説は思うように書けず、かの女性論説委員に手直ししてもらう。

近ごろ、どの職場も女性は元気がいいらしい。『新潮45』七月号で「一口男性論」が特集してあり、期待して読んだが、がく然とする。プロデューサーの残間里江子さんは「このごろ男三人集まると、子供や女房の話。つべこべ言わず働きなさい」と喝を入れる。

男性執筆者の多くは嘆きっぱなしだ。リテレール編集長の安原顯さんは「地球が消滅し、再生しても男は働き続ける究極の馬鹿である」と言い切り、作家の三浦朱門さんは「今の日本にも男性論の素材は存在するが、それは寅さんという名で、さすらいの旅を続けている」と憂える。

例の女性論説委員が「女ざかりって通り過ぎてから気づくものね」とつぶやくシーンがある。されど多くの男は、つぶやくこともなく、黙って働いている。だから「男は不幸な動物」と言うのは作家の村上兵衛さんである。

夫と妻、どう呼びますか

（悠閑春秋　1994・7・15）

妻が夫を、夫が妻を第三者に話す場合、あなたは何と呼ぶか。まず妻から――夫、主人、うちの人、うちの、だんな、とうさん、とうちゃん、パパ、連れ合い、同居人……。

では夫の場合――妻、家内、女房、連れ合い、同居人、かあさん、かあちゃん、うちの、うちのやつ、ワイフ、ママ……。話す相手や時と場合によって、使い分けができようが、「夫、妻を多様に呼び得ることは、人間関係に対する柔軟な認識の表れ」（竹西寛子著『国語の時間』）である。

少数だが、妻が例えば「うちの山田が――」と姓で呼ぶ。これは、夫婦の一体感と尊敬の念を、強くにじませている。逆に夫が妻を「うちの山田が――」と呼ぶのを聞いたことがない。妻が夫の姓に従っているため、必要がないわけだが、尊敬されたい妻たちから「不平等」の声も出よう。その場合、従属意識の表れである「うちの」は不要だ。

法制審議会は先日、夫婦それぞれが、結婚前の自分の姓を名乗ることができる、選択的夫婦別姓制度を導入する、民法改正要綱試案を公表した。三案が提示されたが、「いずれになっても同姓の原則が崩れることは確か。大改革」（樋口恵子・東京家政大教授）という。

法務省は今秋、世論調査を行い、国民の意見を問う。「女房が」「家内が」と言っている大多数の夫たちよ、柔軟に「山田がね」「吉田がね」と呼び合う関係、賛成、反対？

花火の「間」

（悠閑春秋　1994・7・29）

夜の帳《とばり》がおり、ドーンと音がする。家の外へ出て四方の空を見る。「あっ花火だ」。うっとりする。大輪の華が涼感を誘うが、夜空に響くドーンという音が、なお、夏を実感させてくれる。

子供のころ、神通河原で花火大会を見たが、華が開くたびに拍手をした。今はどうだろう。花火を褒めるコツが古典落語『たがや』の枕《まくら》にある。「ズドンと上がって、上で開いてからシュウと落ちるまでの間に、たまやァッ……い」とやる。

たまやは江戸の花火屋だが、名前を呼ぶだけの「間」があった。現代の花火は一呼吸置く「間」はない。一発ごとの玉では満足せず、玉を重ねて打ち上げるのが時流だそうだ。「空を空けない」と表現するのは、三十年以上のキャリアのある、富山市の花火師、松田利彦さんだ。

昔は華が開き、しばらく闇《やみ》があり、また開く。そこにも「間」があった。「今間があくと、ブーイング」と松田さんは笑う。打ち上げ時間は約一時間だが、現代の花火にはドラマがある。例えば、序章は南国のヤシの花、夏の夜のときめき、サンゴ……という具合に松田さんはタイトルをつけ、全体の流れをイメージするそうだ。

一日（富山）と四日（高岡）は恒例の北日本新聞納涼花火大会。今年は本紙創刊百十周年で、いろいろ仕掛けもあるらしい。松田さんは打ち上げ中、空を見上げる間もなく一心不乱。「音に酔う」そうだが、観客も夏の夜のドラマに酔う。

もったいない雨水

（悠閑春秋　1994・8・9）

地球上の水の九七・二パーセントは海水で占める。海水表面の水は水蒸気に。水蒸気を含んだ暖かい空気は上昇気流に乗って、冷やされる。雨や雪に姿を変え、地上に降り、川や地下へ流れ、海へ戻る。

河川や地下の水は生活上、欠くことができない。河川水は地球に存在する水のわずか〇・〇〇〇一パーセントに過ぎないが、水は循環するため使い続けることができる（富山市科文センター特別展「水と私たち」解説より）。今日、生活用水は河川水に頼っている。河川水の源はやはり雨水だ。

雨水のほとんどが一気に川へ海へ流れる。渇水対策上、都市雨水の資源化が議論されているが、どっこい水の王国・富山で雨水が有効利用されている。富山市庁舎と富山市民球場に地下貯蔵タンクがある。水洗トイレやグラウンド、植木の散水用に使われているそうだ。雨水散水している球場は珍しい。水道水や工業用水を使っている球場もある。スタンドに降り、そのまま下水道管へ流入するはずの雨水が五百トンの貯蔵タンクにためられる。上下水道料金の節約にもなっている。

先日、雨水利用東京国際会議があり、「家庭はトイレの水ぐらい雨水で賄えないか」という声があった。都内の住宅約百五十万戸で雨水をためると、利根川水系のダム一つ分になるという。今夕、予報では県内山沿いで雷雨。地下に浸透し、地下水になるが、コンクリートの上なら即、川へ。あァもったいない。

独り舞台に学ぶ

（悠閑春秋　1994・8・22）

「夜になると、箪笥《たんす》の上に一番下の三歳の男の子が登り、残りの七人の子供達も次々と、その内に腰の曲がったおばあさんまでが。そして、ある夜、カタン、カタン、カタンという音が聞こえて……」。半村良の短編小説『箪笥』の一節。

黙読すると、何でもないが、一人声を出して読んだり、だれかに聞かせたりする。情景を思い浮かべる。擬音を想像力たっぷりに駆使し、抑揚をつける。すると趣が違ってくる。臨場感があふれる。怖い話がすぐ隣であったように錯覚するから不思議だ。

富山能楽堂で女優、白石加代子さんの独り舞台「百物語」を見た。見たと言うべきか、聞いたと言うべきか。前述の『箪笥』は白石さんが朗読、演じたものだ。シリーズ「百物語」は活字になった怖い話を朗読によって聞くという試みだが、白石さんは「朗読劇や浄瑠璃、講談のような語りでもない」と言っていた。白石さんが情景や人物を造形し、表情たっぷりに、時には舞台を歩いて語る。観客はただ黙って耳をそば立てる。フットライトや音楽、大道具など特別な舞台装置はない。シンプルな言葉との出合いが、一層怖さを倍加させる。

声を出して本を読む習慣が近ごろ、なくなったような気がする。学校ではいつの時代からか、黙読が主流になった。声を出して読む言葉に、こんなにも魅力があったのかと、白石さんの舞台から学んだ。

現代の百姓《ひゃくしょう》は「公民」

（悠閑春秋　1994・9・13）

「休日に百姓《ひゃくしょう》した」「オレも百姓した」と言う会話を時々耳にする。共同通信社編『記者ハンドブック』によると、百姓は差別語、不快用語で「農民、農家、農業従事者」と言い換えになっている。もっとも、「自分のことを百姓と言うんだから、文句はなかろう」という意見もある。

広辞苑を引くと、最初に出てくるのが「一般の人民、公民」。次に農民、いなか者をののしって言う語。現代はののしり語で使う人が多い。古代では百姓を「ひゃくせい」とも言い、貴族や役人、下層の奴婢《ぬひ》らを除く、姓氏を有する、あらゆる公民を意味したそうだ。現代語なら、広く庶民と言っていいだろう。

中世でも、農村に武士や商人、職人が住んでいた。荘園制の下、百姓を農民だけでなく「荘園、公領で年貢・公事《くじ》を負担する人」と解された。江戸時代には百姓＝農民、百姓が居住する所＝農村、という体制が出来上がった。

休日に筆者もやむなく百姓をした。田んぼには百姓一筋という人はいない。サラリーマンばかり。週休二日制が浸透し、辛いが、農作業には都合がいいようだ。見知らぬ人が結構、作業をしていた。聞けば、他市町村の人が田んぼを買い、作業しているのだそうだ。

農作業をする人、田んぼを所有する人は専業農民ではない。古代の「公民＝百姓」なのだ。

感動のない常套句《じょうとうく》

（悠閑春秋　1994・9・20）

昨晩のNHK衛星第一テレビは、プロ野球のオリックス対西武戦を、解説者なしのアナウンサー三人（実況一人、ベンチ情報二人）で中継した。先月末のアナウンサー抜き、解説者二人だけの放送に続く実験的試みだそうだ。

「スポーツ放送は模索の時代に入った」（川口幹夫NHK会長）というが、マンネリの大きな要因は送り手の付け足したような説明と常套句にある。例えば、「打ちました。ホームランです」「いい当たりです」は、画面を見れば分かること。

「打った瞬間に分かるいい当たりです」「肝心なところで痛いミスがでましたね」「ベテランらしいうまみのある投球内容です」なども常套句だ。最近、注目のイチロー選手には、打っても打たなくても「さわやかな表情がいいですね」と乱発している。

常套句はニュース記事にも同じことがいえる。「複雑な面持ち」「やりきれない表情」「目を輝かせ」「飛ぶように売れる」「がっくり肩を落とす」、興奮には「酔いしれ」、相撲でもないのに勝者に「軍配が上がる」……。挙げればきりがない。

『放送文化』10月号で評論家の稲垣吉彦さんは常套句を「表現の類型化」と呼び、「感動を伝える新鮮で魅力的な表現は、伝える側が常に開発していかねばならない課題だ」と述べている。でないと、アナウンサー、解説者、そして活字を書く記者までが、リストラになってしまう。

サンマの嘆き

（悠閑春秋　1994・9・22）

秋の味覚、サンマがたくさん出回っている。スーパーへ行くと、一匹七十円、パック入り四匹で二百八円の値が付いていた。あはれ／秋風よ／情あらば伝へてよ……。佐藤春夫の「秋刀魚《さんま》のうた」ではないが、サンマ自身、超安値に嘆いている。

豊漁が続き、漁協などは出荷調整しているが、売れ行きは芳しくないそうだ。今年は八月十五日が漁の解禁日のため、一番うまい秋の旬《しゅん》のころには飽きられる。おまけに年中冷凍物が出回り、消費者に「秋はサンマ」という感覚が薄れたのだろうか。

サンマはいつも豊漁とは限らない。学者が言う「魚種交代説」だ。マイワシ、サンマ、サバの順で約十五年ごとに主役が交代する。今はマイワシが高級魚へ仲間入りし、大きな顔をしている。低級魚のサンマはしばらく我慢である。

サンマは秋風に乗って北の海から南下する。だが、今年は猛暑のせいで海水温が高く、三陸沖でうろうろしている。根室沖で捕れたサンマは、小名浜や銚子などへ運ばれる。相場もにらんでの陸揚げだが、サンマはあっちへ行ったりこっちへ行ったりだ。なおのことサンマの嘆きが聞こえそうだ。

サンマは軽く塩を振って焼き、大根おろしとレモンを添えて食べるに限る。実にうまい。同じスーパーで、大根一本が小さめで百五十円だった。サンマは安いが、大根が高い。今年のサンマはやはりついていない。

まさか…輸入野菜急増

（悠閑春秋　1994・10・4）

昨晩のNHK『クローズアップ現代』は急増する輸入野菜を取り上げていた。今夏の猛暑で大手スーパーの買い付け方法などレポートしていたが、驚いたのは、生鮮野菜は昭和三十年代に輸入自由化されていたことだ。

野菜は収穫してすぐに鮮度が落ちる。当時、政府は「萎《しな》びてしまう野菜がまさか海の向こうから来ることはあるまい」と思っていた。その「まさか――」が三十年後に現実になった。お陰で各地の生産農家が今、苦境に立たされている。

輸入を可能にしたのは、新型コンテナの登場である。一定の温度と湿度を保ち、野菜から発生するエチレンを吸収する装置を取り付け、野菜の老化防止に成功した。一カ月の長期輸送も大丈夫という。レタスやアスパラガスは国内産に比べそん色は無く、みずみずしくパリッとしている。

店頭にはショウガ、サト芋、アフリカ産のマツタケまであらゆる輸入野菜が並ぶ。どれも形や色は日本人向けに精選してある。冷夏で昨年一年間三十万九千トンの輸入量だったが、今年は一月―七月まで既に三十万トン。コメ農家だけでなく、野菜産地の前途は厳しい。

日米経済協議は決裂を回避したが、数値目標や客観基準をめぐり、言葉の戦争に終始した。交渉に「まさか――」は絶対禁物だが、技術革新が、時の交渉や見通しを、はるかに超えてしまうことを野菜は語っている。

匿名と実名

（悠閑春秋　1994・10・29）

東京・京浜急行青物横丁駅改札口で、都立台東病院医長が射殺された事件は、雑踏の中での銃撃だった。銃口はいつ、どこででも火を噴く。「銃社会」の恐怖は人ごとでない。

警視庁は、元会社員を容疑者として断定したが、精神病院の入院歴があるため、名前を公表しなかった。だが、容疑者は、人混みの中で発砲する可能性が高く、再犯の恐れが強い。そこで一転名前と顔写真を公開した。テレビは公表と匿名の社に分かれたが、多くの新聞は公表した。昨夕、元会社員は逮捕され、再び匿名になった。

不謹慎を許してもらいたい。銃弾は、死亡した医長と無関係の女性のスカートをかすめて、飛んだ。もし女性の体を貫通し、死亡させていたら……。警察やマスコミの反応が違っていたような気がする。市民はとにかく容疑者の保護を願い、警察は最初から名前と写真を公開したかも知れない。

精神病者の名前は事件の加害者、被害者、関係者などいかなる場合を問わず、匿名が原則。理由は加害者の場合、刑事責任能力の有無や、家族に対する配慮からだ。今度の公開は、市民の生命の安全を最優先にすれば、やむを得ないだろう。

人権と公共の福祉。人権と報道、書く立場・書かれる立場。報道に身を置く一人として、いつも悩む。複雑な社会状況の中、実名と匿名は読者・市民とともに、時と場合に応じてベターな道を探るしかない。

居酒屋ゆうれい

（悠閑春秋　1994・11・19）

居酒屋の主人は、病気の妻が息を引き取る前、「決して再婚はしない」と約束する。だが、破ってしまい、ピチピチした女性と再婚した。前妻は幽霊になって戻ってくる。上映中の『居酒屋ゆうれい』だ。

映画は古典落語『三年目』と似ている。こちらも病気の妻が死ぬ前に約束する。「もし後妻をもらったら、幽霊になって出ればいい。後妻が逃げていくよ」と妻を安心させる。夫は裏切り再婚した。妻は三年たって、しぶとく幽霊になって出る。

映画の幽霊が、夫の再婚後すぐに出るのは現代的だが、情に弱く、かわいく、おちゃめで憎めない。幽霊役の室井滋さん（滑川市出身）のキャラクターにぴったり。恨んで戻って来たというより、夫をなお愛しているからだ。幽霊は酒を飲んだり、新妻に乗り移って、夫と愛したりする。

近年、幽霊映画が廃れ、オカルトやホラー映画に主役を奪われている。久しぶりに登場した幽霊は執念、怨《おん》念、復讐《しゅう》のイメージが消えていた。舞台も近所の酒屋や魚屋の主人らが集まる、ほのぼのとした居酒屋。幽霊は最後に夫と新妻の幸せを願い、二度と姿を現さない。

このごろ、発砲事件がひんぴんと起き、銀行支店長殺しや医師殺しが続いた。今は不可解な、つくば市の医師妻子殺害事件で、世間はかたずをのむ。ほのぼの幽霊と殺伐とした世の中、どっちが亡霊だろうか。

ドライバーに人間教育

（悠閑春秋　1994・12・27）

自動車の業界新聞に、ゾッとする話が載っていた。東京の郊外の住宅地でのこと。通勤時間帯を過ぎ、バス停前の道路を渡ろうとした老人が車にはねられた。バス停にいた人たちが駆け寄り、心配した。

ところが、ドライバーの若者は被害者を気遣うどころか、車がへこんでないか、のぞき見し、心配そうだった。たぶん、大事に至らなかったのだろう。が、現実に「人より車が大切」という心が凍りついた人間がいるのかと思うと、怖い。

近年、交通事故で、被害者を見舞わない加害者が多い。逆に被害者になると、一転むやみやたらに権利を主張する、と富山署交通課長の秀永義信さんが嘆いていた。補償の保険会社任せはいいが、人間の誠意を失いつつあるのではないか。示談がまとまらないケースが増えているそうだ。

車を運転していての体験だが、後続のドライバーがライトを点滅し、接近する。危険を感じ、こちらがスピードを上げる。また近づく。その瞬間、追い越し、「バカヤロー」と怒鳴るドライバーがいる。なぜ怒鳴るのかさっぱり分からない。

県内で交通死亡事故が激増している。きのうも自転車の老人が亡くなった。老人は左右の安全を確認せず、道路を横切ろうとする。怒る前に「老人はそんなもの」と思いやることが心得である。ドライバーに人間教育が必要な時代になった。

年賀状から見た家族の絆

（悠閑春秋　１９９５・１・５）

正月に届く年賀状は仕事関係や親せきより、友人のものはうれしい。年に一度だけ音信を続ける人が多いが、お互い、元気なんだなと一時思いやるのもいいものだ。

年賀状には活字だけのもの、版画を刷ったもの、毛筆でしたためたもの、ペンで走り書きしたもの。それぞれの人柄、近況が読み取れる。差出人は本人だけのもの、夫婦連名、家族全員、さらに子供の年齢付きもある。家族の写真入り年賀状がいつごろからか、届くようになった。

奥さんや子供、ときには旦那《だんな》とは面識はないが、正月だけ写真で対面する関係が続く。家族全員が並んだり、旅行先の風景をバックにしたスナップ写真もある。夫婦が寄り添い、子供たちが笑っている。晩婚の友人からは子供だけすまし顔の写真一枚、「今年やっと幼稚園です」とひと言添えてある。

写真入りを送る人は、以前「キザな奴《やつ》」と思ったが、このごろはそうでもない。仕事をバリバリやっている友人から、子供の写真入り年賀状をもらうと、「子煩悩だあ」と妙に親近感がわく。奥さんが写っていると、「愛妻家だな」と恐れ入る。仕事もでき、家族も大事にする。「これぞできる奴」と関心する。

時代とともに年賀状に家族がどんどん登場し、一枚の写真で心の交流が深まる。家族を取り巻く社会の風圧は強いが、絆は強くなってきたのだろう。

菊池寛の嘆き

大正十二年に雑誌『文藝春秋』を創刊した作家、ジャーナリストの菊池寛は「十を知りて一をも知らざる如くせよ」と言ったそうだ。「大して知らないのに知ったふりするな」と戒める。小欄も日々、赤面する思いである。

文藝春秋の月刊誌『マルコポーロ』の「ナチ『ガス室』はなかった」と題した記事をめぐり、田中健五社長は辞任した。ろくに検証せず、事実誤認の記事を安易に掲載し、ユダヤ人団体などから批判され、責任を取った形だ。

文藝春秋と言えば、戦後の雑誌ジャーナリズムの旗手であった。辰野隆、徳川夢声、サトウ・ハチローの座談会「天皇陛下大いに笑う」、小泉信三の「平和論」、立花隆の「田中角栄研究―その人脈と金脈」などで名を挙げた。

近ごろは皇室バッシング、JR東日本の労使関係糾弾、今回のナチ報道と「おわび」が続く。ナチ報道は売り込み記事だそうだが、強制収容所の実態は歴史の教科書にも載っている。そこにはただ面白く、多少危険でも、「おわび」で対処すればいいといった安易な姿勢がなかったか。

言論・出版の自由は、責任が伴ってこそ保障される。ただ売らんかなの記事が幅を利かすと、自分で自分の首を絞めることになる。「だれが一を知りて十をも知るが如くせよ、と言ったッ」。菊池寛は嘆いていることだろう。

（悠閑春秋　1995・2・15）

忖度《そんたく》社会

（悠閑春秋　1995・2・21）

忖度。ちょっと難しい言葉だが、「そんたく」という。広辞苑には、他人の心中を推しはかること、推察とある。

例えば、部下が上司の顔色をうかがう。たぶん、こうすれば上司は喜ぶ、と推察する。上司が具体的な指示を出す前に、部下が上司の意向を先回りして動く。そんな人間が有能と評価される。内橋克人さんはそれを「忖度社会」と呼んだ——と評論家、佐高信さんがロッキード判決に向け、本紙朝刊に寄せた一文にあった（11日付）。

忖度は企業内だけでなく、社会全体に及ぶ。政治の世界にはもっと根が張っている。企業が政治家に何かを期待し、意向を忖度する。黙って現金や物品を贈る。政治家が何も言わずとも、すべてが分かる。政治家自身がどう指示し、あるいはどんな権限があるかはともかく、だ。

故田中角栄元首相への、五億円の贈賄罪などに問われた元丸紅会長、桧山広被告（八五）と、外為法違反罪の元首相秘書官、榎本敏夫被告（六八）の上告審判決が、あす、最高裁大法廷である。「首相の犯罪」を裁く焦点は、首相の職務権限が、民間航空会社の機種選定にまで及ぶかどうか、である。判決を待ちたいが、少なくとも首相の威光にすがり、巨額のカネや人が動いた。

ロ事件摘発から十九年たつ。田中元首相は亡くなり、事件は風化する。が、汚職を生む政官財の癒着の構造は不変だし、「忖度社会」は健在である。

漂流する「トイレなきマンション」

（悠閑春秋　1995・4・26）

フランスから、延々とでっかい「核のごみ」を積んだ船が、丸一日、沖合で〝漂流〟した。高レベル放射性廃棄物輸送船「パシフィック・ピンテール号」の、むつ小川原港への接岸をめぐり、青森県と国が対立した。

入港直前で木村守男知事が「一時貯蔵施設を、最終処分地にしない確約が、国から得られない」と言えば、田中真紀子科学技術庁長官は「何で今になって」と不快感をあらわにする。結局、「知事の了承なしに、青森県を最終処分地にしない」と科技庁が、あらためて文書を提出、決着した。

原発は「トイレなきマンション」と言われるそうだ。「核のごみ」の取り扱いが厄介だからだ。高レベル放射性廃棄物は、原発から出る使用済み核燃料を再処理し、プルトニウムと燃え残りウランを取り出す際に出る。「死の灰」と呼ばれる。放射能が安全なレベルに下がるまで数万年以上かかるといい、気が遠くなる。

低レベル放射性廃棄物は、作業員の衣類を焼却した灰や床を洗った水、無用の配管などだ。ドラム缶に入れ、各施設に保管してあるが、年々増え、全国で既に八十万本を超える。人間は「核のごみ」に目をそむけ、文明に浸っている。一時の「マンション暮らし」に満足する。

さて一夜明け、輸送船は何とか岸壁に着いたが、いわば緊急避難だ。でっかい「文明の課題」は、いつまで漂流するのか。

「問答無用」社会は無用

（悠閑春秋　１９９５・５・17）

「問答無用」を戒めることを、何度書けば済むのだろう。昨夜のＴＶニュースで、オウム真理教の麻原彰晃教祖逮捕を報道中、「東京都庁で、送られて来た小包が爆発した」というニュースが飛び込んで来た。テロ事件のニュース中に、また「問答無用」のニュースだ。

青島知事あての郵便物を、秘書が開封したところ、爆発し、秘書は重傷を負った。明らかに知事を狙った爆弾テロだ。世界都市博中止や、オウム真理教の宗教法人解散請求、自衛隊違憲発言と世間の注目を集めている青島知事。その知事の言論に不満を覚え、封じようとしたのだろう。「問答無用」は戦後、死語になったはずだ。なのに昨年から今年にかけ、亡霊のように蘇《よみがえ》り、小欄に何度も登場する。地下鉄サリン、国松孝次警察庁長官狙撃、銀行支店長狙撃、女優の安達祐実さんあての郵便物爆破……。いずれも犯行声明のない「問答無用」の行為だ。

戦前の五・一五事件で、犬養毅首相に青年将校らは「問答無用、撃て」と叫んだ。首相は「話せばわかる」の制止もむなしく、倒れた。だが、この時、相手の姿と声があった。現代のテロには何もない。それがなお不気味だ。

戦後日本は過去の反省に立ち、「問答有用」の社会を築いた。たとえ対立する意見であっても、軽々に生命を奪う行為は生まれなかった。それが日本の誇りだった。半世紀たち、誇りは埃《ほこり》をかぶっている。

少子社会はプラス思考で

（悠閑春秋　1995・6・5）

「少子社会」という言葉をよく聞く。広辞苑では、少子とは一番若い子、末っ子。この言葉が初めて登場したのが、平成四年度「国民生活白書」。白書を契機に、子供が少ない意味で使われている。逆に末っ子が死語になりつつある。

少子化が表面化したのは一九八九年。一人の女性が生涯に産む子の数・合計特殊出生率が一・五七を記録した。この数字は、過去最低の「丙午《ひのえうま》」（六六年）の一・五八を下回り、当時「一・五七ショック」と呼ばれたそうだ。以来、減り続け、九三年に史上最低の一・四六を記録した。

「平成六年人口動態統計」によると、合計特殊出生率が一・五〇に回復、富山県を含め大幅増という。晩婚化を背景に、二十代後半から三十代の女性の出産が原因らしい。厚生省は「会社より家庭、地域など身近な生活を重視する風潮が要因」とコメントするが、歯止めがかかるかどうか不明だ。

少子社会の嘆きを聞くが、前総理府男女共同参画室長、坂東真理子さんは良い面を挙げる。子供の数が減ると、家庭の育児体験が蓄積できなくなる。そこで親せきや保育所、父親の協力、地域の人々と情報交換、ネットワークが生まれる。少子化は家族が、家庭の外と結び付けるインパクトになる、と（『新・家族の時代』）。

高齢者の負担、労働力不足など悩みは多々あるが、少子化は社会システムの転換を促し、人間性を取り戻すチャンス。プラス思考でみたい。

夏休みは「閑」の世界で

（悠閑春秋　１９９５・７・28）

小欄「悠閑春秋」の「閑」という字は、広辞苑には「暇」「静かに」「ゆるやかに」「無用」とある。小欄は「無用」ではあるまいが、この場合「静かにじっくり」時代を見つめたいという思いが込められている。

朝日新聞の「天声人語」を担当した辰濃和男さんは「閑を分解すると、門と木という字になる。この木は森ではないか」と言っている。『字源』（角川書店）を引くと、閑は「ふせぐ」とあった。森は騒々しい世の中をふせぐ。「閑」は森で安らぐことなのだろう。

確かに森には悠々とした世界がある。一本の木は何十年、何百年の歳月をかけ、ゆっくり生長する。そういう木々が無数にある。それでいて木々は獣や鳥、虫や草など他の生き物と共存共栄し、ある意味では合理的に生きている。森にはやさしく、生命を包み込む力がある。

それに比べ、現代人は会社や家に閉じこもっている。それも騒々しく、無駄の多い生活をしている。子供たちは今、夏休みだが、ＴＶやファミコン三昧《ざんまい》ではないか。大人はどうか。企業の夏休みは県内で平均六・三日、全国七・三日という。静かにゆるやかに休めるだろうか。

名著『森の生活』のヘンリー・Ｄ・ソローは「なぜせわしく生きるのか」と言い、森の湖のほとりに小屋を建て、小鳥や動物たちとシンプルな生活をしたそうだ。せめて夏休みに、大人も子供も「閑」の世界をつくりたい。

「津波」を侮っていないか

（悠閑春秋　1995・8・1）

きのう太平洋沿岸に、広範囲に津波が来た。ちょうど海水浴客でごった返していた。幸い被害もなくほっとしたが、気象庁の津波注意報発令の遅れなど、対応のまずさに背筋が寒くなった。

津波の原因はチリ北部のマグニチュード（M）7・8の地震とされる。チリと聞き、一九六〇年のチリ地震津波を思い起こした人が多いだろう。

日本の津波対策は、チリ地震が教訓になっている。M9・5の巨大海底地震で、チリ沖から太平洋を渡ってハワイを襲い、二十二時間半後に日本に到達した。五月二十四日午前三時十分ごろ、第一波が来た。夕方まで三陸沿岸一帯を中心に八波を数えた。波高は三―五、六メートルで百二十九人の死者・行方不明者が出た。津波は北海道から沖縄に及び、地球の裏側まで来るエネルギーのすごさに驚いたが、以来ハワイ以西の情報連絡網が整ったそうだ。

今回の波高は一〇―三〇センチで、チリ地震に比べはるかに小さい。とはいえ、津波到達から二時間後に、やっと注意報が出る始末。しかも、ハワイの太平洋津波警報センターと、情報伝達の行き違いが指摘される。注意報発令後も、波と戯れる海水浴客が目立ち、レジャー客への周知徹底方法など、課題を残した。

十八世紀以降、千人以上の死者を出した日本の震災は二十四回あるが、半分は津波によるケースという。「Ｔｓｕｎａｍｉ」は国際用語になっているが、肝心の日本人は「津波」をまだ侮っている。

風呂敷《ふろしき》は「包む」から「飾る」文化へ

（悠閑春秋　1995・8・24）

先日、人気上昇の浴衣に合わせ、浴衣と関係の深い風呂敷について「風呂敷も浴衣に負けじと浮上を狙っている」と書いた。すると、滑川市の松野道子さんから「風呂敷の人気は、すでに浴衣を抜いています」と便りがあった。

松野さんは物を包むためのほか、スカーフとして使うことを念頭に買い求め、衣類とコーディネートを楽しんでいる。風呂敷には美しさやコンパクト、多目的……と利点がいっぱいあるそうだ。そこで、風呂敷の名誉のため、デザイン雑誌や本などを開いてみた。

なるほど、風呂敷は書類や荷物を包む単なる〝道具〟でなかった。例えば、大きなサイズはテーブルクロスやベッドカバー、小窓のカーテン、ソファのカバー。普通サイズはテーブルセンターやクッションカバー、鉢カバーといろいろ活用されている。

衣類のようにまとったり、着飾ったりもする。大きいのはストールやスカートに。普通サイズはバッグやポシェット、スカーフに早変わりだ。風呂敷には物を包み、運ぶという本来の使い方以外に、小欄の想像を超える創造力が潜んでいた。むろん、柄も芸術的である。

風呂敷は語源から風呂で用いた、というが、奈良時代には舞楽の衣装を包んだ「包み」だった。いずれにしろ、日本の「包む文化」の代表だが、需要が減ったのも事実。今再び見直され、「飾る文化へ広がった」と褒めても、浴衣は「随分、大風呂敷を広げたね」と妬《ねた》まないだろう。

トトロの住む雑木林

（天地人　1996・10・6）

アニメ映画『となりのトトロ』に登場する塚森の主、トトロ。トトロが住んでいるのはコナラやクヌギ、スギの木々に覆われた雑木林だ。その中に、メイやさつきが暮らす古い家がある。家の後ろに山を背負い、小川が流れ、野草が群生し、大木があった。

家は古ぼけているが、住む人の心がしみ込み、息遣いが聞こえる。家の中を心地よい風が通り抜け、縁側で虫やカエルが跳んでいる。家と人と風と雑木林が共存している。トトロが住んだ雑木林は、人間にとっても心安らぐ環境であった。

『となりのトトロ』の舞台は、東京都東村山市と埼玉県所沢市にまたがる雑木林だ。宅地開発が猛スピードで進み、住宅やマンション、道路、鉄道に変わり、雑木林はごくわずかになった。映画監督の宮崎駿さんや自然保護団体が「雑木林を保存してほしい」と両市に三億円を寄付したそうだ。

人間の開発は木々をなぎ倒し、土をえぐり、ならし、コンクリートで固める。まるで人間の心も無機質化していくようでならない。どの住宅も画一化し、庭はブロック塀で囲み、アルミサッシで外と遮断する。ごみやエアコンの排気は外へ放り出す。風や虫、そして人との関係も断ち切っていく。

トトロが子供の心をとらえたのは、やさしい家族とあふれる自然にあった。それらをはぐくむ雑木林の存亡は、人間の危機でもある。

タンカー重油流出

（天地人　１９９７・１・12）

漁民らが岩場で、どぼっとした波打ち際にひしゃくを突っ込む。全身で持ち上げ、バケツに入れる。バケツリレーで運び、ドラム缶へ。そんな作業が黙々と続く。人海戦術には限界がある。もちろん、そんなことはだれもが分かっている。

タンカー重油流出事故で、福井県三国町の現場を取材した本社記者は「とても一カ月や二カ月で作業が終わりそうにない。もう永久に続きそうな気がした」と語った。それほど重油の量が多い。眼前にタンカーの船首が見え、そこから今も、重油が流れている。

一部重油の帯は、能登半島西側を不気味に北上している。富山湾へ流入の可能性が出てきた。本社記者が軽飛行機からとらえた油の帯はいくつもあった。所々線条に、あるいは巨大な塊になって伸びていたそうだ。これが湾内に流入したらどうなる。不安が募る。

氷見など沿岸漁民にとって深刻だが、もはや県民全体の危機だ。氷見では、万が一に備え、漁民ら千五百人、可能な限りの漁船を沖合に出し、定置網に漂着する前に船上で回収する。漂着油はひしゃくで除去する計画という。空しいが、今はこれしかない。

県民は無限に富山湾だけでなく、日本海の恩恵に浴している。海の命を守るということは、私たちの命を守るということである。「人は石垣、人は城」というが、最後は人の力が頼り。力を合わせ、命の源である海を何とか守りたい。

こころ支え合う

（天地人　1997・1・26）

『迷子の天使たち』という藤本義一さんの小説がある。藤本さんは北海道の精神病院に何回も体験入院した。そこで出会った、拒食症や帰宅拒否症など、心の病を患った人々の症例を短編小説にまとめた。

藤本さんと患者は友達だ。病院に行くと、患者から「よく出てきましたね。よくなって戻ってきたね」と歓迎される。患者にとって、外の社会の方がずっと病んでいると思っているのでしょう、と藤本さんは言う（月刊『ぜんかれん』96年1月号）。

本紙連載の「こころ支え合う」で、記者二人が精神病院に体験入院し、考えが変わったという。「初めはどこか怖いイメージを抱いていたが、病棟生活に慣れ、患者のほんの一部、ほんの一時だけおかしいかな」「普通の人とそう変わらない」「病棟内には、患者同士が助け合うごく普通の集団生活があった」と。

記者の真情は、小説の後書きにあった患者の言葉に通じている。「自動車を運転する時、どうしてだれも不審に思わないのでしょう。フロントガラスは未来。ハンドルを操っているのは現在。バックミラーで過去を見て、生きている。その過去の風景から未来の風景を追い越して、入っていく車がいるのは恐ろしい」。藤本さんはこの話を聞き、「精神障害を起こしているのは我々だ」と思った。私たち自身、生き方や文明など、問い直すことがあまりにも多く、深いと痛感する。

殺害少年の顔写真掲載

（天地人　1997・7・6）

うっとうしい一週間であった。神戸の小六男児殺害事件で、中学三年の少年（一四）が逮捕され、日本中を震かんさせた。続いて、この少年の顔写真を、新潮社の『フォーカス』『週刊新潮』が掲載し、うっとうしさを増幅させる。

東京法務局は新潮社に対し、「少年法に違反し、少年の人権を侵害した重大な人権侵犯事件だ」と雑誌の回収を求める勧告をした。新潮社側は応じる意志がないという。法務局や書店の販売中止措置は、当然という声が多いが、興味本位で雑誌を買い求めたり、顔写真部分をコピーし、売る店も現れたそうだ。雑誌社の対応や、それに踊る人たちの言動を見て、少年法や表現の自由を論ずる前に、どこか「良心」の問題が潜んでいるように思う。「良心」は、善を命じ悪を退ける個人の道徳意識だ。その「良心」に対し、憲法は「思想及び良心の自由」を保障している。

良心の自由は、自分の良心に反する信念や行動を強制されないことだ。ただし、自らの良心に照らし、していいこと、して悪いことが区別つかないようでは困る。事件は重大とはいえ、容疑者は十四歳の少年だ。顔写真を掲載し、見たとして、一体何の問題解決になろう。

学校のこと、家族のこと、心のこと、生命のこと、地域のこと、情報化社会……。事件を生み、検証すべき事項が多々ある。写真に群がる光景は、おぞましい。良心の苛責《かしゃく》に悩むことはないのだろうか。

「どうしてあの人が」

（天地人　1997・8・24）

小矢部市内の連続不審火で、放火未遂容疑で男性工員（四九）が逮捕された。犯行の動機は「仕事が思うようになく、いらいらしていたため」という。男性は連日の不審火で、二十一日夜の町内会の会合にも出席していた。近所の人の話は、「信じられない」である。

「信じられない」「いらいらしていた」――事件が解決したとき、このごろよく聞く言葉だ。東京や埼玉の連続通り魔事件で犯人は、「借金を迫られ、いらいらしていたのでストレス発散のためやった」と供述。近所の人は「ごく普通の感じの人」と言う。

茨城県内の銀行を襲った少年と女子高生は「むしゃくしゃしていたので、騒ぎを起こしてやろうと思った」と言い、特段、金目当てではなかったようだ。奈良県月ケ瀬村中二女子連れ去り事件や、神戸の連続児童殺傷事件で、犯行の動機はいまだ不明な点が多い。

金目当てとか、おん念でもない。危害を加える相手や対象物が明確でない。奇異な犯罪の発生場所も、都会に限らない。むしろ、地方で恐るべき事件が起きる。そして、捕まえてみれば、「あの人が……」「むしゃくしゃしていた」である。

現代はストレス社会という。本来、家庭や地域社会が、人々のストレスを和らげる緩衝地帯のはずだ。やさしく包み込むべき隣人同士、知っているようで、知らない。「どうして、あの人が……」。そうした言葉は、緩衝地帯が機能不全を起こしている証拠である。

自主防災訓練を

（天地人　1997・8・31）

シナリオライターの小山内美江子さんが、九月一日の防災の日に、自宅で自主防災訓練をしている、という記事を読んだことがある。ヘルメットをかぶり、まずふろ場に水をためる。庭にテントを組み立て、発電機を持ち出すというから本格的だ。

阪神大震災以来、水や食料、懐中電灯、ラジオのほか、スコップなどの救助用具も備えた。震災で亡くなった人の九割が、家屋倒壊による圧死だったという。救助を求める悲痛な声や姿を目の前に、なす術《すべ》もなく、地震の怖さにおののくばかりであった。

気象学者の根本順吉さんは「人間というものは、順境にあるとなんでも自力でやっているように思う。しかし、逆境になると、思いのほか環境に支配されていることが分かってくる」と言っている。震災で人間の非力さを思い知らされた。都市文明を創出し、自然を思いのままに変えることが可能、と錯覚していた。天災は忘れたころにやってくる、と物理学者・寺田寅彦が言ったそうだが、近ごろ、天災は忘れないうちにやってくる。阪神大震災以来、豪雨や土石流災害、トンネル崩落事故など、日本列島の各地で起きる災害を見て、そう思う人が多いだろう。

災害列島で暮らし、日ごろの心構えは万全かと思えば、案外もろい。つらいこと、苦しいこと。人は忘却のかなたへ追いやりたくなるらしい。小山内さんにならい、あす一日は家庭で、あなたなりの自主防災訓練をしてみては。

邪馬台国論争続く

（天地人　1998・1・11）

邪馬台国とその女王・卑弥呼は、中国の歴史書『魏志倭人伝』に出てくる。作家、黒岩重吾氏は小説『鬼道の女王　卑弥呼』を書いている。卑弥呼とは、どんな人物だったのか。歴史家でなくとも、興味がわく。

卑弥呼は、クニ同士の争いが絶えない、戦乱の時に登場する。『魏志倭人伝』によると、卑弥呼は「鬼道を事とし、能く衆を惑わす」とある。鬼の道とは、占いや呪い、呪術的な能力のことだろうか。生没年不詳。結婚はせず、神に仕えて、宮殿にこもって人前に姿を見せることはなかったという。

卑弥呼が治めた邪馬台国の所在地をめぐって、畿内説と九州説があり、論争が続いている。そんな中、卑弥呼の鏡「三角縁神獣鏡」が奈良・黒塚古墳から大量に出土し、関係者を驚かせた。三年前には大阪の池上曽根遺跡で、卑弥呼の宮殿をほうふつさせるような、弥生時代中期の建物跡が、見つかっている。

これで畿内説有力の、状況証拠がそろったという見方がある。だが、九州論者は負けてはいない。九州説の旗頭、佐賀県教委次長の高島忠平さんは「三角縁神獣鏡の数が増えただけ。数が多くなって大事な鏡というよりも、ますます普通の鏡になった」とそっけない。

姿を現した鏡の色は神秘的だが、卑弥呼という人物もまた神秘的でシャーマニズムの世界に包まれている。それだけに邪馬台国論争の結論、まだまだ出てほしくないという気もするのだが……。

広辞苑改訂

仕事柄辞書を引くことが多い。世の中、広く使用されている言葉なのに、辞書に納まっていないことに時々、不自然に思うことがある。

「茶髪」「素っぴん」「ばついち」「ゲット」「ぷっつん」「どたキャン」……。こんな言葉は辞書を引かなくても、若者は知っているだろう。けれど、「茶髪」「ばついち」なら分かるが、「ゲット」は？と首をかしげる人も、いるに違いない。もっとも、たとえ間違った使い方でも、時代とともに容認されていく言葉がある。

今度、十一月に七年ぶりに改訂される、岩波書店の国語辞典、第五版「広辞苑」に前述した言葉が加えられるそうだ。第四版に収録された二十二万語を全面的に見直し、新たに一万語が加わった。若者の風俗や新語、新しい言葉の使い方も登場するという。

たとえば、「優しい」という言葉。これまで「周囲や相手に気をつかって控えめである」とか「穏やか」「情深い」などという意味が記してある。これに、「地球に優しい」という用法が一般化したとして、「悪い影響を及ぼさない」という意味が加えられた。

言葉は時代の鏡。解釈や意味が微妙に変化していく。こんな格言がある。「一国の文化は、国民がいかにすぐれた辞書を持つことができるかにかかっている」――あとは日々、どう使うかである。

（天地人　１９９８・９・27）

6　子らよ、若者よ

子供や若者の成長、生き方という視点で見ると、二十年は大きなサイクルである。かつての子供は大人の仲間入りをし、子育てする立場だ。当時、愛知県の中学二年生がいじめによる自殺を図った。大河内清輝君、忘れはしない。いじめた同級生に対し、「僕がお金を差し出してしまったのがいけなかった」と遺書にあった。以来、いじめによる自殺が記憶にとどまることなく続く。確か大津市で起きた事件で学校や教育委員会の対処が問われた。学校も地域もいじめを生まない土壌に変えることができないのだ。

現代は親が子供を虐待し、死に至るケースが後を絶たない。若者が猟奇な事件を起こすこともたびたびだ。動機は「いらいら」「誰でもよかった」である。子供や若者、子育てを取り巻く環境はなお厳しい。

もちろん、明るく、元気な子供や若者はたくさんいるのだが、二十年後を思うと空恐ろしい。温かく、優しく見守りたい。

感動の小学校卒業式

（悠閑春秋　1994・3・19）

きのう小学校の卒業式に出席した。お父さんの姿が少なかった。卒業生が別れの言葉で「お父さん、お母さん。ありがとうございました」と、語りかける。

それで「お父さんがこの席にいても、おかしくないぞ」と、気恥ずかしさを振り払った。ひんやりとした体育館で、子供らが大きな声で返事する。一人ひとり卒業証書を受け取る。凜々《りり》しい姿を見るにつけ、寒さの震えから感激の震えに。

「蛍の光」は消え、「巣立ちの歌」に変わっていた。厳粛でそれでいてほのぼのと。子供らは意外とからりとした顔だけど、卒業式は子供、父母、先生を同じ感動の海に浸らせてくれる。式のあと教室へ寄った。黒板に短い詩が大きな字で書いてある。先生からのメッセージだ。

花を支える枝／枝を支える幹／幹を支える根／根はみえねんだなあ（みつを）

どんなにきれいな花でも、枝や幹、そして根っこがしっかり支えている。人間も支え合い、助け合って生きている。花になるだけが目標じゃない。猛烈な台風に遭っても、大地に根を下ろし、揺るぎない根っこになれ、人間になれ、と語っている。

外は青空。真っ白なヒコーキ雲が長く尾を引いている。校庭の草や苔《こけ》が緑を増してきた。スズメが楽しそうに、チッチッとさえずる。自然界は春である。

子供の痴《ち》ほう談議

（悠閑春秋　1994・4・20）

男の小学生二人が、ブロック塀に寄り掛かって話している。「俺んところのばあちゃんの。夜中、どこでもいってしもうが。こないだ、パトカー呼んで大騒ぎやった。それから夕方、外で遊んでいた、よそんちの子供を連れて、どこかへ行ってしもうて。大変やったじゃ」

「俺んちのばあちゃん、死んでしもた。ぼけとって、俺の名前も、お父さんの名前も忘れて。お母さんだけ覚えとった。毎日、ごはん作ってくれるからや、とお父さん言うとった。なんやら、ばあちゃんを飼っとるがみたいやった。でもの、ばあちゃん好きやった。死んだら、俺泣いたじゃ。寂しかった。お前も、きっと泣くじゃ」

知人の夫婦が、軽いぼけ症状のある、姑《しゅうとめ》のことで嘆いていた。嫁と姑の会話を想像した。「ばあちゃん、私ら前から計画しとったがやけど、ちょっと長野へ春スキーに行ってくっからね」「わし、どうすりゃいいがけ」「ショートステイいうて、老人ホームへちょっこ行っとってもらえんけ。一回、どんなところか見てこんまいけ」

……「あんなところ、絶対にいかん。水だけ飲んどってもいかん」。知人は「年寄りばっかり、ぼーっとしておられたからね。あんながになるが、いやかったがかね」としみじみ言う。

痴ほう性老人の世話は大変。子供らの話を聞き、こちらの方が泣けた。同居だったからこそ、ぼけを間近に見て、泣いた。いろいろ考えさせられた。

学士さんチンドンになる

（悠閑春秋　１９９４・５・26）

富山市民には季節外れだが、ＮＨＫドラマ新銀河「青空にちんどん」が放映中である。毎回楽しく見ている。チンドン屋という職業との出合い。男と女の恋。さしてドラマチックでないが、どことなく切なく、そして楽しい。

ドラマは大阪の実在のチンドンマン、林幸次郎さんと赤江真理子さんがモデルになっている。ヒロイン工藤夕貴さんの相手役、伊原剛志さん演じる林さんは、立命館大でチンドン同好会を作った。学生時代から、チンドンに参加し、富山が育てたチンドンマンだ。

卒業後チンドン屋の世界に入り、仲間から「ガクシさん、ガクシさん」と呼ばれた。大学出の「学士」とチンドン屋の「楽士」をひっかけ、面白がられた。それほど大卒チンドンマンは珍しかった。近年増え、全国に三百五十人、三分の一が大卒や脱サラの若者だ。今年のチンドンの優秀三賞は若者グループがさらった。

激減したころはバブル経済真っただ中。職がないわけでなかろうが、増加する昨今、不景気のさ中。きのう富山市であった「就職ガイダンス・ｉｎ富山」に学生が殺到した。今年の就職戦線は厳しい。パフォーマンスの得意な若者よ、チンドン屋になれ、とは言わない。

ドラマに出演中のミヤコ蝶々さんは「人を笑わす芸人はふだんほとんど笑わない。笑いは商売にとっておく」と言っている。笑って楽しく出来る職業や仕事はない。

噛《か》んで含める

（悠閑春秋　1994・6・10）

官庁の元人事担当と話していたら、彼いわく「最近の大卒職員に一つ一つ丁寧に仕事の進め方を説明しないと、何もできない男がよくいる。学歴、成績は抜群だが……」と嘆く。

上司は経験的に大丈夫と任せるができない。面倒だが噛んで含めるとできる。一つつまずくと落ち込む。これも共通項。今朝の本紙朝刊に「教員、県職に志願者殺到」とあった。こんな時、採用側も難しい。噛んで含めなくても、ある程度自分で判断する学生かどうか見抜くことがポイントだ。

同じ噛むでも、食生活の変化と歯で噛む回数について、斎藤滋神奈川歯科大教授が調べたデータが面白い（『サンデー毎日』6月12日号）。古文書から、各時代の代表的な人物の食事を復元し、学生に食べさせ、噛む回数と食事時間を測定した。

卑弥呼の食事は三千九百九十回、五十一分。献立はハマグリの潮汁、アユの塩焼き、長芋の煮物、カワハギの干物、ノビル、クルミ、クリ、もち玄米のおこわなど。徳川家康は千四百六十五回、二十二分。十三代家定は千十二回、十五分。ハンバーグやパンの現代は六百二十回、十一分。カロリーは高いが、噛むより飲み込む。

推測だが、十分理解するよう言い聞かせる、つまり噛んで含めないと、できない人が多いのは、物を噛む習慣がなくなったためでないか。きょうで歯の衛生週間が終わるが、今後「噛む噛む運動」も展開すべきかもしれない。

大学は出たけれど

（悠閑春秋　1994・6・17）

一九二九年、小津安二郎作の映画『大学は出たけれど』は大卒者がごく一握りの時代に、大卒という期待に対し、哀れなジョークであった。そのころ、大卒者の三分の二以上が就職できなかったそうだ。

総務庁の調べでは今春卒業した学卒者のうち、〝就職浪人〟は十五万人、女性は最多の七万人。平成不況が続く本年度、就職戦線は厳しく、どしゃぶりという。平成版「大学は出たけれど」になりそうな気配だ。そうなればジョークでは済まされず、大きな社会問題になろう。

ことに女子大生の悲鳴が聞こえる。企業側は、内々に女子の採用をシャットアウトする。資料請求すると「抽選の結果、送れません」。いちるの望みにすがり訪問すると、「セクハラ面接」というハレンチ極まりない応対があった、と昨日ラジオ番組で伝えていた。「なぜミニスカートでないの」「よかったら食事にどうぞ」等々。

男女雇用機会均等法が施行されて久しい。男女平等・協働システムが構築されつつあるが、不況風で一変、いや豹変《ひょうへん》である。社会倫理にもとる一部企業のハレンチ行為を聞くにつけ、日本社会の未成熟さを痛感する。

就職戦線に勝つノウハウは知らない。自分は本当に働きたいのか、何をしたいのか、自分をじっくり見つめ、長期戦で臨め。そして人事を尽くして天命を待つ。あァ、無情と言うなかれ。

山田かまち

（悠閑春秋　1994・7・6）

十七年前、事故死した一人の少年、山田かまちの絵と詩が富山市民プラザで展示されている。初日のきのう開会時間に合わせ出掛けたら、百人ほどの高校生が待っているのには驚いた。筆者は絵や詩を見たことも読んだこともなかった。聞けば、若者の間に「かまち現象」が続いているそうだ。「ためらうこと?／ない／おびえること?／ない／ただ、書けばいい」。こんな詩もある。「暗い浴槽に身を沈め……／ふと美しくなっている……／これが肉体なのだな、これが肉体なのだな……」。遺稿を整理編集した作家、なだいなだ氏は数々の作品を「抑えきれない生のほとばしり」と絶賛する。

かまちは高崎市生まれ、十七歳の時、エレキギターで感電死した。約千点に及ぶ絵画と詩を書きつづったノート十八冊が見つかった。生前、才能を認める人はいたが、一人の画商の目に留まり、二年前「山田かまち水彩デッサン美術館」が開設された。

市民プラザを訪れた若者は目を潤わせ、黙って作品を見つめていた。時空を超え、若者の心をとらえるのだろうか。高崎の美術館には、既に十万人以上が訪れ、美術館のノートに「あなたが存在したということを知ることができてよかった」とたくさんのメッセージが書かれているという。

かまちのまぶしい生に触れ、勇気を得るのか、あるいは自分を見つけるのか。若者はいつの時代も執拗《しつよう》に自分の存在を求め、そして大人になる。

高校野球のドラマ

（悠閑春秋　1994・7・22）

きのう炎天下の野球場のスタンドで、久しぶりに高校野球を観戦した。富山市の最高気温が三三・九度だが、スタンドはそれより暑く、グラウンドは熱波に近いだろう。

スタンドは麦わら帽子やタオルをかぶるファンで埋まり、熱気がなお暑さを呼ぶ。汗がしたたり落ちる。一投一打に目を凝らす。歯を食いしばり、一球を追う球児の顔をじっと見る。すると、汗をぬぐうことを忘れ、暑さが苦にならないから不思議である。

球児の姿を見て十五年前の夏、取材した富山北部―高岡一戦を思い出した。富山北部は部員十人、部員不足で出場を断念しかけた、県内最小チームだった。予想に反し、中島裕作投手が淡々と投げ、七回まで無安打。守ってはサインプレーの連続だったが、延長十回サヨナラ負け。「野球ができるんだから」その一心で闘った選手らは燃え、泣きじゃくった。

後年、中島投手が偶然、筆者の自宅を訪れた。北陸銀行の営業マンだった。話を聞くと北銀野球部へ入り、数年頑張ったが、力及ばず転身。初々しく「一年生です」とはにかんだ。正月に監督と十人のメンバー、熱戦を伝えたあの時の新聞を囲み、語り明かすのだ、と言っていた。

きのう因縁の富山北部―高岡一戦があった。中島君らは、あの日を熱く思い出したに違いない。県大会は8強がそろった。好投好打あれば、一つの失策、一つの失投に泣く。この夏、それぞれのドラマはまだ続く。

インターハイ開幕

（悠閑春秋　１９９４・８・１）

きのう富山インターハイの総合開会式をスタンドで見た。猛暑を吹き飛ばす感動的な式だった。リハーサルで体の不調を訴える生徒が続出したそうだが、本番では思ったよりも少なくホッとした。大会運営で走り回る高校生、アナウンスの女子高生、演技や演奏する高校生から、エネルギーがいっぱい伝わってくる。力強さや正確さ以上に、しなやかなエネルギー。それは若者が持つ逆らわない柔軟性とでも言おうか。

富山の四季をテーマにしたマスゲームがそんな感じだった。マスゲームというと、どこか機械的な動作を連想する人もいようが、どの顔にもほほ笑みがあった。富山の美しい自然や民謡、人情を素直に表現していた。おわらやこきりこなど郷土色がたっぷり。それでいて幻想的な雰囲気を醸し出していた。大会には過去最大の選手約二万六千人が参加するそうだが、今大会から初めて朝鮮高級学校や高等専門学校の八校三十六人が出場する。同じ年代の若者だ。明るくさりげなく交流し、今後もっと参加の輪を広めたい。

大会賛歌『ああ今　君の青春』に『走るからこそ風が舞い／競うからこそ輪ができる』とある。歓迎のあいさつで、富山高の大畑明子さんが、この一節を読み、「出会いと友情の輪が生まれ、思い出をつくろう」と語った。きょうから競技が始まった。しなやかに、心のキャンバスに思いっきり、青春を描こう。

全共闘白書

（悠閑春秋　1994・10・21）

今、若者に読まれているコミック本は『東京大学物語』（江口達也著）という。東大一直線の高校生の恋と受験の青春ラブストーリー。ちょっとエッチでコミカル。東大生には抜群に人気があるそうだ。そんな学生は大学紛争（闘争）など知る由もない。

六〇年代後半、全国を揺るがした大学紛争の象徴、東大紛争があった。元東大全共闘のメンバーがキャンパスに配ったビラやパンフレットを編集し、国立国会図書館に寄贈した。あの闘争も〝歴史的資料〟になったが、現役の学生らには遺物に過ぎないだろう。

全共闘運動に携わった有志が、全国七十八大学の元闘士の声を集め『全共闘白書』を出版した。声を拾うと、自分の信念で全共闘に参加した／運動は大きく人生観を変えた／革命を半ば信じていた／生協、地域の関心は高い／結婚に満足／昔、反米と叫んだが、今日本が好き／関心は高齢化社会……。行間から「昔はよかった」というつぶやきが聞こえる。

かつての敵、加藤一郎さん（当時東大総長代行）が白書に一文を寄せていた。「あのころの学生はある意味で純粋で、純真だった。とことん大学や、天下国家を、議論しようという気構えがあった。今はそれはダサイことになってしまった」

『出版ニュース』に「昔ゲバ棒、今お先棒」なんて劇評があったが、紛争を知る団塊の世代、いかに思う。

蛍雪の功は死語か

（悠閑春秋　１９９５・１・13）

「蛍雪の功」という言葉はもう死語だろう。貧しい勉強家の少年がいた。官吏になるため、明かりに使う油を買うお金がなく、夏は絹の小袋に蛍を入れ、冬は窓の雪明かりで勉強した。苦学し、試験に合格することを言うが、こんな故事に習い、受験雑誌『蛍雪時代』がある。

『蛍雪時代』と言えば、旺文社のラジオ番組「大学受験講座」のメロディー、ブラームスの「大学祝典序曲」を思い出す人が多い。もう四十三年間にわたって親しまれていたが、この三月いっぱいで姿を消すそうだ。番組がスタートのころの受験生は六十歳近く、定年の時期だ。

深夜と早朝に届いたメロディーは受験生への激励だった。ラジオ講座の貢献は何といっても講師と受験生、人間同士の絆《きずな》が声で結ばれたことだろうか。問題の解説の所々で、「頑張れ」の余韻が響いた。毎日、学校で会う先生よりも、声だけの講師がやさしく、頼りになった。

思えば、ラジオ講座の全盛は、先生と生徒が顔と顔を合わせ、語り合う関係が崩れつつあった時代と重なっている。今、受験産業とメディアが多様化し、学習スタイルが変わった。音声で結ぶ関係はきっとまどろっこしいのだろう。

あすから国公立と一部私立大のセンター試験が始まる。「蛍雪の功」はとっくに消え、学校の先生はただの受験指導者。頼りはコンピューターか。受験生には辛い時代だ。

愛護と救護

（悠閑春秋　1995・5・15）

このごろ、路上に鳥のヒナがヨチヨチ歩いているのを見掛ける。スズメ、ムクドリ、キジバト、シジュウカラ、メジロ、ヒヨドリ……。巣立ちビナだ。生えたての白い羽毛をまとい、散歩している。怖いものは何もないゾ、といった顔をしている。

周囲に親鳥もいない。おやおや、これはかわいそう。きっと迷子、はぐれ鳥だ。このままだと、飢え死にするか、猫やヘビに食べられそう。そんな愛護精神でヒナを保護し、婦中町の県鳥獣保護センターへ「どうしよう」という電話が毎日、何本もあるそうだ。

愛護精神は分かるが、その行為は実は誘拐だ。迷子のように見えるが、そうでない。親鳥が留守の時もあるが、草むらでじっとヒナを見守り、話し掛けている。自分で歩いてごらん、自然界は広い、厳しいんだ。自分でエサの昆虫を取ってみな、と。

ヒナの周りにヘビやカラス、イタチなど天敵がいっぱいいる。危険じゃないか、と心配する人がいる。だが、危険な中、生き抜く術を学んでいる最中だ。不運にもヘビに食べられたら、自然界のサバイバルに負けたということだ。

人間の親や学校の先生も何かと危険、心配と子供たちに手を差し伸べている。自然の中で遊べない子供が目立つそうだ。救いの手は、実は生きる力を奪い、ひ弱な人間を育てる。人間は「愛護」と「救護」を勘違いしている。

成績はふたこぶラクダ

（悠閑春秋　1995・5・18）

成績は大抵、平均点。時々忘れ物をする。友達とけんかする。学校が終わると、外で遊ぶ。いたずらもする。甲斐性《かいしょう》がいいわけでない。昔なら、はな垂れ小僧。「近ごろ、普通の子供がいない」と以前、ある小学校長がPTA新聞に書いていた。

中学校の先生から「生徒の成績は〝ふたこぶライン〟です」と聞いた。例えば、学年全体の成績をグラフにすると、八十点以上の成績のいい生徒と五十点以下の悪い生徒の二つの山に分かれる。ラクダの背中（こぶ）のようだ。平均点は六十点だが、平均点クラスの普通の生徒が少ないそうだ。

成績のいい子は、もっといい点数を取ろうと頑張る。塾へ通ったり、家庭教師につく。普通だった生徒も、成績の良い方のコブを目指し、総じて同じ生活をする。半面、勉強しない子はさっぱりしない。やる気がない。落ちこぼれ組だ。学校や地域から普通の子供が消えた。

先生の話からオウムを連想した。殺人容疑で逮捕された教団代表・麻原彰晃容疑者は「この世の中で普通に生活することは、それだけで三悪趣《さんなくしゅ》に落ちてしまう」と説いた。「解脱」や「超能力」といったキャッチフレーズに若者は心酔した。有名大学出のエリート信者は普通の人、普通の生活を拒んだ。

普通を容認しない、ゆとりのない社会が、オウムという三つ目のこぶを生んだのだろうか。ヒトの背中のこぶは、真ん中に一つあればいい、と思う。

今年も草刈り十字軍

（悠閑春秋　1995・7・29）

猛暑の中、百二十三人の若者らが、大山町や大沢野町など県内の山林で汗を流している。草刈り十字軍のメンバーだ。今年の暑さはこたえよう。長雨で伸びた草やツルが体に絡む。悪戦苦闘する。拭《ぬぐ》っても、拭っても汗が噴き出る。入山は今年で二十二回目だ。

県立大教授の足立原貫さんらが、昭和四十二年、廃村の大山町小原で新しい農業を始めた。七年後に、造林地の除草剤空中散布が告げられる。「水源が汚れ、農作物が被害を受ける」と反対した。町や森林開発公団などへ抗議したり、報道機関に支援を求めた。結局、中止の対案は下草刈りだった。

あちこちへ学生作業員を募集する。空中散布告示から一カ月後、草刈りチームが誕生した。以来、昨年まで延べ二万四千百五十二人が入山、延べ千五百四十ヘクタールの下草を刈った。メンバーは学生ばかりでない。三十、四十代の社会人。五十代の重役。女性が随分多い。

参加理由もいろいろ。自然保護派、自己鍛錬・自己啓発派、ちょっと変わったアルバイト派。最近はスポーツ派、遊び心派がいるらしい。「さあ、刈るゾ」から「刈っちゃうヨ」と軽い気持ちだ。同じ釜《かま》のメシを食い、草を刈るという共通作業で汗を流す。「それでいい」と足立原さんは思っている。

草刈り十字軍が映画化されることが決まり、県内で撮影がスタートした。吉田一夫監督は、足立原さんらの勇気と信頼心を描きたいという。来秋の封切りが楽しみだ。

子供らに今、ビートルズ人気

（悠閑春秋　1995・11・22）

中学生の娘がビートルズの「レット・イット・ビー」を気持ちよさそうに歌っている。昔の曲なので、訳を聞くと、学校の友達の間で結構、ビートルズが人気という。小欄が学生のころ、心酔した名曲である。

県内の店でもビートルズのニュー・アルバムが発売された。二十五年ぶりという。ポール・マッカートニー、リンゴ・スター、ジョージ・ハリソン、殺害されたジョン・レノン。懐かしい声が聞こえてくる。レノンの遺作「フリー・アズ・ア・バード（鳥のように自由に）」が含まれている。

「レット・イット・ビー」は一九七〇年にリリースされた。「なるがままに」「あるがままに」という意味である。歌詞は「暗い気持ちでいる時、僕に聖母マリアがささやいてくれる……」。神の意思に従い、あるがままに。どこか刹那《せつな》的だ。六〇年代の終わりに、ベトナム戦争で反戦運動が起こり、歌には平和の願いが込められていた。さらに人間性の回復や体制への反発があった。若者たちは「僕らは自由に人間らしく生きよう」と歌った。ビートルズは当時のあらゆる文化に影響を及ぼした。

近ごろ、ビートルズのほかカーペンターズやサイモン&ガーファンクルなど、六〇年代から七〇年代の曲がよく流れている。四、五十代のＴＶディレクターや音楽家が好んで使うためらしい。お陰で若者に浸透している。回帰現象というより、親から子へ伝承したというべきだろうか。時空を超え、いいものはいいのだ。

学校便りを全戸配布

（悠閑春秋　1995・11・23）

井波小学校（四辻利弘校長）が編集した『風光る窓』（近代文芸社）を読んだ。「学校便り」をまとめたもので、先生たちが、ふだんの思いや児童の様子を、日記ふうに綴《つづ》っている。この便りを契機に、登校拒否児が一掃されたそうだ。

児童の名前が実名なのに驚いた。例えば、こうだ。「このごろ、隼也君（一年）の足取りは重い。縄跳びが苦手だ。跳びたいという思いはある。周りの者がどんどん跳び、いらだちで体が硬くなる。七、八人一緒に跳ぶ、校内ジャンプ大会が近づくが、うまくいかない」

「そこで美貴さんが〝私は外側へ〟、隆輔君が〝隼也君は真ん中がいい〟と言った。すると、大会でタイミングが合い、クラス最高の十二回跳んだ。隼也君が跳んだ足の高さは、一人の時よりずっと高い。そして何よりもうれしそうに跳んだ」と。体が小さく、自分のことがうまくできないが、とても気が利く子に成長した翔子ちゃん。徹底的に走る目標を立てたが、自転車から落ち骨折し、腕を吊《つ》って、マラソン大会へ向け、黙々と走る祐介君の様子……。一つ一つの便りを読み、頑張る児童の顔が浮かぶ。

便りは平成四年春から月一回、子供の可能性を見つけ、学校のことを地域に知ってもらおうと始まった。校下全戸に配られ、地域と学校を結ぶ。実名に先生たちは初め抵抗があったが、児童を見る目が養われた。地域の人は隼也君も翔子ちゃんも知っている。子供たちを見る目がやさしくなった。

忘れない大河内清輝君

（悠閑春秋　1995・11・28）

忘れはしない。愛知県の中学二年大河内清輝君。一年前のきのう自殺した。遺書の全文を読み返してみた。「いつも4人の人（名前が出せなくてスミマせん）にお金をとられていました」「もっと生きたかったけど」「最後におばあちゃん、本当にもうしわけありませんでした」

次の下りには言葉がない。「僕からお金をとっていた人たちを責めないで下さい。僕が素直に差し出してしまったからいけないのです」。何とやさしいのだろう。やさし過ぎ、標的になった。一人苦しみ、それでも相手をかばった。

清輝君の家に、今も全国の子供たちから手紙が届く。その数は千通を超す。いじめで悩み、孤独な子供たちからだ。「彼の存在は生きる支え」「清輝君はもう一人の自分」――清輝君が支えになり、立ち直った子供もいるそうだ。

一周忌のきのう、清輝君の学校で生徒集会があった。どうすれば、いじめをなくせるのか。体験を交え、意見が続出した。子供たちは少しずつ変わってきたのだろう。集会後、清輝君の家を訪ねた生徒らに父親の祥晴さんはこう語り掛けた。「生きていることに意味がある。どんなにつらくても命を大切にしてほしい」。同じ日、新潟県上越市の中学一年男子が、いじめを苦に自殺した。お金を要求されていたらしく、遺書には「僕が犠牲になります。ほかにいじめられた人を救ってください」とあった。この一年、大人は支えになるため、一体何をしてきたのか。

平村のわんぱく村

（悠閑春秋　1995・12・9）

平村杉尾の宮脇廣さん。三十六歳。まだ若いが、村長さん。村長といっても「わんぱく山」の村長だ。もらった名刺にわんぱく小僧の顔が描いてある。五箇山和紙でつくったもので黄や緑、青色のカラフルな色調が楽しい。

現代の子供は遊びを知らないという。遊びを通じ、自然や友達に学び、成長してほしいと八年前、地域の仲間とわんぱく山村を作った。夏休みに富山や高岡の子供たちを招く。わんぱく山村では大きな道具を使わず、とことん自然の中で遊ばせるそうだ。

ある時、宮脇さんがトーテムポールを作るため、木を切ろうと提案した。子供らは「木がかわいそう」とためらった。イワナのつかみどり大会をした。焼いて食べることにしたが、「かわいそう」と食べない。子供らは初めて生き物に触れ、生命を知った。しかし、宮脇さんは「ほかに何もないよ」と言い、自然の中で生きることの厳しさを教える。

遊び体験が少ないのは大人も同じだ。五箇山へワゴン車に乗った家族連れがどっと来る。お父さんはただ運転し、村内を走る。食堂でソバを食べ、帰っていくのが近ごろの家族の風景、と宮脇さんは言う。これでは子供たちが遊びを知らないのも無理がない。

以上は先日、「子どもと遊び」をテーマに富山市で開かれた「児童環境づくりシンポジウム」のパネリストの一人、宮脇さんの発言だ。シンポの結論は「大人よ、子供ともっと遊べ」であった。

サンタクロースはいるのです

（悠閑春秋　1995・12・18）

きのうの朝刊「読者コーナー」に「サンタクロースの夢大切に」という投書があった。「クリスマスはサンタにあやかり、子供の目の高さで、世の中に愛や優しい心のあることを教えたい」と。百年ほど前、ニューヨークの「サン新聞」の社説はこう書き出した。「このごろ、何でもかんでも〝それはうそだ〟と疑ってかかる人が多いが、見えるものしか信じようとしないし、理解できないものは〝あるもんか〟と思ってしまうのです。……そう、バージニア、サンタクロースはいるのです」

バージニア・オハンロンという八歳の少女が「サンタクロースはいるのでしょうか」と新聞に投書した。社説は投書に対する答えだった。文章はとてもやさしく、すてきだった。以来、サン新聞はクリスマスが近付くと、特別に同じ社説を載せた。

社説はこう続けている。「サンタクロースを見た人はだれもいません。だからといっていないといえるでしょうか。この世で一番確かな本当のもの、それは大人の目にも見えないのです……目に見えない世界は一枚のカーテンに覆われていて、引き裂くことができません。カーテンを開けることができるのは信じる心、想像力、詩、夢見る気持ちだけなのです」

いろんなメディアがこの文章を紹介しているが、「そう、バージニア、サンタクロースはいるのです」――この一節、アメリカ人はみな知っている。今年は日本の、富山の子供たちに語り掛けたい。

学長告辞

（天地人　１９９７・３・23）

富山医薬大、富山国際大、高岡短大の卒業式は終わり、富山大は二十五日である。学生に贈る学長告辞は、時代が求める社会人像を表すことが多い。そのためか、かつて東大総長の告辞は、世の警句になったりした。有名な言葉は、何と言っても「やせたソクラテス」であろう。昭和三十九年、大河内一男東大総長は「東大の卒業生にとって何より必要なことは、出世コースの座り心地のよさに負けないことだ。太ったブタになるよりはやせたソクラテスになれ」と言った。

「太ったブタ……」はJ・S・ミルの言葉で、「信念を捨て、豊かな生活に浸るくらいなら、たとえ身がやせ細り、困窮しても信念を貫いた方が人間らしい」という意味である。もっとも大河内総長は実際、そうは言わなかったが、告辞の予定原稿が記者に渡っていたため、そのまま活字になったそうだ（大河内一男著『私の人間像』）。

昭和二十九年、滝川幸辰京大総長の告辞も、時代をついている。「他人からただ酒をごちそうになるな。いま、政界や官界の汚職はすべて、ただ酒を飲む習慣から起こっている。酒を飲みたかったら、自分の銭で飲め」。単刀直入に官界や政界へ入る卒業生を戒めた。随分昔のことだが、この贈る言葉は現代のエリートたちにふさわしい。今なお止まない、高級官僚の汚職と政治家たちの腐敗の数々。だれもが競って「太ったブタ」を目指し、その果てが政治や行政の、機能不全を引き起こしている。

合格と不合格

（天地人　1999・3・14）


県立高校の入学試験も終わり、君はほっとしているだろうね。しかし、休息も、ほんの束の間、中学校の卒業式の、翌日が合格発表というのも、気を遣っているようだけど、残酷だよね。その日、合格者も不合格者も再び、学校で顔を合わすことだって、あるんだからね。

「入学試験なんてないほうがいいよ」「どうして不合格者を出すんだよ」と君は思っていないだろうか。それはそうだ。だれだって、合格したいさ。好き好んで不合格を望む人なんていない。しかし、考えてごらん。合格があるから不合格があるんだ。

入学試験には必ず定員があるだろう。当たり前のことだけど、合格するのは、定員以内の成績の者だけなんだ。君は合格を目指して頑張ってきたけど、一方で不合格もあることを、覚悟しているかい。不合格、それはだれにでもあるんだよ。

でも、不合格だからといって、何も「自分は駄目な人間だ」と悲嘆することはないさ。試験に不合格でも、人間として不合格というわけじゃないからね。もちろん、価値がないと烙印を押されたわけじゃないんだ。高校入試と合否判定は、これからの長い人生を考えると、ほんの小さなプロセスに過ぎないんだ。

これから、いろんな分かれ道や曲がり角に遭遇するだろう。道は閉ざされていないんだ。そう、それぞれの道を、すずしい顔をして歩めばいいんだよ。

7　内外政治の風景

とにかく政治が目まぐるしかった。五五年体制は既に崩れ、自民党政権に代わって細川連立政権。政治改革や政官業癒着構造の打破を掲げた政権だったが、あっという間に投げ出した。わずか三カ月の羽田政権の後は村山富市社会党委員長を据えた自民・社会党連立政権が誕生。「事実は小説よりも奇なり」と世間を驚かせ、橋本政権と続く。「悠閑春秋」担当の二年間で四人も総理大臣が変わった。激動の時代だった。

新しい政党が次々誕生、水泡のごとく消えていった。政界は二大政党制を目指し、民主党政権が生まれたが、自滅し三年で終わった。今や自民・公明の連立政権だが、実質は自民一強多弱時代。野党の存在感がなく、二〇一四年の年の瀬は解散、総選挙に突入し、自民党のなすがままである。

しかし、国会論戦の答弁や質問を聞くと、言葉が軽く、幼稚に思える。政治家として訓練を受けず、物事が勝手にスイスイ運ぶからか。激論の末の歩み寄りのない、政治の風景は逆に危うく映る。

そして誰もいなくなった

（悠閑春秋　1994・4・6）

見も知らぬ、いろんな職業、経歴の十人の男女が、U・N・オーエンという人物からインディアン島に招待された。肝心の招待主は姿を見せず、食卓についた時、どこからともなく十人の過去の犯罪を告発していく声が響いてきた。そして、古い童謡の通りに一人、また一人と殺されていく。

アガサ・クリスティーの推理小説『そして誰もいなくなった』である。米・ホワイトウォーター疑惑でクリントン大統領の側近の離脱を指し、外国紙・ヘラルド・トリビューンはこの前、「アガサ・クリスティーの小説を思わせる、不気味な引き算の感じが漂う」と、伝えた。

大統領は州知事時代の土地開発・融資疑惑に揺さぶられている。当時の所得申告書を公表、自らの召喚も含め調査に協力する姿勢に転じた。低落していた支持率に歯止めがかかる気配である。

同じ知事時代の問題で、細川首相が佐川急便疑惑やNTT株購入問題を抱え、国会は袋小路に入っている。変革の風で舞い上がり、世論の支持がバックの細川首相。だが昨夜、議員と会食の席上「もう総理を辞めたい」と、弱気な心境を漏らしたという。ジョークとも本音とも受け取れる。

国民を欺き、支持率は急降下、限りなくゼロへ。インディアン島の招待主のように首相が姿を消す。難問山積の今、一番怖いのは、『そして誰もいなくなった』がミステリー小説でなく、現実になることだ。

細川さん、つむじ風のように去る

（悠閑春秋　1994・4・9）

細川総理、いや細川さん、ついに政権の座を投げ出されましたね。ひょっとして得意な「白紙」に戻すのでは、と一瞬脳裏をかすめました。しかし、きのう与党・党首代表者会議へ向かう、うつろな目を見て、納得しました。

あなたは強い変革の風に舞って登場し、さわやかでした。政治改革や政官業の癒着構造の打破を掲げ、先の大戦を「侵略戦争だった、間違った戦争だったと認識している」と率直に認め、おわびもしました。

普通の感覚をお持ちの人だと親近感を抱きました。そう、ノーネクタイ姿、マフラーがお似合いで。あなたは家庭に入り込みました。わが家の妻や子供らまで、政治のことを話題にし、「細川首相」じゃなく「細川さん」と呼んでましたよ。

それにしても国民福祉税構想の撤回、内閣改造騒動で、食言してもけろっとしていましたね。ハラハラ、ドキドキ。テレビのトレンディードラマを見ているようで。一億円疑惑など、汚れたカネに手をつける普通の政治家だと気付きました。その言動に不信感を持ち、ついていけそうにありませんでした。先日、アガサ・クリスティーの推理小説『そして誰もいなくなった』に例え、支持率が下がり、細川首相が消えてしまう――難問山積の今、一番怖いのはミステリーでなく、現実になること、と書きました。あなたはそれをさらりと演じましたね。つむじ風のように。

ネズミと政界 心臓の鼓動数

（悠閑春秋 1994・6・28）

ネズミの寿命は数年、ゾウは百年近い。だが、一生の間に心臓が打つ総数や体重当たりの総エネルギー使用量は、サイズによらず同じ。物理的な寿命が短くても、一生を生き切った感覚はゾウもネズミも変わらないのでないか（本川達雄著『ゾウの時間ネズミの時間』）。

ゆっくり話す人がいれば、早口の人もいる。食べる時間や歩く速度も違う。東京へ久しぶりに行くと、自然と速足になる。別に急いでいるわけでない。人の流れに身を任すからだろう。目的地へ早く着き過ぎ、辺りをぶらつき、時間をつぶした経験がある。

本川さんは「都会人のしていることは、ヒト本来のサイズに見合ったものだろうか。体のサイズは昔と変わらないのに、思考のサイズだけが大きく、それは人類不幸の最大の原因」と述べている。ことに今の世の中、何ごとも急げ急げと強要している。

政治の世界もせかされている。小沢一郎氏は羽田派結成のころ、政治手法を女性との交際に例え、「やれ、お食事をして、なにをしてとか、いろんなことを根気よく説明してなんて私にはできない」と言っていたそうだ。そのせいか、突然の国民福祉税構想。「改新」の結成。消費税率の数値。急げ急げで政権までが短命だ。

計算上、ほ乳類はみな一生の間に心臓の鼓動は二十億回、スーハーの息は五億回繰り返すという。何もネズミのように急ぐことはない。

事実は小説より奇なり——村山首相誕生

（悠閑春秋　1994・6・30）

英国の詩人バイロンの長詩『ドン・ジュアン』に「事実は小説よりも奇なり」という言葉がある。この世の出来事は、小説以上に不可解なことが多いという意味だ。五十二人目の首相に社会党委員長、村山富市氏が選ばれた。街の声は「エッ、ウソ、ホント？」。

解散か総辞職かと思えば、総辞職。連立復帰から保・保連立、自社連立へ転がったかと思うと、再び連立。〝ルーレット政局〟は自社さ大連立にさいの目が止まった。村山委員長は「こんなことになろうとは……」と自嘲《じちょう》気味に言ったが、本人も案外「——小説よりも奇なり」か。

細川連立政権で自民党は社会党に野合と攻め、今度は野合の党と組み、「大衆に分かり易い政治」（村山委員長）、「国家国民のため」（河野総裁）と言う。呉越同舟というが、やはり「——奇なり」。旧与党が担いだ候補は海部元首相。想像はできるが国民には闇《やみ》の中。これも「——奇なり」。

政界再編へ激動の時代だが、異常な国の政治劇を見て、「ここは本当に日本か」と目をこする。世界の反応は「ムラヤマ、Ｗｈｏ」。長い眉毛《まゆげ》のおじさん、と説明してもＷｈｏ。「眉毛なんとかならないの」と言われても、「自然が一番じゃ」と意に介さないそうだ。

新政権誕生で、東京外為市場は一時九十八円台に突入し、サミットで集中砲火を浴び、眉毛を焦がすのが目に見える。組閣作業が始まったが、ここは選挙管理内閣による解散、総選挙しかない。焦眉《しょうび》の急だ。

シェルパは出しゃばるな

（悠閑春秋　1994・7・5）

ヒマラヤ登山の案内人をシェルパという。元々、チベットのソロ・クーンブ地方に住む、チベット系の一種族の名前、チベット語で「東の人」というそうだ。シェルパの力が登山の成否を握るが、感動の頂上を極め、歴史に名を残すのは登山家だ。

先進国首脳会議（サミット）が頂上を意味するため、サミットの準備をする人たちをシェルパと呼ぶ。丁々発止と渡り合う首脳の姿を想像するが、「サミットはサミットという山を半年かけ登ったようなもの」（松浦晃一郎・前外務審議官著『先進国サミット』）という。

八日から始まるナポリ・サミットの経済宣言最終案の骨格が決まり、サミットは事実上終盤だ。シェルパが道筋をつけるので、首脳がだれであろうと、基本的には政治ドラマは期待できない。村山首相が「サミットに行く柄じゃない」と駄々をこねようが、シェルパは「心配ない」と言うだろう。

近年サミットは政治ショー化し、首脳が討議してないことが、宣言に盛り込まれたりした。サミット無用論まで飛び出し、昨年の東京サミットでは今後、いかに儀礼的な行事を省き、実質中心で臨むかを首脳が討議したというからおかしい。

日本の政治も同じことが言える。官僚はいわばシェルパだろう。シェルパが日本を動かしている。シェルパは本来、討論と決断のための案内人だ。案内人が出しゃばると、堕落と無関心、無感動がはびこる。

ゴルフと日米パートナー

（悠閑春秋　1994・7・13）

前県民生涯学習カレッジ学長の吉崎四郎さん（現県文化行政推進顧問）が以前、アメリカで仲間とゴルフをし、優勝した。日本式に「優勝できたのはパートナーに恵まれて」とあいさつした。すると、参加者はけげんな顔をし、「パートナーとの間に何か不正でもあったのか」と言いたげだった。競争に勝ったのに「――恵まれて」と表現する日本人の謙譲の美徳はアメリカ人には通用しない。ゴルフで回るパートナーは常にライバルだ、と吉崎さんは再認識した。

ゴルフのパートナーは日米関係に相当しないか。一緒にコースを回るが、二人はしのぎを削る。かと言って、片方がゲームを放棄したり、邪魔するわけにいかない。ゴルフは「ルール順守と競争」が基本だが、近ごろ競争が突出している。

為替相場をめぐる日米のスタンスはいい例だ。円高ドル安は止まらず、きのうNY外為市場は一ドル＝96円60銭を付け、戦後瞬間最高値を更新した。が、米国は「ドル安でなく円高だ。為替の安定を図る責任はない」と認識する。日本は逆に「ドル安」と主張し、ドル防衛策を求める。

日米が「パートナーに恵まれて」と言う時代でない。生きるか死ぬか、サバイバルだ。かと言ってルールを無視し、いつまでも勝手なことばかり言っていると、ゲームはおろか、ゴルフ大会という世界の秩序が乱れる。ここらでアクションが必要でないか。

第三勢力の行く末

（悠閑春秋　1994・10・31）

〈第三〉という言葉は第一、第二の次。三番目という意味だけではない。頭に〈第三〉が付くと、いろんな意味に変わる。ざっとこんな具合だ。

連歌・俳諧の〈第三〉は第三句目。一転して、新しい局面を展開すべき句をいう。〈第三〉勢力は対立する二つの勢力の外に立つ中立的勢力。一九四七年にフランスの組閣に際して以来、使われる言葉だそうだ。〈第三〉セクターは、国や地方自治体と民間が、共同出資した新しい事業主体。〈第三〉国は当事国以外の国家。〈第三〉世界はアジア、アフリカ、中南米など途上国、先進諸国に対していう。〈第三〉には意外と前向きにとらえる場合が多い。日本新党が、最初で最後の党大会を開き、解党した。新・新党へ発展的解消というが、実際消滅だ。九二年五月の結党構想を発表した時、保革対立構造を超える〈第三〉の道を歩むとうたった。わずか二年半の運命だった。

社会党は〈第三〉の勢力、〈第三〉の極、「社民リベラル新党」を目指すという。自社連立政権の中、近づく統一地方選や参院選で、自社対決が各地で生まれる。野党は新・新党結成へ動いている。危機感から保守、新保守に対抗し、政権のキャスチングボートを握りたいらしい。

映画〈第三〉の男の最後は追い詰められ、友人の一弾で倒れ、消えた。社会党のラストシーンはいかに。

党名は寿限無《じゅげむ》

（悠閑春秋　1994・11・25）

熊《くま》さんは、長生きしそうな子供のいい名前がないもんか、お寺の和尚に相談した。和尚は「寿限無というのはどうじゃ。寿、限り無しと書く。つまり死ぬ時がないということだな」とアドバイスする。

熊さんは寿限無という名前のほか、もっと長生きしそうなのがないか、聞いた。すると、めでたい名前が続々。五劫《ごこう》の擢《す》り切れ、海砂利水魚の水行末、雲来末、風来末……長助。結局、全部付けてしまった。ご存じ、落語『寿限無』。

新・新党の党名が新進党に決まった。この党名、まず長続きするだろうか、と思った。富山弁で死にそうなことをいう「しんしん党」にも聞こえる。各党・グループ内の実態、思惑が複雑だからだ。左右対立の社会党は、たびたび二本社会党と揶揄《やゆ》されるが、新進党内のお家の事情も同じ。

公明党は、公明新党Aと公明新党Bに分党し、二本公明党か。民社党は新・新党に身を置くが、バックの連合は社民リベラルを模索し、軸足が二本ある。新生党は元々「小沢あって党なし」。新進党の党首選びでは、若手があくまで選挙で、と鼻息が荒い。

新進党には、軸足が何本もあり、二本新進党どころではない。長生きを望むなら、和尚はこう助言するだろう。「党名は新進・希望・清新・人間・新風・A・B……党にしたらどうかな。めでたし、めでたし」

永田町は公序良俗に反す

（悠閑春秋　1994・11・30）

公序良俗という活字を久しぶりに見た。法律用語だが、新聞記事で滅多にお目にかかれない。それだけ崇高というか、当然のことというべきか。社会になくてはならぬことである。平たく言えば、守らないと恥ずかしいことだろうか。きのう「公序良俗に反する」という判決があった。

昨夏、日本新党・参院議員の、細川護熙氏と小池百合子氏が衆院選に立候補したため、一昨年の参院比例選で次点の、同党・松崎哲久氏が繰り上げ当選になるはずだった。だが、選挙直前に党は、松崎氏の除名を選管に届けた。選管は、松崎氏より下の名簿登載者、山崎順子氏（円より子）を当選とし、松崎氏が山崎氏の当選無効を求めた。

判決は党除名に際して、松崎氏に具体的な理由や、反論の機会を与えず、「除名は公序良俗に反する」と指摘、山崎氏の当選は無効とした。法律書には公序良俗とは、公の秩序または善良の風俗とある。国家や社会の一般的な利益、倫理をいうそうだ。

抜きうち、闇《やみ》討ち、だまし討ち、気に食わぬから突然、除名になった――これが松崎氏の言い分だ。殿の気まぐれ、細川商店と揶揄《やゆ》されたが、「天下の公党なら、私党ではいけません」と裁判長が判断したのだろう。

このごろ、永田町では、選挙公約や国会答弁をあっさり覆したり、公私混同が当たり前になっている。それだって「公序良俗に反する」と言いたくもなる。

新進党は小沢新党

（悠閑春秋　1994・12・9）

海部俊樹氏が新進党の党首に決まった。「初代党首は海部元首相」と新聞の見出しにあったが、さて二代目はいるのか。そんな気がする、昨今の液状化した政界である。

海部元首相と言えば、弁舌さわやかだが、かつて「かわいいマリオネット（操り人形）」「リモコン」と酷評された。当時の幹事長は小沢一郎氏。再び海部―小沢体制。自民党時代のコンビに逆戻りかと錯覚するが、違うのは黒幕の金丸、竹下両氏がいないこと。今、小沢氏のバックにだれもいない。

新進党の役員選挙で、体制は選挙前から決まっていた。小沢氏にとって、忠実なマリオネットは海部元首相しかいないからだ。自民党単独政権時代にも、「幹事長が先に決まって、党首が後で決まるのは珍しいケース」（河野総裁）だそうだ。

新進党は「小沢新党」とも言われる。新党づくりで、最も存在感を示したのが小沢氏。選挙を仕切った経験は小沢氏だけ。カネの工面も小沢氏。政治的力量は小沢氏が一番。ならば「小沢党首」と素人は思うが、本人はむろん、だれも小沢党首を望まないから不思議だ。

権威と権力。表と裏。上に立つ人が権威、下で権力を振るう。そんな政治は今に始まったことではない。天皇と関白、天皇と将軍、将軍と執権……。が、現代は違う。上に立つ人に権威さえもない。一体何だろう。

「首相の犯罪」が確定

（悠閑春秋　1995・2・23）

「マスコミは田中型政治を指して数による支配と非難した。だけどね、これは天に唾《つば》する言葉だ」――故田中角栄元首相の元秘書、早坂茂三氏が『宰相田中角栄の真実』（新潟日報報道部編）で語っている。

元首相は「念仏を百万遍唱えても、実行、実現しなければ意味がない」と言った。売り物の決断と実行を可能にする「数」に執着した。ロッキード事件発覚後、「数こそ力」の論理は大手を振り、田中支配が連綿と続いた。そして竹下登、金丸信、小沢一郎へ。

元首相の教えを受けた面々は、数を頼りの連立政権、野合に走る。「数の論理」の裏側に政治家の「怨念《おん》」が潜んでいる。形を変え、これも連綿と続く。経世会誕生と分裂。細川連立政権や村山自社連立政権の誕生。一連の自民、社会の分裂騒動……。

最高裁大法廷で「首相の犯罪」が確定した。振り返れば、政治家はすっかり力を失った。国益よりも省益がまかり通る。「田中型政治を引きずり、政治が活力を失い、官僚が全面に出てきた」と白鴎大の福岡政行教授が、前述の本のあとがきで書いている。

阪神大震災の国難に遭って、政治家はやるべきことを忘れ、指導力を発揮できなかった。選挙をやっても、国民は投票所へ行かない。政治家たちは、天（田中型政治）に唾しなかったが、天罰が下った。

「ＮＯ」と言える政治

（悠閑春秋　１９９５・５・24）

「ＮＯと言えない国」を返上する日本の対米、対中外交が続く。成否は不透明だが、日本に決断力が備わったのか、米中の大国の権威が失墜したのか。ただ、世界は米・台湾関係など、従来の政治力学では読めぬ液状化が進んでいることは確かである。

日米自動車交渉で、計画購入を迫られた日本は「ＮＯ」と言った。米国は世界貿易機関（ＷＴＯ）へ提訴したが、なりふり構わぬ報復制裁に、ニューヨーク・タイムズなどがかみついた。英紙も「米政権の独り相撲」と日本を支持する。

もう一つの「ＮＯ」は、中国の地下核実験に対し、制裁（援助縮小）を伴う抗議をしたことだ。今回の実験は核不拡散条約（ＮＰＴ）再検討・延長会議で核実験の抑制を決定し、しかも村山首相が訪中して、中止要請した直後の出来事。首相にすれば、メンツ丸つぶれだろう。

聞く耳を持たない中国に対し、援助など必要ない、と思うのが常識。浮いた金を核開発に回しているという疑念が沸いてくる。「今度も抗議だけでは国内世論は納得しない」（外務省）と判断した。「ＮＯ」は当然だ。

翻って「ＮＯ」と言い始めた日本は過去の侵略行為を反省し、謝罪する「国会決議」でもたついている。決議は村山政権発足時、与党の合意事項という。出来なければ、近隣諸国から「ＮＯ」の嵐《あらし》が吹き、「やはり、ミイラ政権」（ウォールストリート・ジャーナル紙）と酷評されよう。

隣人と程遠い隣国

（悠閑春秋　1995・5・29）

隣国の窮状が連日、伝えられる。サハリンでM7・6の地震が発生し、学校やアパートがほとんど倒壊した。三百人が死亡、三千人が家屋の下敷きになっているらしい。阪神大震災では隣国の力がありがたかった。日本政府は援助を申し入れたが、なにぶん確かな情報がつかめない。

北朝鮮がコメ不足で突然、日本に援助のSOSを出した。渡辺元副総理・外相ら与党訪朝団が三月に訪れた時、北朝鮮は「衣食住とも足りている」とコメ不足を一切、話題にしなかったそうだ。しかも、韓国の再三の援助を断っている。政治的意図があるのだろう。これでは援助を躊躇《ちゅうちょ》してしまう。

北朝鮮という国の最大の特徴は、情報操作し、国家に都合の悪いことを、内外に流さないことだ。数々の過去が物語っている。金日成主席亡き後、後継と目される金正日書記の動向が不明。声も姿もない後継者が世界にいるだろうか。

北朝鮮の慢性的な食料不足は世界の常識である。ただし、背景は単に天候の問題でない。経済の破綻《はたん》が食料の逼迫《ひっぱく》を招いたとみるべきだ。例えば、際限ない軍事費の拡大、ミグ一機買う外貨でどれほどの穀物が買えるだろう。軍と市民に区別なく食料が行き渡っているのか。

サハリンにしろ、北朝鮮にしろ、同じ隣国である。だが、政治や経済、市民の生活ぶりなど情報がなかなか入ってこない。伝聞情報に頼っている。隣国とはいえ、隣人とは程遠い。

南アのマンデラ氏来日

（悠閑春秋　１９９５・７・５）

ネルソン・マンデラさんは南アフリカ共和国大統領。アパルトヘイト（人種隔離）体制から解放した立役者だ。昨年春、大統領選の演説の一節が、なぜか印象に残っている。「家庭に電気洗濯機を入れ、夫は洗濯をしよう。私はベッドを整え、部屋の掃除もする」

白人優越主義に染まる国に、男女平等など遠い話と思う。それが先月、国連児童基金（ユニセフ）が発表した年次報告書『国々の前進』を新聞で見て、びっくりした。各国の国会議員（二院制の場合は下院議員）の女性議員の比率が載っている。

第一位がスウェーデン四二％、フィンランド三九％。米国一一％、日本は先進国で最下位の三％。南アはというと、日本をはるかにしのぐ二五％だ。南ア下院議長のフレーネ・ジンワラさんは女性。ジンワラさんは「まだ理想の半分」と考えている。

男女平等の伸展が著しいが、最初「女に政治参加の権利はない」という部族長や夫に怒られるのを恐れ、投票さえ、しり込みする女性が多かったそうだ。黒人女性の非識字率は、まだ七割を超え、黒人の失業率は五〇％。幸い経済は回復基調だが、道のりは随分長い。

マンデラさんが来日し、各界の人々と交流している。宮中晩さん会で「国民間の和解という課題は、目覚ましい成果を挙げていることを、誇りを持ってお伝えしたい」と語った。力強く進む南アに比べ、何かと停滞する日本。元気なマンデラさんが輝いて見える。

争点と焦点

（悠閑春秋　1995・7・7）

選挙にはふつう「争点」があるが、永田町では、きのう公示の参院選に「焦点」あって「争点」なしだそうだ。「争点」とは、もちろん、候補者や各政党が訴える政策の違いだ。「焦点」はというと、選挙後の政局、村山連立政権の消長を指す。

永田町のざわめきに耳を傾けると――。社会党の議席がポイントという。前回獲得の二十二議席より、どれだけ踏みとどまるか。十五議席前後なら、政権維持は微妙。十議席そこそこなら退陣？　それはとんでもない。議席に関係なく、自民・社会・さきがけ三党の合計議席が従前を維持すればよい。いや、参院で過半数さえ取れば、村山政権は続投……。

いろんな思惑が渦巻き、論じられること自体、空《むな》しい。政党や政治家たちは、本当に選挙を戦う気概があるのか、疑う。結果は結果だ。政治家はみな永田町にこもらず、党を政策を自分を、アピールし、戦ったらどうだろう。政治とは、政党とは戦いだ。馴《な》れ合いではない。戦いをやめ、選挙後にばかり目が向く政党は、政党の看板を外すがいい。あの英国のメージャー首相は、保守党内の結束を図るため、党首をいったん辞めるという形で戦った。捨て身の姿勢が実に新鮮に映った。そんな政治家が、日本にいないのがさびしい。

今、無党派層が急増し、各党は、いかにとり込むか腐心している。選挙はスタートしたばかり。国民に向け、あえて梅雨空を吹き飛ばす「戦う選挙」を望む。

ボスザルと総裁

（悠閑春秋　1995・9・11）

自民党総裁選が告示された。失礼ながらサル山のボス選びと、どこが違うのだろうと考えた。自民党のボスに橋本龍太郎通産相と小泉純一郎元郵政相が、名乗りを挙げた。ご両人とも、はやボスのポーズをとっているが……。

橋本、小泉両氏の共通項は多い。橋本氏は旧小渕派、小泉氏は旧三塚派だが、派閥の長ではない。二世議員。昭和二けた生まれで、論争好き。今や旧派閥の長は集金力はなく、締め付けが効かない。派閥のボスが自民党のボスになれないご時勢。選挙という戦いに勝てるかどうかの「顔」が決め手らしい。

サル山のボスの資質は何か。専門家の間では、ニホンザルの群れの中の順位は判然としない。最強のオスが群れの行動をリードするとは限らない、という説が有力だ。外敵が近づいて来ないか。集団が危険な場所へ行かないか……危機管理能力が重要視されるらしい。もちろん、これは野生のサルのことだ。外敵がいない動物園のボスの条件は、ただけんかが強いことだそうだ。オリの中で飼われており、危機管理能力は二の次だ。その上野動物園の「ボス」の名がイメージに合わない、と単に「第一位オス」と改名になったというニュースが以前、あった。

総裁選を「消化試合」と高をくくっていると、上野動物園の「ボス」に成り下がってしまう。「自民党第一位」に○○氏では締まらない。二人に国の危機を救う資質が、有りや無しや。

村山首相が中東訪問

（悠閑春秋　1995・9・12）

中東のことを英語でMiddle East。ヨーロッパよりも東方、Eastの世界を三つに区分した一つで近東、極東と対をなす。アフガニスタンからエジプト、スーダン、西はマグレブ諸国に至る。

村山首相が中東五カ国へ出発した。首相の中東歴訪は福田、海部首相以来である。中東和平の当事国、イスラエルとシリアへ日本の首相が訪問するのは初めてという。中東は日本から見ると、やはりアジアの果て、〝極西〟なのだろうか。

中東といえば、アラブ一辺倒の「油乞《ご》い外交」と呼ばれた。カネを出し、「命を助けて」と頭を下げた。今度の歴訪は、和平に協力する、新中東外交の第一歩だろう。その象徴的事業として、ヨルダンとイスラエルをつなぐ動脈「アレンビー橋」の改修に全面支援するそうだ。そこは、ヨルダン川西岸地区のパレスチナ自治区・エリコと直接結ぶ、交通の要路だ。

きのうも、西岸のユダヤ教とイスラム教の聖地・ヘブロンという街で、テロがあった。何の罪もない子供たちが傷を負った。血で血を洗う戦いがやまない。西岸を中心にテロや軍、デモ隊の衝突など不穏な動きが続いているそうだ。

一九九三年九月の暫定自治調印後、各国は「和平」へ資金を投入するが、道はなお遠い。中東には「和平」はあるが、「平和」という言葉がない、とジャーナリストの広河隆一さんが言っている。「平和」と「平和外交」とは何か。村山首相は中東の地で考えるいい機会だ。

ラビン首相暗殺

（悠閑春秋　1995・11・6）

取材で中東諸国をめぐり、帰国した矢先、イスラエルのラビン首相が暗殺されるニュースである。とても遠い国の人とは思えず、胸が痛む。これを機に政情不安定になり、パレスチナなど近隣諸国・自治区と「和平」が頓挫しないか、危惧《きぐ》する。

暴力を非難し、暴力を封じ込めよと主張し、「和平」を願ったラビン首相だが、暴力によって命を奪われてしまった。いかに「和平」とは厳しいことなのか、あらためて思い知らされた。中東諸国を訪問中、いろんな政府要人や市民と会った。

交わす会話は「和平は……」であった。「和平を信じる」「和平を信じない」「国が勝手に和平を推進している」……。「和平」は「平和」と違い、まさに平和への途上を意味する。つまり、中東の人々にとって、「和平」とは生死をかけ、「生きること」そのものなのだろう。

「和平」に命をかけたラビン首相は二年前、ワシントンでこんな演説をしている。「天の下では、何事も定まった時期があり、すべての営みには時がある。生まれるのに時があり、死ぬのに時がある。泣くのに時があり、微笑《ほほえ》むのに時がある。愛するのに時があり、憎むのに時がある。戦うのに時があり、和睦《わぼく》に時がある」。旧約聖書の一節だ。

ラビン首相の死が今、その時だとはあまりにもむごい。いやそうではなかろう。心一つに暴力を憎む時であり、中東の人々に必ずや、平和が到来し、微笑む時が来ることを祈る。

オフレコの罪

（悠閑春秋　1995・11・10）

オフレコという言葉がある。オフレコ懇談ともいう。off the record の略。記者会見などでニュース・ソースの発言のありのままを報道・公表しない――と相手の指定に基づいて約束することだ。

読者にはよく分らないだろうが、書かないことを前提に話を聞き、メモは取らない。特に閣僚や政党幹部などとの間で日常的に行われている。なぜ、オフレコがあるのか。政治家の発言の趣旨が分かりづらいことがある。そこで背景を理解するため、オフレコ懇談がある。

江藤総務庁長官が「これからは雑談。オフレコで」と言ったことが記事になった。「（日本の植民地時代には）日本が（韓国に）いいこともした」と話した。重大な発言だ。だが、新聞にではなく月刊誌『選択』十一月号に掲載された。さらに韓国紙（東亜日報）がそれを報じ、外交問題に発展した。

自民党執行部はオフレコ内容が記事になり、「信義に反す」とマスコミ批判を強めている。「これからは危なくてしゃべれない」とオフレコ懇談を自粛するムードだ。難しい問題だが、他のメディアに情報を流した某記者の卑劣さが、まず批判されるべきだろう。書くなら、新聞に掲載すべきだ。

ただ近ごろ、オフレコが多過ぎる。小欄の経験では「オフレコで」と前置きし、話す地方議員もいた。聞けばつまらぬ話。オフレコが幅をきかすと、本当のことが読者に伝わらない。自省すべきことではある。

ワレサ氏敗れる

（悠閑春秋　1995・11・21）

ポーランド大統領のワレサ氏。親しみのある口ひげを付けた元電気工だ。どこか労働者風情が漂う。大統領というより、自主管理労組「連帯」の議長と言った方が、似つかわしい。親日家で二度来日している。

十四年前、初めて日本のデパートを訪れた時、品ぞろえにもまして、エレベーターガールの最敬礼に一番驚いたそうだ。共産圏では主役は労働者、お客はわき役だ。この時、ワレサ氏は「自由経済にしないと、経済復興はありえない」と痛感した。以来、意を決し、東欧諸国で先陣を切って、民主化・自由化の道を走る。

ポーランド大統領選で、ワレサ氏が、旧共産党系の民主左翼同盟候補に敗れた。旧共産党系が勝ったといっても、時計の針が逆戻りするわけでないという。新大統領はＥＵ（欧州連合）やＮＡＴＯ（北大西洋条約機構）への早期加盟を掲げている。もはや、「連帯」や「共産党」の看板に違いはない。

ワレサ氏の敗北は、「反共」を掲げた一つの時代の終焉《しゅうえん》を意味する。「連帯」のかつての朋友《ほうゆう》、アダム・ミフニク氏は「ワレサ氏の力の源泉は破壊する能力であり、彼の悲劇は創造する能力を欠いているところにある」と評している。しかし、創造力を欠くのはワレサ氏だけでなかろう。米国やフランス、日本のリーダーたちもそうだ。右も左もない。揺れに揺れている。世界の国々で看板やスローガンが消えた。新たな座標軸を求め、模索している。

カストロ来日

（悠閑春秋　1995・12・12）

キューバと言えば、カストロと社会主義。世界を、核戦争の瀬戸際に追い込んだ、一九六二年のキューバ危機を思い起こす人もいるだろう。当時の米大統領はケネディー、旧ソ連の首相はフルシチョフ。いずれも冷戦時代、世界を動かした指導者たちだ。

フルシチョフはとっくに世を去ったが、カストロ国家評議会議長はなお、トップの座にいる。旧ソ連が崩壊したため、キューバは旧ソ連の援助が途絶え、危機に瀕《ひん》した。今、対外開放に踏み切ったが、国民は生活苦と食料不足などで、経済苦境にあえいでいる。

さすがのカストロ議長も、こんな弱音を吐いたことがある。「私は地獄に落ちるだろう。そこでマルクスやエンゲルス、レーニンと出会うだろう。地獄の熱さなど、実現することのない理想に比べれば、何でもない」。社会主義の理想と現実のギャップを嘆いた。

カストロ議長は「日本人は勤勉。その経済成長はすごい」と言い、日本びいきだそうだ。雄弁さも名高く、四時間半にわたった国連総会での演説は、今も最長記録。イタリア人記者とのインタビューで、約十五時間話し続けたこともあるらしい。

中国、ベトナムと回り、今夕初来日するが、あくまで非公式で給油目的という。とはいえ、村山首相との会談を望み、経済援助を〝懇願〟したいのだろう。革命家・カストロ議長、やはり地獄行きを回避したいのか。

村山首相が辞意表明

（悠閑春秋　１９９６・１・５）

池田勇人元首相は「私は嘘《うそ》を申しません」と言った。「嘘は言わぬ」は普通の人にすれば、当たり前のことだが、政治家の言葉としては意外に受け止められた。

宮沢喜一元首相はＴＶのインタビューで「（政治改革は）どうしても、この国会でやらないといけない。やりますから。私は嘘をついたことはありません」と答えた。政治改革関連法案の不成立を受け、内閣不信任案が可決、首相は退陣した。

村山富市首相は、自衛隊合憲、安保体制堅持、消費税アップなどで、社会党の政策を転換させた時、こう言った。「公約は守らなきゃならない。しかし、情勢の変化の中でよりよい選択をする〈裁量の幅〉はあってもいい」。その〈裁量の幅〉で「苦渋の決断」をし、すいすいと政策を決めていく。

村山首相の在職日数が、今日で大平正芳元首相を超え、五百五十五日に達した。さて〈裁量の幅〉に物を言わせ、さらに続投と思いきや、今朝、首相は辞意を表明した。橋本龍太郎通産相が「電話で辞意を聞いた」とか、三党首脳会談で言ったとか、情報は錯そうしている。だが、流れは止まらないだろう。

首相は、昨年七月の参院選後も辞意を漏らしたが、続投が決まった経緯がある。今日の発言は嘘じゃあるまい。五百五十五日の在職、大いなる誤算（五が三つ）とやっと気付いたのか。政局は正月早々、混迷のただ中へ突入した。

橋本首相誕生も「一龍」戦争

（悠閑春秋　1996・1・11）

村山内閣が総辞職し、橋本龍太郎新首相が誕生する。戦後、二十四人目。平成に入って竹下、宇野、海部、宮沢、細川、羽田、村山と続き、在職年数は平均一年余り。年の初めは、八人目の橋本氏が継ぐ。橋本氏は混沌《こんとん》の時代から抜け出す首相になれるだろうか。

マスコミは早々と、橋本氏対小沢一郎氏の「一龍戦争」と騒ぐ。戦争とはどうもヤクザっぽいが、思えば第一次「一龍戦争」は一九八九年夏のこと。自民党は参院選で惨敗、宇野首相が退陣表明した。後継をめぐり、混乱していたころ、橋本氏の名前が浮上した。

すると、同じ竹下派のライバル・小沢氏がホテルへ橋本氏を呼んだ。「派としてあなたを推すのは難しい。女性スキャンダルが取りざたされている」と小沢氏ら。「根も葉もないうわさだ」と橋本氏。小沢氏らは調査結果を持ち出すなど〝修羅場〟が展開されたそうだ。これが巷間《こうかん》伝えられる「一龍戦争」の幕開けだ。

通常国会では、小沢氏は「住専」で攻め、「住専解散」を狙う。創価学会の政治活動規制や池田大作氏の国会招致で応戦する橋本氏は「池田解散」をちらつかせる。これが対決の図式だそうだが、元をたどれば、二人は田中、竹下、金丸氏らの輩《やから》だ。根深い権力抗争の臭いがする。

国民が今、期待するのはヤクザっぽい「一龍戦争」ではなく、激しい「論戦」だ。それには何よりも、国民に信を問う早期解散を橋本新首相に望む。

社会党が社会民主党に改名

（悠閑春秋　1996・1・20）

一九五五年十月十三日。日本社会党は東京・一橋の共立講堂で左右両派の統一大会を開いた。壇上の旗には「ＳＤＰＪ」と書かれていた。当時、社会党の英語名「Social Democratic Party of Japan」の略称だ。

そして、きのう。社会党の名称が社会民主党に変わった。英語名で「Social Democratic Party of Japan」だ。社会党が消え、名残惜しいという党員もいるが、何のことはない。小林旭の歌ではないが、「昔の名前で出ています」だ。

かつて、社会党は安保闘争をめぐり、右派の西尾末広氏らが党を飛び出し、民社党を結成した。以来、社会党はますます左翼化し、現実離れしていく。そのころまで、普通に使われていた「社会民主（主義）」という言葉が消え、社会党の英訳は「Socialist Party」に変更された。「社会民主」という言葉に、日和見主義のニュアンスがあると思ったのだろう。

社会党最後の委員長・村山富市氏は「社会党の遺産を食いつぶしていくだけでは、党の未来はない。新しい時代に対応できる党改革が必要だ」と言った。食いつぶすとは、遊び暮らして財産をなくすことだが、社会党は結局、昔の名前「ＳＤＰＪ」にすがりついた。

その姿、遊び暮らした揚げ句、あがいているようで痛々しい。党改革は名前じゃないよ、心だよ、中身だよと言いたい。

理屈ではない、町を歩く

（天地人　1996・10・20）

入社したころ、先輩がよく「新聞記者は足で書くものだ」と説いた。現場を歩き、自分の目で確かめ、人の話を聞く。事実を一つ一つ拾い上げ、真実に近づいていく。机上の論をふりかざしても、読者を説得できない。

こういう手法は、ある意味で政治家と似ている。町の隅々まで歩き、どこに何があり、何が課題か、頭に入れておく。住民の声にじっくり耳を傾ける。「大衆の声を聴け」と言った政治家がいたが、昨今の政治家は永田町にどっぷり漬《つ》かっている。弁舌はなめらかだが、歩くことを忘れている。

時代は古いが、勝海舟はよく町を歩いたそうだ。江戸・日本橋、京橋などの目抜き通り、芝や下谷など庶民の町、本所深川の場末もすべて足で覚えた。江戸開城の時、頼りにしたのが旗本や御家人の武士ではなかった。町人・庶民であった。

勝はたとえば、吉原の経営者や料理屋、踊りの師匠、町火消しなどを総動員し、江戸市中の鎮静にあたったという。彼はたぶん、暇を見つけては町を歩いて、町の実態を把握し、かつ役立つ人間と、そうでない人間を見抜いていた（童門冬二著『勝海舟の人生訓』）。

今選挙で突如、町を歩き出した候補者が大勢いた。しかし、目を開き、耳を傾け、有権者の声を聴いただろうか。勝が言っている。「世間は生きている、理屈は死んでいる」。小理屈ではない、間髪《はつ》をいれず実行である。町を歩いた勝だからこそ、そう断言できた。

ランのごとし松村謙三氏

（天地人　1999・4・4）

きのうの本紙によると、本社が行った県議選全立候補者アンケートで「尊敬する政治家」について、県出身代議士、故松村謙三さんを挙げる人が多かった。久しぶりに見る名前が懐かしく、同時に偉大さが今も伝えられていると思った。

松村さんと言えば、日中国交回復に尽くし、ランの愛好家でも知られた。ランは中国では「君子の花」という。清楚《せいそ》で高貴な姿、形。清廉潔白な政治家、松村さんに似合った花である。ランはまた、花をつけるまで年数がかかる。辛抱草と言われるそうだ。

松村さんはランを育てるごとく、内外の政治課題に対し、辛抱強く、真っすぐ向き合う政治家であった。それは多くの支持者自身も辛抱強く、松村さんを支えたお陰だった。安心して政治に専念することができたのである。その松村さんは、昭和四十四年九月に引退表明した。長男が福光町の公民館で代読した。

この時、松村さんはこう言っている。「思いますに、私が政界に身を投じて以来、四十数年と相成りました。……私の今日あるのは、ひとえに皆様のご懇情によるものとして深く感謝致しております。この選挙区を持つことにより、私は他事にわずらわされることなく、専心、政治に没頭し、一筋に信念を貫いてやって参ることができました」（佐高信著『正言は反のごとし』）。

言外に「政治家を育てるのは、りっぱな支持者」と言っているのである。

8　ひと人生いろいろ

本項の冒頭に「愚直に歩む」の小文を置いた。コラム担当直後、年度替わりに会社の先輩何人かがサラリーマン生活を終え、退社された。井上ひさし著『四千万歩の男』を読み、日本地図を完成させた伊能忠敬の生き方を紹介し、感謝とエールを送った。忠敬は五十歳で隠居し、ひたすら日本の海岸線を歩き通した。愚直なまでの日々だった。

コラムでは時々人物を取り上げる。活躍する人、亡くなった人、本を読んで感銘を受けた著者、出会った人。読者には知っている人もいれば、知らない人もいるだろう。登場した人には悪い人はいない。自分にとって魅力のある人。生き方を少しでも学び、読者にも知ってほしい、と思った人たちである。肩書で登場した人はいない。

一度、人ではないサルが登場した。「ネロは幸せだった」のネロは、富山市ファミリーパークのボスザル。職員の支えとネロの死に方に感動したからである。

愚直に歩む

（悠閑春秋　1994・3・31）

『人生いろいろ』という歌があるけれど、人生八十年時代、第二の人生もいろいろある。定年を迎え、全く違った人生を歩もうと決意する人、これまでの経験を生かし、継続性のある仕事を始める人、趣味に生きる人。いろいろだ。

江戸時代、実測で日本地図を完成させた、伊能忠敬は百八十度違った道を歩んだ、人生の達人のような気がする。忠敬は五十歳で隠居した。今でいう定年である。下総《しもうさ》佐原村の名家のだんなだったが、定年と同時に天文学を学んだ。五十六歳から七十二歳までの十六年間、「二歩で一間」の歩幅で雨の日も、風の日も海岸線を歩き通した。歩いた距離はざっと三万五千キロという。

井上ひさしの『四千万歩の男』に忠敬の人生が描写されている。井上さんは「忠敬の歩み、一歩一歩はまことに平凡である。だが、その平凡な一歩を支えているのは、感動的なほど愚直な意志である。高貴さにまで高められた愚直な精神が彼の足を運ばしめている」と、書いている。

日本人の平均寿命は、男七六・〇九歳、女八二・二二歳に伸びた。会社や役所を退職後、元気なら二十年は生きられる。定年後を老後と言うには早過ぎる。まだ、ひと山もふた山も越す覚悟がいるような気がする。

平成五年度最後のきょう、定年退職する、多くの先輩サラリーマンがいる。第二の人生へ愚直に、第一歩を踏み出して頂きたい。

「表紙を変えるな」―伊東正義さん

（悠閑春秋　１９９４・５・21）

昨年七月、細川政権の誕生前夜のこと。小沢一郎氏は細川護熙氏と極秘に会い、首相就任を持ち掛けた。それを聞いた武村正義氏は、条件反射のように「それは細川さん、ダメだ。それは小沢の謀略だ」と、言い返した。

その夜、武村氏は小沢氏に会い、「あれ、なかったことにして下さい」と、気色ばんで言った。すると、いきなり小沢氏が「武村さん、あんただっていいんだよ」と、言ったという。『現代』六月号で武村氏は生々しく語っている。

一国の首相を決めるのに、事ともせず、言い放つ怖さが伝わってくる話だ。当事者が武村氏でなく、元外相の伊東正義さんだったら、なんと言い返すだろうか。「表紙をそんな簡単にめくるやつがいるかッ」と、一喝しただろう。その伊東さんがきのう亡くなった。八十歳だった。

リクルート事件で、竹下首相が中曽根喚問か、予算と引き替えに退陣かを迫られていた時、伊東さんは七十五歳だった。退陣表明した竹下首相は、伊東さんに、後継を要請した。「本の表紙だけ変えてもダメ。中身を変えないと」と、固辞。逆に「中曽根氏のバッジを外せ」と迫った。頑固な会津っぽであった。「伊東の趣味は大平」というくらい、大平正芳さんと仲が良かった。生前、伊東さんは大平さんの毎月の命日に、墓前に手を合わせていたという。「昨今の首相は表紙になっていない……」。あの世で二人は談論風発だろう。

ウラジオから帰郷─佐々木正子さん

（悠閑春秋　1994・5・24）

ロシアのウラジオストクから、佐々木正子さん（五八）が、富山市に永住帰国して三カ月たった。九一年十一月、取材で訪れたウラジオストクで会った。人なつっこい目が印象的だった。シベリア鉄道の始発駅、ウラジオストク駅で別れた時、二度と会うことはなかろうと思った。

きのう夕方、KNBラジオ「望郷49年小さな港の見える町へ」で、永住までの軌跡を放送していた。手続きで富山に来た今年二月、「うれしくもあり、悲しくもある。複雑です」と、語った言葉が胸を打つ。成人した二人の子供、友人を残してきた。「一人になるって辛いこと」と言うが、残る人生を、日本人として生きることを望んだ。

佐々木さんは大阪生まれ。戦前、姉を頼りサハリンへ、そしてロシア人と結婚し、戦後はウラジオストクへ移った。九一年秋、「岩瀬国際交流市民ねっとわーく」との交流が縁で、富山の土を初めて踏んだ。

そのすぐ後にウラジオストクで会ったが、今思うと、その時しっかり、望郷の念が芽生えていたに違いない。佐々木さんには大阪に戸籍はあったが、日本国籍がなかった。敗戦でやむなくソ連国籍を取得せざるを得なかったのだろう。

今もサハリンに、祖国へ帰れない多くの朝鮮人がいる。戦後は終わっていない。ある時、佐々木さんは「自分はなに人だろう」と、悩んだという。今、日本人であることをかみしめている。

卓袱台と電灯の久世光彦さん

（悠閑春秋　1994・7・16）

『時間ですよ』『寺内貫太郎一家』などで知られるテレビ演出家、久世光彦さんのドラマには、あったかい家族が登場する。そのシンボルは卓袱台《ちゃぶだい》と電灯だろうか。

『文藝春秋』八月号のてい談「ホームドラマ全盛の仕掛け人」で久世さんは「僕は卓袱台のある家の人間。しゃれたマンションは似合わない」と言う。蛍光灯の下にソファと携帯電話のあるマンションで、男女がつぶやき合うトレンディードラマの世界は合わない。

『東京ラブストーリー』のフジテレビプロデューサー、大多亮さんは、逆に卓袱台や家族の絆を、息苦しい存在とみる。「卓袱台には囲まなくちゃならない約束がある。しっくりこないんです。ホームドラマに違和感がある」と語る。

久世さんは一九三五年（昭和十年）生まれ。一九四五年から五四年まで富山市で過ごした。少年のころ、自宅の書架には江戸川乱歩や内田百閒、岡本かの子が並んでいた。乱歩は久世さんが生まれる少し前の、大正末から昭和初期に活躍した。小説家、久世光彦の直木賞候補にもなった『一九三四年冬―乱歩』は乱歩自身がモデルだ。乱歩の世界は電灯の薄やみの中にある。

久世さんの著書『昭和幻燈館』『蝶とヒットラー』、ドラマ『時間ですよ』も昭和初期が舞台。薄暗いが、卓袱台と電灯は、柔らかく包み込むものがある。それは久世さんの郷愁だろうが、現代がとっくに失ったものでもある。

放浪の画家―山下清

（悠閑春秋　1994・7・28）

放浪とはどういうことだろう。現代にあっては内戦で、飢餓とコレラに苦しむルワンダ難民か、それとも蒸発やドロップアウトすることか。日本のゴッホ、裸の大将で知られる放浪の画家・山下清は生前、人に「なぜ放浪するのか」と尋ねられると、真面目な顔で「病気かな」と答えたそうだ。

高岡大和で開かれている『みんなの心に生きた　山下清―その生涯と作品展』（二日まで）を見た。例えば、清の有名な作品「長岡の花火」。河原で花火を見る大観衆、大輪の華、そして満天の星。この瞬間を精緻《せいち》な貼絵《はりえ》でまとめ上げる。これはもう病気でないと制作できない、と思った。

放浪の先々で見た風景を清は貼絵にした。写真に収めない限り、描写できそうにない細やかさ。どこか人間離れしている。どの絵もただただ美しい。悪夢の中をさまよう、放浪の世界で見るものは、心を洗うのだろうか。

作品展の会場はデパートのせいもあるが、親子や夫婦、恋人同士でいっぱい。楽しそうにしゃべりながら作品を見て回っている。張り詰めた雰囲気はない。清の個展は六年間に約百三十回、北海道から沖縄まで巡回し、数百万人が訪れたそうだ。

作品の前に立つと、風景のどこかに、ぽつねんとたたずむ清の姿を捜し、空想する。それは自分自身であり、だれの心にも潜む放浪願望のような気がする。

黄門さまが逝く―東野英治郎さん

（悠閑春秋　1994・9・9）

「この印籠《いんろう》が目にはいらぬか……」。こう言えば水戸黄門、いや俳優の東野英治郎さんだ。「カッカッカッ」と豪快に笑った東野さんが亡くなった。八十六歳だった。

昭和四十四年から十四年間もTVドラマの初代・水戸黄門ご老公役を務めた。黄門さまは主役だが、東野さんは元々悪役、わき役一筋だった。戦前、戦後、多くの舞台や映画に出演、映画「七人の侍」「野良犬」「楢山節考」などで、確かな人間像を描き出した。

東野さんは、俳優と同時に随筆家であった。『漫遊無限』『私の俳優修業』『じゃが芋の皮のむけるまで』など著書がある。三十年前、「俳優の仕事はほんとに恐ろしい。毎日毎日、その一日の在り方が、その精進を決定してしまう。ほんとに恐ろしいことなのだ」と『私の俳優修業』で述べている。

気のいいおじいちゃまの姿から想像できぬが、俳優業に命をかけていた。こうも言っている。「俳優が表現する表情というのは、必ずその俳優の心の中にあるのであって、自分で絶対見ることができない。顔面の筋肉を動かして見ても何にもならない」

黄門さまは権力を持っていたが、おごり高ぶりは、みじんも無かった。日常生活の自分や演技に厳しく、他人にやさしい、東野さんにはまり役だった。「助さん、格さん。そろそろ参りましょうか」と言うご老公だが、今度は天国へ一人旅。印籠のない自由な楽しい旅を。

過去を捨てた王貞治さん

（悠閑春秋　1994・10・13）

元巨人監督、王貞治さんが、プロ野球ダイエーの新監督に就任するというニュースを聞き、「三十年間、巨人一筋に生きた王さんは過去を捨てたな」と思った。

王さんは現役時代、よく色紙に「忍」という字を書いた。中国人として育ち、父親から教えられた信条は「人に迷惑を掛けない」だった。投手から打者へ転向、荒川博さんとの一本足打法の特訓。何ごとにも耐えた。パフォーマンスが苦手な王さんの顔には、いつも忍の字が重なって見えた。

その王さんが以前、座右の銘として「過去にとらわれず、現在をいかによくするか」を挙げたことがある。就任前、インタビューで「巨人について回る範囲でばかり考えていると、先へ進めない」「巨人の選手、監督というのを引きずっていると、先細りで生きるしかない」と答えていた。

会見前日、こうも言ったそうだ。「生まれ変わったら、わがまま人間になりたい。わがままは結局は周囲に聞きいれてもらえるんだから」。巨人の看板を捨て、「わがまま人間」と吐露するのも王さんらしい。

球界やマスコミは「西の王、東の長嶋」「日本シリーズでＯＮ対決」と騒ぐ。それ以上に興味が沸くのは「わが巨人軍は永久に不滅です」の長嶋さんと、過去を捨てた王さんの生き方である。過去を死守することも、捨てることも、想像を絶するエネルギーと決断力がいる。

大江健三郎さんノーベル文学賞

（悠閑春秋　1994・10・14）

大江健三郎さんの小説には、しばしば、生まれ育った愛媛県内子町大瀬の「森の中の谷間の村」が登場する。森はごくありふれているが、谷間を囲む森は、人をやさしく包んでくれる。

文学としての出発点は、深々と呼吸する森だった。奥底にはいつも森と谷間と村があった。小説を学生時代に何冊か読んだが、とにかく難解だった。が、根本は人間へのやさしさだったと思う。その大江さんがノーベル文学賞を受賞した。

一九六三年、頭がい骨に障害を持った長男、光《ひかり》さんが生まれた。手術しても植物状態になるかもしれない、と医師に告げられた大江さんはその夏、広島へ行った。八月六日の夜、息子の名を灯ろうに書き、流した。……かたわらにいた友人が怒った。そういう自分が嫌だった。恥ずかしかった、と述懐する（『週刊朝日』10月14日号）。

障害のある光さんを生み、大江文学は、転機に立つ。『個人的な体験』『新しい人よ眼ざめよ』などは障害のある光さんをモチーフに障害児との共生をテーマにした。最近、光さんが作曲した曲のCDを聞き、大江さんはこう言った。「僕にとっての言葉が彼にとっての言葉なのだと気づいた。僕の人生において大きなことです」

恐ろしい原爆の後に、人類の再生はあるのかと問い、障害児との共生を追った。近く森と再生をめぐる三部作『燃えあがる緑の木』が完結する。

レーガン元大統領の告白

（悠閑春秋　1994・11・7）

レーガン元米大統領が国民にあてた書簡で、アルツハイマー病に侵されている、と明らかにした。大統領在任中にも大腸内にポリープが発見された、と公表した。前回もそうだが、「勇気に敬意を表する」と米国内はもとより、世界に大きな反響を呼んだ。

アルツハイマー病は、大脳の委縮によって、記憶障害や言語障害などが起き、やがて痴ほう症に至る。根本治療法はまだない。「私はいずれぼける」と国民に告白したわけだが、公表の理由は「アルツハイマー病と患者や家族への認識を深めるため」。

公表する元政治家とたたえる米国民。日本人には理解し難い。政治家は病気を知らせることが、義務になっているお国柄、という見方もあろう。レーガンさんは現役ではないが、国民には人気がある。中間選挙も控えている。

宗教観と死生観の違いと言えばそれまでだが、アメリカ人は病気や死を恐れないわけでない。宗教基盤が弱まっているし、ホスピスやターミナル・ケアが発達している。日本人だって病気や死を控え、苦しんでいる人は仏にすがる。どこも同じだ。

どんな病気でも、タブー視は何の解決にもならない。偏見のない社会を願うレーガンさんとアメリカ人。日本の政治家や元首相が「私はアルツハイマー病です」と言ったらどうなる。いや病気を公表する政治家はいないから、推察は無用だ。

信じること―中河与一さん逝く

（悠閑春秋　1994・12・14）

信じがたいと思われるでしょう。信じるということが現代人にとっていかに困難なことかということは、わたくしもよく知っています……。『天の夕顔』はこんな書き出しだった。恋愛小説だが、なぜか信じ難い「話」のような読後感を思い出す。作者の中河与一さんが亡くなった。享年九十七。

中河さんは横光利一、川端康成、今東光ら「新感覚派」の一人、最後のローマン主義の作家ともいわれた。『天の夕顔』は昭和十三年に発表されたが、当時文壇から無視された。戦後翻訳され、アルベール・カミュは「毅《き》然としてしかも慎み深い」と絶賛したそうだ。

小説は、学生が知り合った七歳年上の人妻への思慕、その後二十三年間の悲しい運命。最後は富山県の有峰に籠《こ》もった後、夏の夜の花火を、あの人のいる天に向かって打ち上げることを空想する。昭和三十七年八月五日、舞台になった有峰湖に近い、大多和峠に天の夕顔の文学碑が建った。この時、中河さんは薬師岳に登った。

小説を読み返し、恋愛には、何と献身と節操と克己心が必要なのかと思う。中河さんは半世紀前の現代人に、何を語りたかったのだろう。書き出しに「信じがたい話」とあるが、人を信じるということ、愛し合うことの大切さ、崇高さを取り戻そうと思ったのかもしれない。

今生きる現代人は『天の夕顔』をどう読んでいるのだろう。「何と哀れな男」と思うだろうか。

難しい出処進退

（悠閑春秋　1994・12・16）

首長や県会議員の何人かが、師走に入り、引退表明した。来春の選挙を控え、出処進退を明らかにするギリギリの時期と判断したのだろう。一度、権力のうまみを少しでも味わえば、そう簡単に決断できない。

引退する議員や首長は、いずれも七十歳以上。引退理由もさまざま。「来年は戦後五十年。節目にしたい」「体力的に不安を感じる。県議として一区切りついた」「二十一世紀を展望した時、清新な人がふさわしい」。戦後五十年、二十一世紀展望は一つの区切りか。

進退の分かれ目は健康問題が大きいが、政治家が肌に感じる時代の風もある。今、自分を必要としているのか。激動の時代にひと働きしたい、と胸が高鳴るか。政界が混迷する中、政治家にとって今日の烈風は出処進退を左右するに違いない。

一国の首相の出処進退はなお難しい。時期を誤り、醜態を見せ、立つ鳥、跡を濁した歴代の首相が多い。田中角栄、中曽根康弘しかり。最近では時代の風に乗った細川首相は疾風のごとく去った。後は野となれ山となれだった。

その点、スポーツ選手の引き際は分かりやすい。例えば、横綱・千代の富士は「体力の限界です。気力もなくなりました。これ以上、土俵に上がっても横綱の権威が保てない」と言った。「政治家の権威が保てぬ」と去った政治家は聞いたことがない。

大リーグに挑む野茂英雄さん

（悠閑春秋　1995・1・10）

プロ野球、近鉄の野茂英雄投手が、大リーグに挑戦する。脂が乗った二十六歳。「日本の選手もやれるんだ」と日本のファンにも雄姿を見せてくれるだろう。

日本人大リーガー唯一の村上雅則さん（前西武投手コーチ）は「当時（一九六四年）はビザを取るのも大変な時代だった」と言う。あの王貞治さん（ダイエー監督）さえも、「我々のころは（大リーグへ挑戦すること）できないと思っていた」と言っている。

生活も意識も大きく変わった。スポーツもボーダーレス時代だ。ゴルフ選手はとっくに海外へ出ている。サッカーの三浦知良やバレーボールの大林素子らは、イタリアで活躍する。連日、スポーツ面を飾っている。プロのトッププレーヤーが海外進出しないのは、野球ぐらいだ。ぬるま湯に浸っているのだろう。

かつて、江夏豊投手は大リーグへ挑んだ。一匹狼《おおかみ》の江夏は組織になじまず、飛び出した。が、厚い壁にはじき返され、3A（二軍）にも残れなかった。出っぱった腹で、踏ん張る三十六歳の江夏を思い出す。野茂は監督やコーチ、練習方法が合わなかったという。江夏とどこか似ている。

野茂の信条は「太く短く」だそうだ。スター、高額年俸、豊かな生活。すべて捨て、夢を追う。「管理と自主性を摘む体質」「細く長く」から、未《いま》だ、脱し切れない球界だけに、野茂の決断はすがすがしく感じる。

千年単位で見た宮大工—西岡常一さん

（悠閑春秋　1995・4・12）

「千年の桧《ひのき》には千年の命がありますのや」と法隆寺宮大工棟梁《とうりょう》、西岡常一さんが言っている。樹齢千年の桧は建築用材として、千年も長持ちする。むろん、そのまま千年持つわけがない。古来、桧を扱う職人の技と知恵、経験のすべてが働いてこそ可能なのだろう。

西岡さんは日本建築の原点、飛鳥時代の古代工法で大伽藍《がらん》を造営できる「最後の宮大工」と言われる。宮大工とふつうの大工との違いは、「心構えですな。宮大工は仏さんに入ってもらう伽藍を造るから、なんぼというわけにいきませんのや」と自著『木のいのち木のこころ　天』で述べている。

木をものすごく大事に扱う。木は一本一本違う。強弱、性質、癖。山の南側に育った節の多い木。細いが、強い木。北側に育った美しい柾目《まさめ》の木だが、弱い木もある。右捻《ねじ》れもあれば、左捻れの木もある。陰で育った木は弱いが、生育場所のわずかな違いで木の性質が異なるという。

山で木を見ながら、これはこういう木だから、この捻れている木と、あの木を組み合わせようと考えるそうだ。そして、木に個性があるように、人間にも個性があると説いた。人間を同じに扱うのは楽だ。じっくりと一人ひとりを大切にする「教育」を現代は忘れていると厳しい。

人間の一生はほんの一瞬だが、千年の単位でものを見た西岡さんが逝く。享年八十六。

柳家小さん人間国宝

〈悠閑春秋　1995・4・17〉

「柳家小さん師匠。あんた人間国宝になるってほんと。お年だしね。で、お骨はどこのお寺に納めてあるの」「おいおい、ひどいじゃないか。もう殺したの」「人間国宝ってのはな、伝統的な芸や技術を保持する人が国の宝になるってことだ。もっとも、〝あいつは八十歳、長くないから、国宝にでもしとけ〟ってことだよ。こうなりゃ意地でも長生きしてえなフフフ」「人間国宝は歌舞伎や能の分野の人ばかり。国はやっと落語を芸術と認知したってことかな」

「たまにはいいこと言うね。古典落語は江戸末期から明治、大正にかけ今日の形になったそうだ。昔は歌舞伎と同列だったんだ」「ホホー」「夏目漱石の『三四郎』の中で、〈小さん（三代目）は天才である。あんな芸術家は滅多《めった》に出るものじゃない〉と書いてあるよ」

「へー、あの文豪をして落語家を天才と言わしめた。すると、師匠も天才？」「バカ、顔をみりゃ分かるだろう。天才でないが、プロの噺家《はなしか》だ。どんなお客でも笑わせなきゃプロではありませんよ」

「なるほど近ごろ、阪神大震災、サリン、オウムなど暗い事件ばかり」「笑いのない社会は病気だ」「師匠は麻原教祖に代わって救世主になれますよ。天才（天災）は忘れたころにやって来る、というから」「変なダジャレを飛ばすね。そんなに言うんなら、人間国宝とやらをお受けしようか。笑いこそ国の宝だ」

前花園大学長・盛永宗興《そうこう》さん逝く

（悠閑春秋　1995・6・14）

前花園大学長で、臨済宗妙心寺派大珠院住職、盛永宗興さん（魚津市出身）は、何度か県民大学校や県職員の研修で講演している。旧制富山高卒だが、学徒出陣を経験し、禅の道に入った。県内に師と仰ぐ人もいる。その盛永さんが逝く。六十九歳だった。

八年前、富山でこんなことを語っている。「こころ」という大和言葉は「ころ、ころ、ころ」と転がっていくので、「こころ」と呼ばれる。一瞬一瞬、「ころ、ころ、ころ」と対応する力を備えていることを含む。こんな素晴らしい「こころ」を人々は、生まれながら持っている。

鏡にたとえると、次から次と写るものを、自由自在に写す力、これを日本人はころ、ころ、ころと動くと表現したのでは……と盛永さんは言う。ところが、人は生きていくうちに、他人を陥れようとする邪心や体面が、心に大きな比重を占める。自分本来の「こころ」を見失い、判断力が狂う。

明鏡止水という言葉がある。邪心なく、静かに澄んだ心境をいう。今、自分がやっていることに間違いや思い違いが山ほどある。それを一つ一つ取り除き、元の「こころ」に戻ることができないのが我々普通の人間である。

現代という時代は、自分を見失った人々の群れだろうか。オウム真理教の幹部や出家信者、政治家たちばかりでない。「ころ、ころ、ころ」と「こころ」でなく、鏡の色が変わっては何も見えない、と盛永さんは説いた。

福田赳夫《たけお》さん逝く

（悠閑春秋　1995・7・6）

福田赳夫元首相はこの三月、著書『回顧九十年』の出版と長寿を祝う会で人生を振り返り、元気に語った。「政界に入ります時、私は旗を掲げたんです。一つはこの廃土と化した日本経済の再建。もう一つはごたごたしておる日本の政治の立て直し。二つの旗を掲げまっしぐらにやってきた」

例の頭をちょっと傾ける独特のポーズ。口元をへの字に曲げ、「まあなんだね」と万年青年のような表情で続けた。「経済の方はまあまあという道をたどったわけでありますが、政治の方はいまだ何ともならん、心残り」。政界を去っても、政治家たらんとした。

福田氏は葛藤《かっとう》、怨念《おんねん》、混迷政治の象徴、「三角大福」の一人。激闘の「四十日抗争」もあった。今は権力闘争というより、与党・権力志向のくっつき合いだ。今昔の感がある。三木武夫、田中角栄、大平正芳の各氏が世を去り、離合集散の政治を憂える、福田氏が逝く。

日が替わり、参院選が公示された。五五年体制が崩れ、連立政治、自社さの村山政権が問われる初の国政選挙だ。政治、経済、社会の閉そく感が強まる中、政治の不在が随所で浮かび上がった、この半年。統一地方選では既成政党の凋落《ちょうらく》があらわになる。

怨念の政治の果てが、自民党一党支配の終焉《しゅうえん》を導き、連立政治と政治の液状化を招く。海図なき政治はどこへ。この選挙で少しでも見極めたい。「出直し改革」をよく唱えた「昭和の黄門」福田さんの思いも同じか。

バレエの可西希代子さん逝く

（悠閑春秋　1995・7・17）

高岡市の創作舞踊家、可西希代子さんに初めて会ったのは、新聞記者になって九年目のことだった。自宅に伺い、バレエのこと、子供のころなどを聞いた。この人の応対、話し言葉が強烈に残っている。例えば、こんなふうに話す。「私ね、実はこう思うんですよ。○○さん」「○○さん、私は今これこれに取り組んでいるんですよ」「高岡って、いいところ。そうじゃない。○○さん」……。○○さんとは記者のことである。

目をじっと見て、笑顔を絶やさない。「○○さん」と話し掛ける応対ぶりに緊張感がほぐれた。その話し方は相手を思いやる、やさしさなのだろう。本当は記者が相手を思い、「可西さん。そうですか」と話すべきだった。以来、初対面の人に取材する場合、「○○さん」と時々、名前を呼ぶことを心掛ける。やさしい可西さんだが、苦労が多かった。二歳の時に父親を亡くし、母親の手で育てられる。母の夢だった薬剤師の道を志すが、途中バレエの道へ。二十歳で本格的に習い、昭和二十三年に高岡バレエ研究所を開設する。高岡の風土には抵抗があったが、逆にバネになり、新しい舞踊の境地を拓《ひら》く。

金工作家の夫、泰三さんは以前、「彼女は頑張り屋。気立てのやさしい思いやりのある人間」と褒めていた。可西さんが逝く。享年六十九。まだ作品をつくりたかっただろう。好きなバレエ、あの世で思い切り楽しんで下さいね。可西さん。

童謡詩人・金子みすゞ

（悠閑春秋　1995・8・28）

童謡詩人、金子みすゞ。明治三十六年、山口県長門市生まれ。海を眺めて育った。二十六歳で亡くなる。五百十二編の詩を残す。西條八十は「若い童謡詩人の中の巨星」と絶賛した。当時、日本の文学少年、少女の憧《あこが》れだったそうだ。

「草原の夜」という詩がある。ひるまは牛がそこにいて、青草たべていたところ／夜ふけて、月のひかりがあるいてる／月のひかりのさわるとき、草はすっすとまたのびる。あしたもごちそうしてやろと／ひるま子どもがそこにいて、お花をつんでいたところ／夜ふけて、天使がひとりあるいてる／天使の足のふむところ、かわりの花がまたひらく、あしたも子どもに見せようと／。

食べられた草はもう伸びないと思っている。月はやさしく、月らしく光っている。だが、草は美しい月を見て、「そうだ、また伸びて、あしたも牛たちに草のごちそうをやろう」とやさしくなる。花も草と同じだ。美しい行為が美しい行為を生む。

昨夜、ＮＨＫテレビ「こころの王国―童謡詩人・金子みすゞ」を見た。詩を何編か聞き、心がやさしくなる思いがした。金子みすゞの詩を発掘した矢崎節夫さんは「小さいもの、弱いもの、無用なものへの祈りが宿る。読む人の心を浄化する」と言っている。

阪神大震災、オウム、学校のいじめ、核……。共に生きること、人間のやさしさが問われる戦後五十年の日本。時代にふさわしい詩人が蘇《よみがえ》った。

ユーモアあふれる山口瞳さん

（悠閑春秋　1995・9・2）

先日亡くなった作家、山口瞳さんは週刊新潮にエッセー『男性自身』を千六百十四回、三十二年間も世相や風俗、平均的サラリーマンの哀歓を綴《つづ》った。回数もなんだが、三十二年というのはすごい。想像を超える業だ。八月三十一日号には「どうやって死んでいったらいいのだろうか。そればかり考えている。唸《うな》って唸って（あれを断末魔というのだろうか）。カクンと別の世界に入ってゆくのだろうか」と書いた。これが絶筆となる。病魔を押して、最後までペンを執った。

実は肺がんで四月七日に入院し、一度退院したが、七月二十一日に再入院。この間休載せず、亡くなる前日にホスピスに移ったばかりだった。死の淵《ふち》に来て、「次回はちょっと無理なので休載に」と担当者に漏らすが、まだ書く意思を捨てていないふうだったという。

四十七歳のころ、糖尿病に悩み、歯はガタガタ、老眼が進む。肉体は優に六十歳を超えている、と自覚する。体が弱るにはわけがある。戦時中は受験勉強に加え、軍事訓練、学徒出陣が課せられた。空襲と敗戦ショック。戦後は国家再建と会社のために働いたのが我々の世代と、『隠居志願』というエッセーで書いている。

「俺《おれ》たちはそんなに働かなくても、いいんじゃないか」と言ったが、その割には頑張った。それでいてさりげないユーモアで、ふつうに生きる人間に声援を送った。きょう告別式で「六十八年間も生きた。やっと隠居できるよ」と笑顔がこぼれたそうだ。

映画「午後の遺言状」新藤兼人さんと乙羽信子さん

（悠閑春秋　1995・9・18）

高岡で上映中の『午後の遺言状』を見た。八十三歳の新藤兼人監督が老いとは、生きるとは何かに迫った作品である。新藤監督が敬愛する女優、杉村春子さんのために書いたオリジナルだが、共演の乙羽信子さん（新藤監督の妻）の最後の作品である。

新劇のベテラン女優・森本蓉子（杉村）は今年の夏も蓼科へ避暑に来た。乙羽さんは山荘の管理人役。そこへ築地小劇場時代の親友、牛国登美江（朝霧鏡子）と夫（観世榮夫）が一緒に訪ねてくる。何十年ぶりかの再会に喜ぶが、登美江は痴呆《ちほう》症になっていた。

避暑地でめぐり会う、それぞれの老いがユーモラスに、時にはシニカルに描かれている。決してドラマチックでない。静寂な森の中、さりげない一つ一つの会話や動作、雰囲気が琴線に触れる。「登美ちゃん、希望を捨てずに生きるのよ」……「もうじき秋ね」「秋が来れば冬だ」

新兼監督は乙羽さんの余命が一年半と告げられ、人生最期の時を、女優として生き抜いてほしいと願い、撮影に入ったそうだ。新潟・寺泊海岸のラストシーンでは、炎天で砂が焼け、かげろうが燃え立つようだったという。この時、乙羽さんは三八度以上の熱で意識がもうろうとしていた。

乙羽さんは完成した映画を見て、数週間後の昨年十二月二十二日に亡くなる。七十歳だった。映画には「人間は生きている限り、明るく自然に生き抜きたい」というメッセージが託されている。

「芸術は爆発だ」―岡本太郎さん逝く

（悠閑春秋　1996・1・8）

万博の「太陽の塔」で著名な洋画家、彫刻家の、岡本太郎さんは、つばを飛ばさんばかりに話した。ギョロッとした目。負けん気が強く、天真爛漫《らんまん》。芸術家の枠に収まらず、異端児と言われた。

極め付きは七十年代以降、タレントとして活躍、ＴＶコマーシャルで「芸術はバクハツだ！」と気を吐いたことだろう。ＣＭの「グラスの底に顔があってもいいじゃないか」も有名になった。批判もあったが、子供たちには人気があった。

岡本さんは「なぜ、でたらめが描けないのか」とよく言った。多くの人は鉛筆と紙を持って、でたらめを描こうとすると、描けない。実はこれくらい難しいことはない、と気付く。自分の意志と責任をもってやるでたらめは、本当はでたらめではない。

「でたらめは自分の力で創造する。出来合いのものではない。引き出さなくてはいけないのは、実は自分の精神そのものだ。描けないというのは、描けないと思っているからに過ぎない。あるいはきれいでなければ、という先入観が心の隅を垢《あか》のように覆って不自由にしているためだ」と著書『今日の芸術』で喝破する。

人は絵を描くと、うまかったり、きれいだったり、汚なかったりし、それでうぬぼれたり、恥じたりする。しかし、自分の力を出して表現したのなら、決して恥じ入ることはない、とも言った。これは芸術論の枠を超え、人生論であろう。「でたらめに」生きた岡本さんが逝く。享年八十四。

郷土のマラソンランナー・寺沢徹さん

（悠閑春秋　1996・1・22）

寺沢徹さんの名前を聞き、マラソンの東京オリンピック選手と分かる人は、今どれほどいるだろうか。第一回都道府県対抗男子駅伝の、テレビ中継を見ていたら、富山県勢が一時トップ争いを演じていたころ、寺沢さんが登場した。

「寺沢さんも走ってみたくなったのではありませんか」「いやいや。富山県が予想以上に1、2区で頑張り、3区でどこまで維持できるか。後の選手も力を発揮してくれるのでは」……。実は寺沢さんは富山チームの監督として出演し、アナウンサーや後輩の宗茂さんと話を交わした。

寺沢さんの出身は東京だが、育ちは富山だ。小学校三年の時、高岡へ疎開した。そのころまで体が弱かったそうだが、気候が体になじんだのか、高岡商ではトラック選手。クラレ富山工場時代、「スピードが伸びない」とマラソンに転向する。二十五歳の時だった。

夕方勤務を終え、一人で練習した。岩瀬街道から国道8号（県道富山高岡線）の小杉町辺りまで毎日往復。冬は横なぐりの雪がほおを打つ。「走る」「やめる」「走る」……の葛藤《かっとう》が続く。昭和三十八年に、エチオピアのアベベの記録を0・4秒縮める、2時間15分15秒8の世界最高記録を樹立、四十歳まで選手生活を続けた。

大阪のクラレで労務、営業に携わったが七年前、黒部のＹＫＫ吉田工業陸上部監督に就任した。世界のランナーは今、六十一歳。第二、第三の寺沢誕生の夢を追っている。

「この国のかたち」――司馬遼太郎さん逝く

（悠閑春秋　1996・2・13）

「竜馬がゆく」「坂の上の雲」の司馬遼太郎さんが逝った。享年七十二。「この国とは、日本人とは何だろう」と問い続け、今も「日本とは何なのか、よく分からない。相手は大きく、深い」と自問していたそうだ。

かつて「この国の習慣、思考、行動の基本的な型を煮詰め、エキスのようなものを取り出せれば」と書いていた。「この国のかたち」をタイトルに『文藝春秋』に随筆を書き続けた。三月号で百二十話。十年に及ぶ。現代的視点で、人物や時代のエキスを活写した。史実を丹念に調べ、文章には人柄同様、温かさがにじんでいた。

司馬さんの原点は戦争だ。二十二歳の時、学徒出陣で戦車隊員になる。「第二次大戦に至る十数年間の日本は、僕の考える日本ではなかった。日本は、日本人はいつからこんな愚かになったのだろうか」。その疑問に答えを出そうとする作業が、作家としての道程だった。産経新聞に勤務していたころ、友人に勧められて初めて小説を書いた。ペンネームは、当時読んでいた司馬遷に「遼（はる）か及ばず」の意味を込めて付けたが、いつも「未《いま》だはるか及ばず」と言っていた。

今、極度の政治不信に悩み、国際社会でうろたえる日本。死去で妻のみどりさんは「司馬はいつも、この国の行く末を案じておりました」と話していたが、この国の行方や歴史のロマンを、もっともっと書いてほしかった。

天才棋士・羽生善治さん

（悠閑春秋　１９９６・２・15）

史上初の七冠を制した羽生善治名人は、小学校一年生の時、将棋と出合う。学校が終わると、将棋盤のある同級生の家へ行き、ルールを習い遊んだ。二年の時、八王子市の広報紙で、子供将棋大会を知り、自分から「出たい」と親に言い、参加した。

通い始めた近くの将棋クラブには、同級生や上級生がいた。ゲームウオッチやヨーヨーもやったが、将棋が一番面白い。「遊び感覚でやっていたので、大人に囲まれていたなら、将棋を続けていたかどうか分からない」と言っている。将棋クラブは「道場」でなく、「遊び場」だった。

羽生名人には、内弟子経験がない。昔はハングリー精神をバネに、師匠の技術を盗んだ。大山康晴や升田幸三の将棋の棋譜自体に、人生が投影されていたという。将棋が「芸の世界」と考えられた。酒を飲み、遊び、「芸の肥やし」にした。

その点、羽生名人は将棋を「頭脳スポーツ」と考え、パソコンを使って研究する。人生のいろんな要素が将棋を強くすると思っていない。「苦労したから将棋が強くなるわけでない。将棋は将棋、苦労は苦労と切り離している。強くなるには勉強が一番」と言う。それでいてストレス解消法もちゃんと心得ている。いつも飄飄《ひょうひょう》とし、変な生活臭がない。話し方もしっかりし、イチローや野茂のように輝いている。勝利の感想を聞かれ、素直に「夢のようです」。二十五歳の「天才棋士」。その顔は、新しい時代にふさわしい。

田畑一也選手オールスター出場

（天地人　1996・7・14）

プロ野球が開幕して間もなく、ヤクルト・田畑一也投手（二七）は大望がかない、一気に開花した。制球力がよく、先発ローテーションに加わった。

白星を重ねても、「出身は？」と事情を知らない人が多い。選手名鑑に「高岡第一高―北陸銀行―田畑建工」とある。「田畑建工」といっても、社会人チームではない。田畑選手の実家、工務店のことだ。北銀野球部時代、肩を痛め、野球を断念。その後、大工さんをしていた。プロ入り前は父親と一緒に木くずにまみれ、家を建てていたそうだ。

かつて甲子園や神宮の土を踏んだわけではない。むしろ、挫折を繰り返していた。だが、野球への思いは強く一念発起、四年前にテスト生からダイエーに入団。ドラフト会議では十二球団で九十二番目の指名だった。

テスト生と言えば、ヤクルト・野村克也監督もテスト生だった。野球では無名の、京都府立峰山高出身。南海に入団した年、代打で九試合に出場したが、翌年はファーム暮らし。毎日、バットを振り、砂を詰めた一升瓶で手首を鍛えた。握力をつけるため、軟式テニスのボールも握ったという。

野村監督は子供のころ、母親から「カツ（克也）、男は黙って仕事をしなきゃいかん」と言われた。王や長嶋が球界のヒマワリなら、「俺は月見草」と言った野村監督。そして監督に評価され、オールスター出場を決めた田畑選手。遅咲きのこの若者も、どこか月見草に似ている。

叙勲受章するも辞退するも自由

（天地人　１９９６・11・３）

叙勲の取材を何度も経験した。経歴とコメント、顔写真を付ける簡単な取材なのだが、お年寄りがほとんどだけに、苦労話などじっくり話してくれる。話が延々と続き、途中断ち切るのに窮したこともあった。

取材量の割に紙面の都合上、「――に尽力した」「発展に尽くした」「頑張った」「皆さんの協力で」などと、表現する。ひと言で済まし、心苦しい。人には言い知れぬ苦労や喜びがある。等級に関係なく、それぞれの喜びは大きいに違いない。

受章者にケチをつけるわけでないが、現役を退くと、余計、勲章に魅力を感じるらしい。『広告批評』編集長の島森路子さんは「人間はだれでも、自分の仕事に対し、正当な評価がほしい。正当に評価されて初めて自分が存在する。存在証明がほしいんですね」と言っている（朝日）。

年をとっても、バリバリ仕事をし、受章を辞退した人がいた。女優の杉村春子さん（八七）もその一人。「芝居の仕事を続けている最中であり、大き過ぎる勲章を頂くと、いつも首にかかっているようでこの先、芝居を続けていくことができないかもしれない」と言い、昨年、辞退した。受章するも、辞退するも自由。辞退を美化するつもりはない。

褒章だが、かつて古今亭志ん生が断っている。その理由が洒落《しゃれ》ていた。「（社会に貢献した人に贈られると聞いて）そんなこと、あたしには身におぼえがねえ」

貧しい人々思う―マザー・テレサ

（天地人　1997・9・7）

元英皇太子妃・ダイアナさんの葬儀が、世界中にテレビ中継されたその日、マザー・テレサの訃《ふ》報《ほう》がかけめぐった。今世紀、世界の人々がこんなに死を悼み、これ以上の深い悲しみに包まれる日は、もうないかもしれない。

マザー・テレサの姿には、世界中の人々が圧倒されていた。背丈は一五〇センチ、小柄でしわしわの皮膚。いつも茶色の目を輝かせていた。インドの極貧の子供たちや重病患者のために、救済活動を続けた。そればかりか、世界中にでかけ、たとえ戦火の中でも、貧しい人々に勇気を与えた。

三度、来日した。若者たちとも語り合った。初来日の一九八一年四月。記者団が「インドの貧困に対し、富める国・日本は何ができるのでしょうか」と尋ねた。マザー・テレサいわく。「日本人はインドのことよりも、日本の内なる貧しい人々への配慮を優先して考えるべきです」

いつも「さあ、一つのことから始めましょう。あなたの子供、夫、妻に何かよい言葉をかけることから始めなさい」と言っていた。時に、街角で困っている人やホームレスを無視する日本人に、メッセージを残した。彼女の奉仕の精神は、隣人から隣人へ伝わり、社会の不満や怒りを癒《いや》した。その生き方は一つの「思想」のようでもあった。

ダイアナさんの突然の死を聞き、「若過ぎる死です。神様のやり方が分からない」と悲しんだそうだ。人々に愛されたダイアナさんを追うように、マザー・テレサが逝く。

ネロは幸せだった

富山市ファミリーパークの最高齢のニホンザル、「ネロ」（雄）が先日、老衰のため死んだというニュースが載っていた。推定年齢二十四歳、人間では九十歳を超える大往生だったそうだ。

ネロについては飼育課長の山本茂行さんが昨年、夕刊企画『動物ものがたり―ファミリーパークの仲間たち』で詳しく報告している。ネロは開園当初から飼育され、群れの中でも一番大きなサルだったが、近ごろ、年老いて一匹でいる時間が多かったという。ことに冬場、ネロには寒さがこたえ、つらい。

山本さんたちは昨年の冬、ネロを隔離し、暖房設備の整った部屋で過ごさせるかどうか、迷ったそうだ。体調を崩さず、少しでも長生きさせたいという思いがあったのだろう。ただし、いったん群れから隔離すると、ネロは再び群れには戻れない。他の雄ザルたちがネロを受け入れないためだ。

職員らは思案の末、ネロを隔離しなかった。暖冬も幸いし無事、春を迎えた。今冬も群れと過ごしていた。えさのパンにビタミン剤を入れるなど努力した。だが、冬を乗り切ることができなかった。死ぬ前の数日間は目はうつろで、横になることが多かったという。

ネロは仲間の中で、息をひきとった。長老のプライドを保ち、全うした。このごろ、家族や家の中で、最期を迎えることが難しくなった人間の人生を思う。ネロは幸せだった。

（天地人　1998・1・25）

伏木が生んだ堀田善衛さん

（天地人　１９９８・３・22）

伏木出身で芥川賞作家の堀田善衛さんに会ったことはないが、母親のくにさんに十五年前、一度自宅で会った。九十四歳のときである。体は弱っていたけど、どこか遠くを見つめているような目が忘れられない。

くにさんは、回船問屋の堀田家が時代の波に翻弄《ほんろう》されながら、気丈に生き抜いた日々を語ってくれた。港がにぎわい、家が繁栄していたころ、大正十二年に先駆けて託児所を開設した。港で重労働を担う婦人たちのためだ。そのころ、岸壁から海に転落する子、倉庫の横で震えている子……。港の活況とは裏腹に、悲惨な光景があったという。くにさんは「農村は貧しかった。子供を連れた女がいっぱい港にやってきた。クル病を患った子もたくさんいた。小さい子が冬でも港の荷の上で寝かされ、顔の上に雪がたまっていたよ」と語った。

昭和初期、繁栄の後、堀田家は没落する。堀田善衛さんの自伝的長編小説『若き日の詩人たちの肖像』でこう記している。「とにかくいっぱいだけ最後に残っていた汽船も、これを最後に、と父母や少年が岸壁にならんでいるのをあとにして、港を出てしまった。……兄も母も祖母も、一週間ぐらいほとんど物を言わなかった……」。堀田さんは少年の目で伏木を見つめ、育つ。そしてジャーナリスト的感覚で、日本と外国を行き来する行動派作家になった。今度、日本芸術院賞を受賞した。時代の変化をおそれない堀田さんは七十九歳である。

思いやりの政治家・永田良雄さん

（天地人　1998・8・23）

参院議員の永田良雄さんの人物評は、豪放らいらく、人懐こく、だれからも愛される人。いつもそんな人柄を十分漂わせた。

本人は「格好をつけるのが嫌い。うまいこと言うのではなく、大事なのは人の信頼を裏切らないこと」とよく言った。初対面の人にも「やあ」と目を細め、親しみを込めて会った。政治家の特性というより、それが人柄のように見えた。そんな永田さんだから、周りに大勢の人が集まった。

人を引き付ける政治家だが、何度も取材した本社記者から意外な一面を聞いた。時間にすごく厳格だったという。例えば、だれかが約束時間をわずか二、三分遅れて永田さんのところに来る。そんな時、何事もなかったように「やあ、やあ」と応対した。

けれど、本当は「時間を守らない」と少し気分を悪くしていたという。時間に厳しく、時間で人を評価した。それでもおおらかに接した。また取材で嫌なことを聞く。ムッとしたり、「ノーコメント」の政治家が多い中、精いっぱいこたえた。そんな話を聞くと、この人の豪放らいらくは根っからではなく、相手を思うやさしさが、はぐくんだのでは、と思った。

七月の選挙で三選を果たし、「向こう六年間はいじめや不登校、教育問題に腰を据えてじっくり取り組みたい」と本社記者のインタビューにこたえた。元建設官僚だけにこれも意外だった。思いやりを大切にする永田さんが突然、逝ってしまった。享年六十七。

少年少女の風

テレクラと更生

（富山更生保護　1996・7・1）

　五月半ば、北日本新聞で「テレクラの少女」という連載企画をした。テレクラを利用する女子高生の実態を探ろうと試みた。少女たちがテレクラ（テレホンクラブ）へダイヤルを回し、知り合った男と性的関係を結ぶ。その結果、例えば、男が、県の青少年保護育成条例違反で、取り調べを受けたとか、女子高生が男の持ち物を盗んだとか、小さな事件記事が社会面の隅っこに、しばしば載っていたのが気になった。

　一つ一つの事件は小さいが、テレクラやツーショットダイヤルを利用している高校生が、かなりいるのではないか。表沙汰になった事件は氷山の一角でなかろうか、と考えた。

　たまたま、警察の取り調べを受けた女子高生たちは、犯罪を犯した「非行少女」である。警察の厄介を免れた女子高生たちは、運よく「非行少女」のレッテルを張られなかっただけだ。補導された生徒と紙一重であろう。

　取材を進め、驚いた。担当の記者はテレクラへ入り、電話のコールを待った。案の定、高校生からの電話のコールが鳴る。直接会って、じっくり話を聞いた。テレクラへ電話する動機はさまざまだ。例えば、ある女子高生はこう言う。

「勉強の合間に電話していたテレクラへ、自室から盛んにダイヤルするようになった。性に関する話題が多かったけど、数時間にわたって恋や学校の悩みを聞いてくれる男性も多いよ。寂しさを癒やしてくれる貴重な時間」「帰宅時間が遅いサラリーマンの父親とは、言葉を交わすことがない。パート勤めの母親に、長電話をとがめられることがあったが、やめられないよ。他に楽しいことがないんだもん」。家庭で孤独な女子高生だ。

一方で、孤独感に襲われたり、罪意識があるわけでもない。ゲームでもしているような感覚で、ダイヤルを回し、見知らぬ男と会い、性的関係を持つ女子高生たちが、多いのも事実だ。「売買春」である。彼女たちはあっけらかんと告白した。

「自分の体を〝資本〟にどれだけ稼げるか。ゲームをしているような感じ。抵抗感? 最初はあったけど、だんだんなくなってきた。親バレ? 絶対にないよ。成績も結構いいし、うちではいい子しているもん」。一時間ほどホテルに入り、我慢すると、二万円はもらえたという。コンビニやファストフードでアルバイトをするのが馬鹿らしいのだろうか。

ところで、昨秋、富山南高と雄峰高の生徒会が、テレクラ、ツーショットに対するアンケート調査をした。富山南では、「テレクラに電話するのは構わないと思う」と答えた女子生徒が半数以上に達し、「知らない人からお金をもらって遊ぶこと」についても、四割以上が「その人の勝手だから何とも思わない」と回答した。驚く数字だが、この意識の広がりを、親や大人はしっかり理解しておく必要がある。

犯罪意識の希薄さを考えた時、犯罪というレッテルを貼られた少年少女たちの更生保護は、いかに困難か、と思う。テレクラの少女たちの実態の一端を書いたのも、大人はまず、かわいい、いい子の彼女たちの心の空白を知らずして、立派な顔をして、諭すことも、説教することもできないと思うからである。

話し相手がいないという証言は、大人社会に突き付けた重い課題である。家へ帰っても、親が遅くまで働き、顔を合わすことが少ない。たとえ、一緒に過ごしても、心の空白を知ることがない。学校でわいわい騒ぎ、仲良ししているようで、お互いに心の「壁」がある。受験による競争がそれを作り出している面はあろう。

しかし、そうとばかりいえない。このごろの子供たちは、幼児のころからの遊びの欠如や、核家族化、都市化などで、人間同士の社会関係を持つことが実に不得手である。心の空白はそんな社会環境が大きな要因だと思う。

テレクラ規制を盛り込んだ、改正県青少年保護育成条例が七月に施行される。テレクラによる相次ぐ性非行を防ぐための措置だ。ただし、条例でテレクラを舞台にした非行は減るだろうが、形を変えた事件が起こるかもしれない。「更生」の原点は親と子、大人と子供、それぞれの会話である。会話のないところに犯罪が芽生える。

（富山更生保護　1997・1・1）

いじめ追放は「語らい」で

いじめについての議論が盛んである。新聞紙上でも、いじめという活字を見ない日がないようだ。著名な教育評論家や大学の先生たちの提言や分析、対策を読み、その都度どれももっともだなあ、と思う。

いじめの原因は何だろうか。教育制度や学校、先生の資質、子供の心、親、家庭、地域……。議論百出、いろいろな意見、考え方はある。けれど、正直言って、明快に答えは何なのか分からない。

子供の自殺があったとする。届けを受けた警察などで取材をする。すると、「子供の自殺はいじめが原因らしい」という情報が入る。学校へ出向く。校長先生や担任の先生から事情を聞く。そうすると、大概、「学校には何も問題がないと思う。思い当たるものが全くない」「家庭に何か問題があるのではないか」――学校側は、学校との関わりを極力否定しようとする。父母らの学校に対する不審があるとすれば、こうした学校の「逃げ」の姿勢にあるように思う。

たとえば、一九九四年十一月二十七日、愛知県西尾市の中学二年生、大河内清輝君はいじめが原因で自殺した。大河内君のときもそうだが、自殺に至る前、学校は初め、「いじめがあるらしい」という情報を得て、調査していた。その結果、「問題は何もない」という結論が出た。ところが、その直後に大河内君が自殺してしまった。何ともやりきれない思いがした。学校の調査とは、一体どんなものだったのか。自殺の前兆をキャッチできなかったのだから、調査とは名ばかりだったのだろう。

いじめが起きると、「いじめはいけません。人の痛みが分かる人間であらねばならない」とか、「いじめられた子供たちよ。勇気を出して訴えなさい」と言う先生がいる。考えてみれば、それはいじめの発生を許していることになる。

広島県に八ツ塚実さん（61）という元中学教師がいる。八ツ塚さんはかつて、「人間科授業」を実践した有名な先生だ。八ツ塚先生の授業は、自分でテーマと教材を準備し、「人間」について語ることだ。たとえば、「祈りって何だろう」「エイズを追ってみよう」「合格もある、不合格もある」「君の宝物は何ですか」。自分で実践テキストを作り、道具を用意し、自分の言葉で語った。テーマ別授業は八十数講に及んだ。

八ツ塚先生は永年の積み重ねから、「まず、いじめを起こさない教室風土を」と訴える。いじめが起きてからの方策や対策ではなく、それを防ぐ手立てに重点を置いた教育こそが、本来の教育であり、教師の責務だということだ。さらに、そのいじめ防止に最も有効、かつ根本的な解決策が「人間」について学ぶことだと、八ツ塚先生は言う。心の柔らかい感受性の鋭い中学生にさまざまな人間の生き方、在り方を語り聞かせることで、驚きと感動の心、人間の多様性を認められる深い気持ち、弱い立場にある人々への理解が生まれる。そして、「いじめ」など低次元の精神生活が消えてゆくというのが、八ツ塚さんの考えだ。

いじめ防止の方策は、奇手も妙手もない。やはり、堂々とかつ、黙々と人間について語ることであると思う。偏差値はどうだ、A組の成績はどうだ、もっと頑張れ――と先生たちは発破を掛ける。これでは文字通り、教育でなく土木工事のようなものである。

学校で先生と生徒が普段から語り合う。これは家庭でも同じことが言えるだろう。普段から話し合う家族なら、子供の様子や態度を見なくても、いじめに遭っているのか、遭っていないのか――すぐ分かるだろう。いじめ側のことがあまり問題視されないが、いじめ側こそが問題だと思う。

よく、いじめた生徒がお金を要求したりしていたという話を聞く。与えてもいないお金や高価な物を持っていたり、これこそ、八ツ塚先生ではないが、「人間科」授業の家庭版だ。家庭でこそ、社会のこと、人間のこと、最近のニュース……。何でもいい。「語らい」に支えられた家庭生活が今こそ、求められている。

（富山更生保護　1997・7・1）

「あげる」ということ

小学校で習った「ももたろう」の歌詞を覚えておいでだろうか。その二題目。〝やりましょう、やりましょう、これから鬼の征伐に、付いてくるなら、やりましょう〟。

ももたろうが家来の動物たちにきびだんごをやるシーンが浮かぶ。

〝やりましょう――〟の部分はいつごろからか、〝あげましょう――〟になったという。だから、今の子供たちは〝あげましょう、あげましょう〟と歌っているはずである。その理由は定かでない。だが、恐らく上下関係からして、「やる」という表現が正しいだろうけど、「あげる」のほうがやさしく、丁寧ということで、作為的に変えたのでは、という推測ができる。――こんな話を以前、聞いたことがある。

いきなり、「ももたろう」の話を持ち出したのは、近ごろ、例えば、親がわが子に、あるいは学校の先生が、生徒に物を与える時、「やる」ではなく、「あげる」と話すことが多いような気がするためである。

作家の竹西寛子さんは、著書でこんなことを書いている。高校の先生と話をした時のことだ。先生いわく、「今の生徒は忙し過ぎて、することが多くて自分はどうしたらいいのか分からなくなっている者が多い。教師が生徒にレールを敷いてあげないと駄目なんです」と。「レールを敷いてやらないと……」でなく、「レールを敷いてあげないと……」である。「あげる」は国語の文法では、敬語や謙譲語である。先生が生徒になぜ、尊敬語を使わねばならないのか。竹西さんは言葉の使い方が乱れている、と指摘する。

こんなことが親子間でも言える。このごろ、「子供にミルクをやる」でなく、「ミルクをあげる」という使い方をする。後者の使い方は、おかしいという指摘がある。「あげる」の方が、上品だし、やさしい感じがする。しかし、考えてみると、「ももたろう」同様、上の者あるいは親が、子に「あげる」と言うのも、おかしい気がする。本来、上下関係がしっかりしておれば、「やる」から「あげる」に変容しなかったのではなかろうか。上下関係があやふやになってきていないか、親子関係が友達のように、あるいは親が子の機嫌を取らないと、子が親の言うことを聞かないという現実。竹西さんが指摘したように、先生も生徒の機嫌を損ねてはいけないと、ハラハラしている光景が日常化していないだろうか。

今日、親子関係の希薄さ、親の役割の欠如、母不在、父不在……がいわれる。物を与えたり、先回りして親が子供のことを、何でもしてしまう。それが幸せだと信じている親が多い。

臨床心理学者、河合隼雄さんは子供の幸せについて、こんなことを書いている。

「ある母親が子供のために一生懸命になる。子供が必要なもの、ほしいものを次々与えた。ある日、子供が窃盗をした。警察から呼び出された。警察で夫に電話しようとしたが、気が動転し、電話番号を思い出せない。その時、子供がお母さんに抱きつき、二人は手を取り合って泣いた。動転する母親の姿を見て、子供は後々、母親は本当に自分のことを愛しているのだと、悟ったという」

物を与えたり、先回りすることが、子供の幸せだと思っている親がいるとしたら、――間違いである。気が動転している姿こそ、親が子を愛している証拠であろう――と河合さんはみる。

子供が盗みなど窃盗を犯した時、親はどう対処したらいいのか。いや、そんな盗みなんてしてもらいたくないと願っているだろう。そう願うなら、何かをして「あげる」とか、何か物を「あげる」ことを慎むことだろう。

では、どうしたらいいのか、幸せは一律にあるものではない。それぞれに、その子に応じた幸せがある。おせっかいはいらない。そっと、見守ることを私たちはいつしか忘れていないだろうか。幸せは親が見つけるものではない。子供自身が見つけてゆくものだ、信じたい。

（富山更生保護　1998・1・1）

「心の教育」について

昨年、「心の教育」が大きな関心を呼んだ。言うまでもなく、神戸市で起きた連続児童殺傷事件の反省からだ。文部省も「心の教育」について、専門家の意見を聴き、学校教育にどう取り入れるべきか、提言をした。

あらためて、「心の教育」とは何か、学校でどう教育するのか、考えてみても解答はすんなり浮かばない。今、学校を取り巻く環境は大変、厳しいものがあるように思う。学歴偏重の社会の中で、一度、学校教育の枠から外れたり、はみ出したりした子供に対して、包み込む力が学校にあるとはとても思えない。目標を見いだせない子供は、行き場を失ってしまう。漂流する子供たちに先生も、親も、地域の人々も気付かず、あるいは分かっていても、手を差し伸べることさえできない状況があるのでなかろうか。神戸の事件で逮捕された中学生も、その一人と言えるかもしれない。

県内のある中学校長は「心の問題を抱えた子供は、長い目で見なければならないが、教師が生徒に関わることができるのは限られた時間に過ぎない。もっと専門家や地域との連携を深めるべきだ」と話していた。率直な意見だと思う。学校現場はギブアップしているのだ。

もちろん、地域でいかに子供たちを支えていくのか、神戸の事件でもそのことが厳しく問われた。子供のことを知っているようで知らない。この子供はどの家の子なのか、さっぱり分からない。地域ぐるみのボランティア活動や、あいさつ運動、親子活動、三世代交流会。地域によってはさまざまな実践活動を繰り広げている。これも地域での「心の教育」の一つだと思う。社会関係を学び、人と人の関わりの中で人間が生きてゆくことを、自然に身に付けていくチャンスだからだ。

ところで、「心の教育」を専門とする、精神科医やカウンセラーなどは、聴診器を心臓部に当て、診察するわけがない。ではどうするのか。いろいろ問診し、アドバイスする。しかし、本当の仕事は病んでいる人々（患者）の声をじっくり聴くことだ。まず、患者が言いたいこと、悩み、訴えをじっくりと聴く。その聴くことに徹するのである。心の声を聴くのは実に大変だという。ことに大人でなく、子供だとなおさらである。だから、ちょっとやそっとで心の声を聴くのは、至難の業だ。先生がギブアップするのも、分かるような気がする。子供が登校拒否や非行を犯したりするのは、何か自分の声を聴いてほしく、「ＳＯＳ」を発信していると受け止めていいかもしれない。

そんなふうに考えてみると、「心の教育」とは、決して大ごとではないように思える。いかに声を聴くかである。しかし、あらためて、「さぁ、言ってごらん。聴いてあげるよ」と話しても、そう簡単に話ができるものでなかろう。それよりも、普段から人間の心というものに、もっと心遣いしながら教育のことを考える。そのことの方が重要である。

数学者の森毅さんはこんなことを言っている。「教育というと、とくに小学校の先生あたりだと、いいことは何でも評価してあげたいと考える。評価しようとすると駄目になるものもある。人間の心もそうだ。教育したり、評価したりできないほど、心は大事に考えたい」

「心の教育」はボランティアなど社会活動をすれば、先生がそれをことさら評価することではない。人の気持ち、心をいかに大事にするか、それだけなのだが、それがまた難しいのが現代というものであろうか。

人の話を聴く、聴くということは、心にゆとりがないと、聴けない。聴く耳がないと、話したくとも、話せない。先生と生徒・児童、親と子、地域の人と地域の子、隣人同士。「心の教育」はそれぞれの場で今問われているのだと思う。

「手伝う」ということ

（富山更生保護　1998・7・1）

よく、小中学校の学期末の父母会などで、先生が「あすから夏休みです。規則正しい生活に努め、家庭ではお手伝いをさせてください」と、話す。

ところが、だいぶ前の話だが、ある時、「お手伝いではなく、仕事を与えてください」という女の先生がいた。一瞬、「仕事とは何だろう」と考えてしまった。ことさら、仕事の中身について説明はなかったが、手伝いは、人の仕事を手伝うこと、助けることだ。仕事とは、働くこと、しなくてはならないこと、という意味である。

うーん、なるほどと思った。例えば、こういうことだろうか。玄関の掃除なら、ほうきで掃き、ごみの後始末、道具の後片付けをきちんとする。一つのことを責任を持って、自主的に最後まで成し遂げる。そうすることで、充実感が生まれる。たかが掃除、されど掃除なのである。

振り返ってみると、「掃除しろ」と言えば、子供部屋であったり、机の上や居間の畳の上に放ってあるファミコンの機器であったりする。今どき、小さいころから、玄関や居間、家中を掃除しなさい、と言い、そう言われなくても、子供が率先して掃除をしている家庭はどれほどあるだろうか、と思う。

映画監督の羽仁進さんは、小学校に入学したころ、仕事についてこんなことを書いていた。――校長先生が黒板に書いた言葉が「ヨクミル、ヨクキク、ヨクスル」だったという。掃除や食事の用意、ウサギやいちご畑の世話。すべてが「自分でやる」ことの連続だった。中学校では、荒れ地を開拓し、農場を作った。豚や牛を飼い、寄宿舎の経営も自分たちでした。自分の体を動かし、自分で仕事をする。最初から最後までする仕事の連続だった。ああだ、こうだ、と理屈を並べると、「自分でやってごらん」と、諭されたそうだ。おかげで他人を指示する代わりに、自分の体を動かすことを学んだ、と言っている。

羽仁さんの体験は、随分昔のことなので、単純に比較できないが、学ぶことが大いにありそうだ。子供たちは、昔と今では、変わったと言えそうだが、本質は違うような気がする。何よりも、先生自身が変わったのではなかろうか。「自分でやってごらん」とさりげなく、何のためらいもなく、子供たちに言い放つ先生や校長先生が存在したことだ。そして、先生は子供たちに手伝いではなく、仕事を与えたということだ。

そんなことを思うと、昨今、親や先生が子供たちに手伝いではなく、仕事を与えることを忘れていないか、いや、与えようとしていないのではなかろうか。子供は自分の部屋に閉じこもり、家のことは何もしない、と嘆く前に、大人自身が成し遂げる「仕事」をさせているかを自問してみたい。

手伝いは楽である。たとえ、中途半端であっても、手伝いは手伝いだ。完結を求めていないから、とがめられることはない。手伝う方も、「適当でいいや」と、いいかげんにすることも可能である。「手伝え」と言う方も、完結を求めないから、そんなに怒ることも、いらいらすることもない。

手伝いと仕事について、いろいろ述べたが、要は大人と子供、親と子、先生と児童・生徒の今日の関係も、仕事でなく、手伝いを求め合う関係に似ているようでならない。

例えば、親が子供に、「勉強は自分一人でやってごらん」とか、「一人で夏休みの宿題をやって」「進路は自分で決めなさい」と言ったりする。すると、どうなるだろう。理屈を言うだろう。「みんな、手伝ってもらっているよ」「家庭教師や塾に行っているよ」と。それでも突き放したら、きっとふてくさったり、パニックに陥るだろう。そんな子供たちが普通のように存在すること自体、大人が長年、仕事ではなく、手伝いしか与えなかった罰のようでならない。

（富山更生保護　１９９９・１・１）

「ぐりぐり」について思う

絵本作家の田島征三さんの話を聞いたことがある。田島さんは、絵本の原点は「ぐりぐり」だという。「ぐりぐり」って何だと思うだろう。田島さんは、少年時代に素手で魚をつかんだりして遊んだ。手の中で魚がもがく。手の中から抜け落ちたり、逃げないように必死でつかむ。魚の体が、手のひらに心地よい。その感触が「ぐりぐり」である。

田島さんのふるさとは、高知県だ。よく友達とバケツを持って、川で遊んだ。魚はフナだ。フナを捕まえた瞬間がなんともたまらない。心臓がドキドキする。「ぐりぐり」の感触は、フナの生命力そのものである。手の中でフナは、激しくもがき、フナの強さを感じる。けれど、どうにかすると、すぐ死んでしまう。バケツの中で泳いでいたかと思うと、体は横ばいになり、硬直化してしまう。こんな時、田島さんは悲しい。フナをつかまえた時の感激、喜び。「ぐりぐり」を感じた時の興奮。

バケツに中のフナを眺めていても飽きない。元気だったのに、死んでしまった時の悲しさ。今も思い出すという。

大人はよく、「童心に帰って」とか、「時々、童心に帰るのもいい」と勝手なことを言う。それは、わがままなことをしたり、昔の遊びを無邪気に振る舞うことを指す。しかし、大人には、本来いつも童心が宿っているのでなかろうか。何も昔へ戻ったり、帰る必要はない。大人になるにつれ、童心にいろんなものがくっつき、童心が見えなくなり、自分でも分からなくなってしまうのでなかろうか。

田島さんは、絵本作家だが、童話や絵本をかく時、格闘するという。鈍くなった子供のころ、身に付けた発想や感覚を必死で研ぎ澄まし、絵本をかくのである。実は、子供以上に童心がないと、子供たちが喜び、感動し、あるいは悲しんだりするすてきな絵本なんてかけない。「童心に帰って」と、のんびり構えておれないのである。

田島さんの体験談を聞き、いまの教育を考えた。教育の原点も、あの「ぐりぐり」に潜んでいるようでならない。

例えば、先生が手のひらなら、子供たちはフナだ。あるいは保護司が手のひらで、罪を犯した少年を、フナに例えてもいいかもしれない。先生や保護司は、大人だ。子供は先生の手のひらの中で、もがき、暴れ、大きな声で叫んでいる。「自分を認めてほしい」「僕は本当は強いんだぞ」「私は学校なんて嫌いさ」とか。大人は、子供の叫びや声を聞き取ることができるのか。ひょっとして、手のひらに硬い皮が張っているため、子供のころの感性がうせてしまうか、消えたのでないだろうか。

田島さんの「ぐりぐり」を思い出したい。必死に子供の「ぐりぐり」に対抗できるよう、先生や保護司は、感性を磨き、向き合っているか。努力をしているか。目線を下ろし、話を聞く姿勢があるか。目線を下ろすということは、大人の基準、例えば、要領や打算、都合よさ等々で子供を見て、評価するのではなく、子供の思いと同じ立場に立ってみることだ。これは大変なエネルギーを要する。田島さんではないが、自分との格闘が迫られているのだ。

禅問答のようなことをつづったが、要は子供の立場で考え、話し、対応し、答えることができるか。それには普段の努力、なまじっか、「おまえのことはよく分かっているさ」といい格好をしても馬脚を現してしまうだろう。問題のある児童や、少年・少女と向き合う時、それはもう「おじさん」である先生や保護司にとって、自分をさらけ出し、対決することだと肝に銘じたい。

そう言えば、小川でバケツを持って、フナをつかまえるということは、対決にほかならないほど、大変なことだったと、思っている。

（富山更生保護　２０００・１・１）

啐啄《そったく》ということ

昨年十一月末に起きた東京の若山春奈ちゃん（二つ）殺害事件が、年を越しても、なお心に引っ掛かる。田舎では聞き慣れない「お受験」という言葉が新聞や雑誌に躍った。親は子供への過剰な期待から有名校への進学切符を少しでも早く手に入れようとする。そのことが自己実現になってしまった母親の姿が悲しい。合否の判定に一喜一憂ならともかく、合格した他人の子供と親をねたみ、疎外感から殺害にまで及ぶとは……。もはや、人間の情理を、一線を越えた狂気のようだ。しかし、殺害した母親は狂った、異常な人間であると片付けるわけにはいかない。それほど根が深いのだ。

事件の背景には、受験や地域社会の人間関係、子育てなどさまざまな問題が潜んでいる。とりわけ、子育ての在り方について、考えさせられる事件であった。親と子供、この両者の関係でいま、皆悩んでいる。

子だくさんの時代なら、一人ひとりの子に手取り足取り、教えたり、援助したり、注意することもなかった。アバウトに、あるいは大らかに、子育てがなされていたように思う。それでも子供はちゃんと育った。あるいは、一定の時機を見て、突き放す。そんな技も親は心得ていた。しかし、現代の親には、なかなか難しいことである。

禅宗に啐啄という言葉がある。鶏の卵がかえる時、啐は殻の中のひながトントンとつつくことである。啄は母鶏が殻をかみ破ることをいう。機を見て両者相応ずるという意味である。人間だけでなく、動物の世界でも子育てに鉄則があるのだ。啐啄は子育てにおいて、なかなか難しい。その点、動物の方が心得ているようでならない。

例えば、上野動物園の園長だった中川志郎さんは『親子学』という著書で、日本最大のワシ、オジロワシについてこう書いている。ひなは二カ月で一人前になるという。中川さんが飼育舎でじっと観察していると、二羽の子供が巣を離れ、恐る恐る近くの岩山まで飛んだ。けれど、まだ不安なのか、巣に戻って来た。遠巻きに見ていた親は、鋭い声で鳴き続ける。子供は落ち着かないようで、翼を広げ、何回も跳躍する。巣立ちたいという欲望と不安が入り交じっている。思い切って、岩山へ飛び降りた。その瞬間、父親は子供に攻撃を加えた。愛情いっぱいに受け、育った子供は驚いた。そして三十分ほどたって、やっと顔を上げた。何か許しを乞うような動作で、父親に鳴いたという。

中川さんは言う。多くの動物は子育てに献身的だという。だが、時機が来ると、別れる。その時機を逸すると、大人になれない。何よりも、自立し、闘っていけないのである。

翻って、日本人の子育てを思う。幼児期に、献身的に子育てするのは当然だが、「お受験」に精を出すことは、果たして献身的な子育てと言えるだろうか。それは春奈ちゃんを殺害した母親に限ったことではない。大学の付属幼稚園へ入学させることを、自分の生きがいと錯覚し、本当の子育てを忘れてしまっていないだろうか。そして有名幼稚園に入学したかどうかが、親同士の競争と化している。試験に合格させることだけが、子育てと勘違いしているのだろう。

子供への過保護がよく指摘される。いつまでも子離れしない親、いつまでも親離れしない子供。双方に、啐啄の関係などあろうはずがない。非行や犯罪を犯す子供にも、同じことが当てはまらないだろうか。何の不自由もない。物資的にも、金銭的にも恵まれている。なのに犯罪を犯す子供。カウンセリングすると、決まって親と子の間に愛情の希薄さが指摘される。あんばいを見て、殻を破るのでなく、早々に殻を破ってしまう親が多いのである。自分で破るのがつらかろうと、先回りしているのだ。

じっと我慢する。そして、機を見て、手を差し伸べたり、突き放したりする。啐啄が今ほど難しい時代はないように思う。

中東の風

「和平」の行方――中東5カ国・自治区の旅

自治拡大――ラビン首相暗殺　底流は不変

（北日本新聞　1995・11・8）

レバノン、シリア、ヨルダン、イスラエル、エジプトの中東五カ国と、パレスチナ自治区を回ってきた。イスラエルとパレスチナ解放機構（PLO）の自治拡大協定調印から、ほぼ一カ月たつ。だが、中東諸国には浮かれたムードはなく、帰国直後、イスラエルのラビン首相が暗殺された。民族と宗教、政治と経済が複雑に絡み、不信感がなお渦巻く。もちろん、和平の進展を希望するたくさんの人々に出会った。中東の最新の情報を報告し、日本の役割を探った。（梅本清一論説委員）

ヨルダンとイスラエルの国境、ヨルダン川に架かるアレンビー橋を渡って、イスラエル・ユダヤ人入植地が目立つ、ヨルダン川西岸地区に入った。見慣れた赤茶けた山々から野菜や木々も見える。ヨルダン川の恵みのたまものだ。第三次中東戦争（一九六七

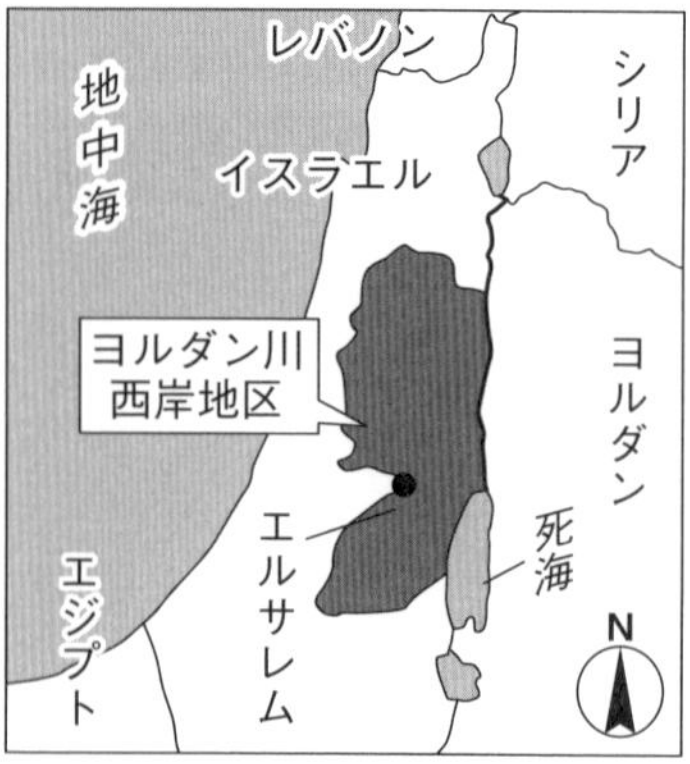

年）で、イスラエルがヨルダン領のヨルダン川西岸地区を占領したのは、軍事目的だけでない。西岸に広がる豊かな水が目的だった。

その西岸地区からさらに西へ、イスラエルの首都・エルサレムに近づくと、また様相が変わる。郊外にアパート群が立ち並んでいる。平和な空間は、ユダヤ人入植者の町だ。ここはマーレーアドミーム地区といい、最大のユダヤ入植地で二万人が住む。入植地と聞いて、古ぼけた家々の密集地を連想していただけに、意外だった。今や入植地はベッドタウン化していた。

エルサレムは言うまでもなく、ユダヤ教、キリスト教、イスラム教の聖都だ。エルサレムはヘブライ語で「平和の都」という意味だが、最も厄介なのがエルサレムの扱いである。

イスラエルがエルサレムを「不可分の自国の首都」と主張するのに対し、旧ヨルダン領だった東部分（東エルサレム）を、将来の首都ともくろむ、パレスチナ側と対立しているためだ。

イスラエルとPLOは九月二十八日、西岸全域の自

ヨルダン川西岸の西の端、イスラエルの首都・エルサレムの東部分に建つアパート群。ユダヤ人の入植地である

治拡大協定に調印した。ユダヤ人入植地を除き、ジェニンなど六都市と約四百五十の村から、イスラエル軍の撤兵が決まった。しかし、自治権とユダヤ人入植地、エルサレムの扱いを先送りした。自治の進展が鈍れば、ユダヤ入植者が築いた長年の生活が根付き、解決を一層、困難にするのは目に見えている。

和平推進の立役者、イスラエルのラビン首相は現実政治に目を向け、「領土と引き換えの和平」を推進した。ただエルサレムで見たアパート群や西岸の入植地を、今さらどうするのか。当然、和平へ突き進む先々で、非難と批判の声が一方で出て来ざるを得ない。

帰国してすぐ、ラビン首相が暗殺された。和平に反対するユダヤ人青年の凶弾に倒れた。実は中東訪問中の十月二十六日、イスラム武装過激組織「イスラム聖戦」の指導者が暗殺された。和平の陰にテロがつきものだが、ユダヤの身内でも憎悪感が芽生えている。

ヨルダン国内を案内してくれたアラブ人女性ガイド、ラファーさんは「昨年十月、ヨルダンはイスラエルと平和条約を結んだけど、あれは政府が勝手に決めたこと。ヨルダン川西岸を奪われたんだから、奪い返せばいい。平和締結で逆に暮らしにくくなったわ」と話した。

だが、世代交代による人々の意識変化は確かにある。アレンビー橋も通行できるようになった。イスラエルからヨルダンへ観光客が増え、交流が深まった。若者は、イスラエルに対する憎しみが薄れたという。

イスラエルのベイリン経済計画相は記者会見で「中東和平は、従来のタブーを打ち破らないと進まない。戦争と敵がい心が、社会を安定させた時代は終わった」と言った。

ラビン首相暗殺で、和平の進展が滞る可能性もある。だが、戦争に懲《こ》り、パレスチナとの共存という底流は不変だし、時計の針が逆戻りすることはない、と信じたい。

中東戦争

アラブ諸国とイスラエル間の戦争の総称。一九四八―九年の第一次中東戦争はイルラエル側がいう独立戦争。第二次（五六年）はスエズ危機。第三次（六七年）は別名六日戦争といい、第四次（七三年）へ続く。八二年のレバノン侵攻も、広い意味で中東戦争に含めることができる。現在の中東和平の課題は、六七年の戦争でイスラエルが占領したヨルダン川西岸地区、ガザ地区、ゴラン高原をめぐる交渉。（※解説は１９９５年当時のものです）

ガザ地区――土ぼこり舞い、あふれる人々

（北日本新聞　1995・11・9）

パレスチナ暫定自治区のガザに入った。ガザの自治は一九九四年五月、ヨルダン川西岸地区のエリコとともに始まった。パレスチナ人自身による暫定的かつ、限定的な自治区だ。

故郷の土地を奪われた難民が自ら自治区を形成し、将来、国家を樹立しようとする運動はそう例がない。その意味で歴史的であり、世界はその動向を注視する。

夕暮れ前、記者らはイスラエルからほぼ唯一の出入り口、エレッツ検問所でイスラエル兵の厳重なチェックを受けた。バスから降ろされ、二、三百メートル歩くと再び、検問所だ。さらに行くと、今度はパレスチナ側の検問である。国境よりも固いガードだ。

ガザの街をゆっくりバスで回った。道路はでこぼこ、砂塵を上げる。空き地にはごみが散乱し、家やビルは密集している。所々舗装してあり、メーンストリートは結構広い。これは自治開始前、イスラエル兵がパトロールしやすいように、道路両側の家を爆破し、広げたためという。上下水道や電気の供給は不十分だし、雨が降れば、泥水があふれ、不衛生この上ないだろう。

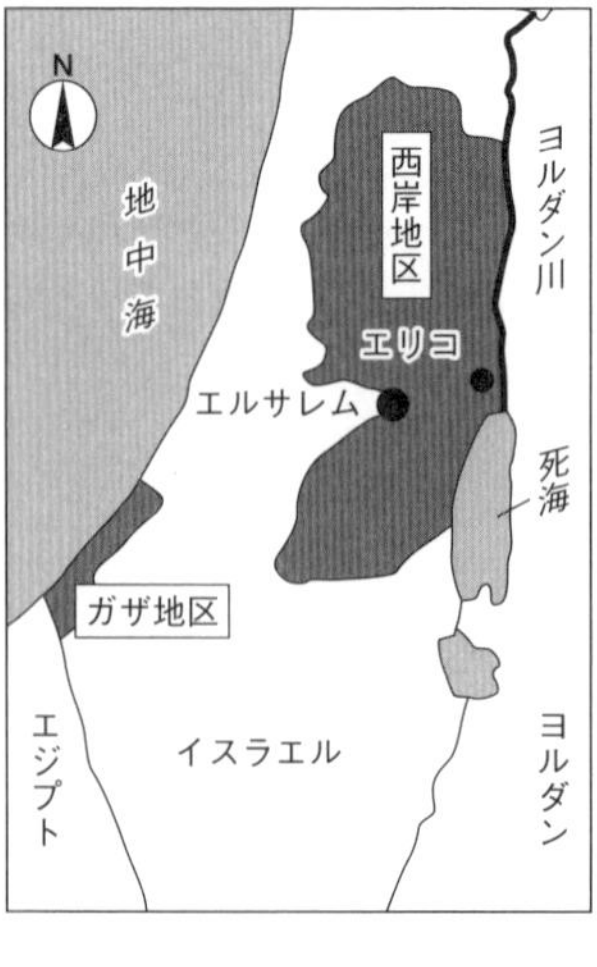

ほこりまみれの街だが、こぎれいな児童公園やアパートがある。時々、ダンプカーが行き交い、道路工事に忙しい人々の姿があった。基盤整備が始まったばかりで、とにかく大人も子供も、夢中で前進しているようだ。

ガザの街は小さい。西は地中海、南はエジプトだ。南北四十六キロ、東西は広い部分で十キロ。面積は東京二十三区の約六割。バスで一時間も走れば、全体がつかめる。この小さな街がにぎわっているというより、人であふれ返っている感じだ。

人口は国連の推測では九二年で七十八万人というが、実際はっきり分からない。現地では八十五万人とも百万人とも聞いた。このうち八割は四八年の第一次中東戦争の際に難民となって、ガザに帰った人たちだ。いずれにしろ、人口密度は四千人（一平方キロメートル当たり）を超える。恐らく世界一だろう。こんな狭い所を自治区に宣言されても、ガザは飽和状態。人口爆発しないか心配だ。

現地の話では、自治開始以来、すでに三万人がヨルダン川西岸地区へ移住したという。働く場所がなく、失業率は五〇―六〇パーセントともいい、街は失業者であふれている。

土ぼこりの立つガザの街だが、道路や建物建設のツチ音が響く。ガザの人たちはみな陽気だった

ガザが疲弊した原因は長過ぎた占領政策だ。占領後、ガザの産業はイスラエル経済の支配下に置かれた。従属状態で、原材料をイスラエルから輸入させ、ガザ独自の産業の育成を認めなかった。イスラエル当局の発表では、九二年でガザの対ヨルダン輸出が一一九〇万ドル、輸入はなし。対イスラエルの輸出六三八〇万ドル、輸入が三億二八五〇万ドル。圧倒的に入超だ。

ガザのパレスチナ人労働者の多くは、イスラエル国内で働いていた。安い賃金だが、貴重な現金収入が得られる。だが、八七年のインティファーダ（民衆ほう起）や湾岸戦争などで、イスラエルはガザの国境を幾度となく閉鎖し、どこへ行くにも許可がいった。不法労働者が増え、まさに悲惨なパレスチナ人の姿があった。

日が暮れて、ガザの海岸に出てみた。レストランから軽快な音楽が流れてきた。近くのビルでは結婚式が行われている。つい最近、夜も海岸を歩けるようになったという。ちょっぴりだが、ガザの街に解放的な雰囲気が出てきた。

パレスチナ

パレスチナの地名はかつて、現在のレバノン、シリア、イスラエル、ヨルダン、ヨルダン川西岸、ガザ地区を含む一帯を指した。一九二〇年代のイギリスの委任統治以後、現在のイスラエル、ガザ、ヨルダン川西岸をパレスチナと呼ぶようになる。元来、パレスチナ人に人種的、宗教的概念はなく、地域的な住民をいう。

アラファト——一月に選挙、国家形態は不明 （北日本新聞 1995・11・11）

パレスチナ解放機構（PLO）のアラファト議長に会った。幸運だった。共同通信加盟社の論説担当メンバーとして記者会見が実現し、アラファト議長を間近に眺め、ナマの声を聞くことができた。

中東担当の記者やジャーナリストたちは、一度はアラファト議長と単独会見を試みたいという。PLOがパレスチナ人の合法的代表である限り、議長の言動は無視できず、影響が極めて大きいからだ。

会見は午後十一時だった。待つこと五時間。この間、担当官は「議長は寝ている」「閣議中だ」などと言い、ただ待つのみであった。

実際、会うのは容易でない。アラファト議長の行動は神わざで、睡眠時間は三、四時間といい、どこにいるのか分からない。三日間で三十時間も飛行機内で過ごし、深夜まで議長公邸にいたと思えば早朝、カイロへ。さらにヨーロッパへ飛ぶことも日常茶飯事という。

記者会見の翌朝、イスラエルからエジプト国境を通過したが、「少し前にアラファト議長がここを通った」と聞き、その神出鬼没ぶりとタフネスさに驚いた。

九月二十八日にヨルダン川西岸全域対象の自治拡大協定調印で、既にイスラエル軍の段階的撤退が始まった。ラビン首相が暗殺されたが、ペレス首相代行は予定通り行うと明言している。

次の焦点はパレスチナ評議会選挙がいつスタートするかだ。治安は維持できても肝心の立法、司法形態はできていない。目指す国家形態を占う上、重要な選挙だが、試行錯誤が続くだろう。

会見で「選挙は来年一月に実施したい」と語った。自治拡大にとって不安要素であるイスラム原理主義組織ハマスについて「テロ放棄や選挙参加など和平実現へ向けた肯定的な動きがある。ハマス以外の反対組織とも交渉している」と言った。中東では選挙は来春という説がある一方、「予定は未定」という見方が広がっていた。それだけにアラファト議長の発言は選挙実現に並々ならぬ決意とみた。

パレスチナ評議会は定数八十二。現行の暫定的自治政府に代わる本格的な立法・行政機関を目指す。東エルサレムを含む西岸・ガザ地区の十八歳以上のパレスチナ人全員が投票する。占領地の住民が初めて自ら統治機関を作るわけだ。

同時に自治政府首相に相当する「執行機関議長」の選挙も行う。公選制のため、議員互選による日本

終始穏やかな表情でこたえるアラファトＰＬＯ議長。タフネスな議長だが、目をこするなど疲れている感じだった＝ガザの議長公邸

の首相より強大な権力が保証される。現地の情報ではアラファト議長の人気に陰りが見えるが、選挙では間違いなく勝つ、という。議長は安泰し、より独裁的になろう。

ただ、アラファト議長の地位安定はイスラエル側も望んでいることだ。ラビン首相の暗殺でペレス外相が首相代行に就任したが、対パレスチナ戦略は不変だろう。ペレス氏はよりハト派だし、九三年のイスラエルとパレスチナの歴史的和解をもたらした人物だ。

パレスチナを支える経済基盤は脆弱《ぜいじゃく》だ。かつて政治的、軍事的スポンサーだった旧ソ連が崩壊し、頼るべき国はない。和平を推進し、米国にさらに経済大国・日本に支援を求めている。

もし、ペレス首相代行のカジ取りに変化が出れば、昨年イスラエルが平和条約を締結したヨルダンと西岸地区の連合構想も浮上しかねない。

アラファト議長の試練が続く。

PLO

パレスチナ人の政治組織で一九六四年のアラブ首脳会議が設立を決定。第三次中東戦争でアラブ諸国が大敗し、アラブに頼らず、パレスチナ人自らの力でパレスチナを解放しようという動きが強まる。その代表がファタハ（パレスチナ解放運動）の指導者アラファト。六九年にＰＬＯ議長に就任。初めヨルダンに拠点があったが、ベイルートへ、さらにチュニジアの首都・チュニスに移り、一九九五年現在はガザにある。（※解説は１９９５年当時のものです）

ゴラン高原——広がる野菜畑、地雷爆発も
（北日本新聞　1995・11・14）

ゴラン高原へ、まずシリア側から入った。自衛隊の国連平和維持活動（ＰＫＯ）の派遣が決まり、日本人にはなじみのある地名だ。

標高二、八〇〇メートルのヘルモン山の麓《ふもと》に広がる高原は緑と水に恵まれている。一見のどかだが、東西でシリアとイスラエル両軍がにらみ合っている。広さは南北七十キロ、東西三十キロ。大阪府とほぼ同じという。停戦ラインに沿って最大幅二十キロ、最小幅三百メートルの非武装地帯が設けてある。

非武装地帯にあるクネイトラという街に来た。最大激戦地の街だ。病院、学校、ビル、住宅……。建物すべてが破壊されている。爆撃した後、コンクリートの塊をひっくり返してあった。イスラエル軍はシリアの再起不能を込め、そうしたのか。

かつてゴラン高原に十三万人、クネイトラには五万人のシリア人が農業などで暮らしていた。「たとえ街に戻っても、大事な高原がイスラエルに占領されているので、帰れない」と案内の男性ガイドが言った。

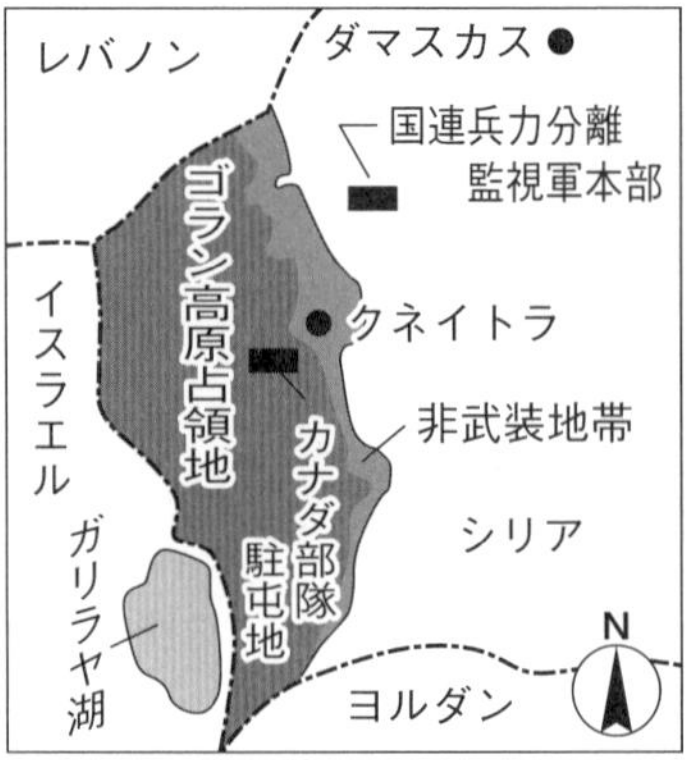

クネイトラからイスラエル占領地の国境まではすぐだ。だが、シリア人はここを国境と呼ばない。有刺鉄線が張られ、薄茶けた山の上にイスラエル軍の建物がかすかに見えた。

後日、今度はヨルダン国境沿いの急峻《きゅうしゅん》な道を上り、イスラエル側からゴラン高原へ入った。ユダヤ人のキブツ（農業などの共同組織）が入植し、広大な野菜畑が広がる。干し草がたくさん積んであるが、側に野戦砲が放置してある。戦争から二十八年たつが、なおシリアを威嚇しているようだ。辺りには地雷が埋まり、時々牛や羊が踏み、爆発するそうだ。そうかと思うと、若者が近くのガリヤラ湖上空で、ハングライダーを楽しんでいた。緊張と平和がごっちゃで、不思議な土地だ。

今もゴラン高原には、家族や親せき同士が離れ離れになったシリア人が多くいる。クネイトラの知事、ワリード・アリブースさん（五七）は「休戦ライン越しにシリアの人たちが谷を挟み、決まった時刻に拡声器で呼び掛け、互いの安否を確かめ合っている。苦しみをなくすため、イスラエルは占領地を返す以外にない」と繰り返し語った。

徹底的に破壊されたクネイトラの街。かつて住んでいた大人は子供を連れてやって来る。イスラエルへの憎しみを忘れず、伝えるためという

ゴラン高原には、自衛隊が来年二月、国連兵力引き離し監視軍（ＵＮＤＯＦ）に参加、ＰＫＯ活動をする。現在、カナダ、オーストリア、ポーランドの主力部隊約千人が展開している。日本はカナダ部隊に代わって、後方支援の輸送部門を担当する。

自衛隊の武器携行や演習、派遣期間が議論されたが、ＵＮＤＯＦ本部でコステルス司令官に会い、そのことを質問した。

「ゴラン高原は危険はない。交通事故が一番心配だね。先日、日本政府と十分協議したばかり。自衛隊はピストルかライフル携行で合意した」と述べた。演習については「年に一、二回する。夜中にざんごうを掘り、連絡し合う訓練をしたい」と明言した。日本政府は駐留期間を約二年とみているが、コステルス司令官は「日本政府次第だね」と笑ってこたえた。

ゴラン高原返還をめぐり、交渉はほとんど進展がない。年内は動きがないという見方が専らだ。さらにラビン首相暗殺でこう着状態が続く可能性が高い。安全が触れ込みのゴラン高原だが、状況が変化したことは間違いない。

ＵＮＤＯＦ

イスラエルとシリア両軍の停戦監視のため、第四次中東戦争後の一九七四年五月に設置された。ゴラン高原のＰＫＯは成功例とされる。日本が担当する輸送部隊は四十六人程度で編成。陸上自衛隊東北方面を中心に海上、航空両自衛隊も加え、部隊編成される予定。平時はシリアとイスラエルを往来し、食料や物資、人員の輸送を行う。

ＯＤＡ――〝土漠〟の真ん中で発電所建設

（北日本新聞　1995・11・15）

シリアの首都・ダマスカスから北へ百七十キロ。高速道路を走った。高速道路といっても、高架式で中央分離帯があるわけでない。周りがすべて土の砂漠、〝土漠〟である。交差する道がなく、人がいないため速く走れるだけだ。

土漠の真ん中に火力発電所があった。ジャンダール発電所という。大きい施設だが、周りに何もないため、小さく見える。

日本政府が円借款によるＯＤＡ（政府開発援助）で数百億円を供与し、一九九二年一月にスタートしたプロジェクトだ。三菱重工業が中心に建設を進め、既に一部が稼働、間もなく完成する。出力は六百ＭＷ《メガワット》。シリア国内の電力使用量のほぼ半分を賄うことが可能という。

ダマスカスの街は以前、しょっちゅう停電があったが、発電所が稼働し、街は明るくなった。内田富夫シリア駐在大使は「この事業でシリア国民は、日本のお陰で街に灯がついたと喜んでいます」と話す。評価が高いのは資金力だけでなく、技術力が優れているためだ。ロシアやイタリアも発電所を造ったが、故障し稼働していないという。

日本人スタッフは最盛期で七十五人いたが、現在は二十四人。もちろん、シリアの労働者を雇った。雇用拡大にも貢献した。土木・機械担当の分玉彰三さん（五五）は「延べ数十万人が働いた。現地の人を教育した上、仕事をしてもらった」と言う。発電所の制御センターをのぞくと、多くのシリア人労働者がコンピューターを駆使していた。

ヨルダン川西岸地区のパレスチナ自治区・エリコでも、ODAの現場を見た。エリコ唯一の病院でイスラエル占領軍が造ったが、暫定自治開始で放置してあった。日本政府と日本赤十字社が医療機器などを導入した。医師二十五人、看護師三十二人のスタッフは日本で訓練を受け、近く救急病院としてスタートする。日本政府は来年一月、もう一つ病院を建設する予定だ。シェラス・ラフマン病院長は「エリコにはストレスによる心臓病患者が多い。イスラエル軍の占領が長く続いたためだ。他の国は支援を約束するが、守るのは日本だけ」と感謝した。

パレスチナへは、九三年九月に細川首相が国連を通じ、二億ドルの援助を表明、既に国連開発計画（UNDP）、国連パレスチナ難民救済事業機関（UNRWA）に計一億五千万ドルを拠出した。EU全体、米国に次いで多い援助大国だ。村山首相は先のアラファト議長との会談では、正式国家

土漠の真ん中に立つシリアのジャンダール発電所。日本のODAで建設された

でない組織へ初の直接援助に踏み切ることを表明した。

援助は自治区として、スムーズに自立していくため不可欠だ。パレスチナ人自身、疲れ果て、時には和平への希望を失うこともあろう。そんな時、道路や上下水道、住宅建設など生活基盤が着々と整備されれば、未来に希望を託すことができる。経済支援はいわば「平和の配当」である。

パレスチナに限らず、中東諸国の政府関係者は一様に「日本の投資を期待する」と言った。単に日本が経済大国というだけでない。シリアのモハンマド・サルマーン情報相は「日本は中東のどの紛争国にも肩入れせず、中立的立場だ。そのことをよく知っている」と言う。その意味で日本は経済を通し、新たな中東外交の展開が可能だろう。

半面、経済支援だけでなく、PKOのような軍事的役割を果たしてほしい、という声はほとんど聞かなかった。

ODA

政府開発援助のこと。円借款、無償資金供与、技術協力の三つの形態がある。最貧国には無償資金供与が中心だが、一般的に円借款または技術協力が行われる。中東諸国への援助は一九七三年の石油ショックのころ始まった。当時、ODAで中東の占める割合は〇・八パーセントだったが、七七年に円借款が始まると、二〇パーセントを超えるほどになった。ここ三、四年は六―一〇パーセントを推移している。

夢よ再び――レバノン内戦の傷跡深く

（北日本新聞　1995・11・17）

レバノンの首都・ベイルートの海岸で夕日を見た。市民が地中海に沈む夕日を見つめたり、散歩したり、ジョギングする平和な光景があった。だが、背後を見ると、廃虚の街が広がっている。海岸沿いを車で走った。ホテルや劇場、銀行などビルは焼け焦げ、撃ち込まれた砲弾の跡が見える。何十、いや何百と破壊されたビルがある。しかもでっかいビルだ。どこか気味が悪い。昔「銀行通り」と呼ばれた通りには、日本の銀行も並んでいた。商社やメーカーの支店もあった。多い時は千五百人の邦人がいたが、今はたったの四十二人。ベイルートに乗り入れていた日航も撤退した。現在、ベイルート市内には日本企業の支店が一つもない。

ベイルートはかつて「中東のパリ」と呼ばれ、ビジネス・金融センターとして栄えた。通信・新聞社の中東の拠点でもあったが、カイロへ移った。

その原因は一九七五年以来のレバノン内戦である。レバノンはさまざまな宗教・宗派の人々によって構成されており、「宗派制度」と呼ぶ独特の政治システムがあった。なかでもイスラム教徒とキリスト教徒の権力争いが激しく、内戦に発展、市街地は戦火を浴

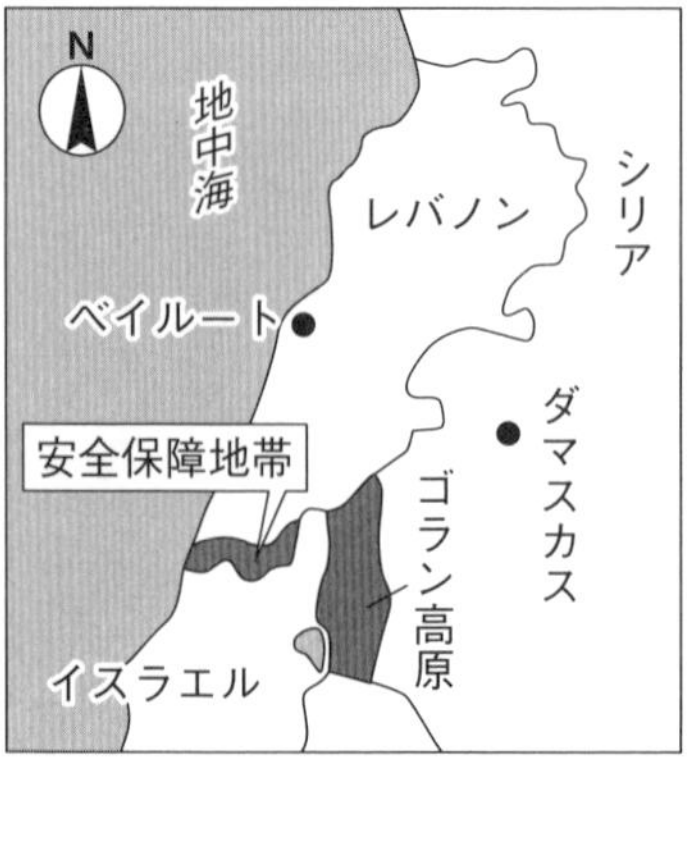

びた。五、六年前に内戦が収束したばかりである。内戦では十五万人が死亡、今なおガレキの下に死体が埋まっているという。

ベイルート市インフォメーションセンターで都市計画模型を見せてもらった。女性の市職員が熱心に説明した。公園やショッピングセンター、オフィス街、劇場……。海も埋め立て二〇一二年までに新しい都市を造る計画だ。

だが、焼けたビルが撤去され、新しいビルを造るツチ音があまり聞こえない。模型どおりの街を造る資金は恐らく数兆円。一体だれが投資するのだろう。レバノンのトリド・マカリ情報相は「今やっと復興の道を歩み始めた。レバノンはヨーロッパとアジアをつなぐ便利なところ。日本の投資を期待している」と熱っぽく語った。

徐々にだが、明るいニュースも生まれている。この九月、ベイルート証券取引所が再開された。セメントなどの建設関連が上場し、投資の芽が出てきた。さらに八六年以来、シリアのダマスカスで執務をしていたレバノン日本大使館が二月にベイルートに復

ベイルート市内のオフィス街。レバノン内戦の傷は深く、空っぽのビルが目立つ。レバノンはかつてフェニキア人が文明を築いた所で、栄華を語る人は多い

帰した。日本の事務所開設はG7で最後だが、「やっと日本が来てくれた。レバノン国内にはいよいよ復興だという雰囲気がある」（レバノン大使館員の話）という。レバノン滞在中、日本のNGO（民間活動団体）が減少一途のレバノン杉の植樹に来たというニュースも聞いた。

ところで、レバノン国内の街角には兵士が実に多い。訪問した五カ国・自治区では最も自立った。兵士は隣のシリアの軍隊で約四万人駐留し、レバノンの治安を守っている。シリアはレバノン内戦が激化した七六年に軍事介入した。レバノンの外交・防衛・経済はシリアの意向に沿って動いている。

一方、イスラエル軍が八二年、レバノンに侵攻した。南レバノンの国境地帯を事実上占拠、「安全保障地帯」と称し、今なお占領下に置いている。中東和平でイスラエルと対エジプト、ヨルダン、PLO交渉が動いた。次はゴラン高原をめぐって、対シリアへ移る予定だが、対レバノン交渉は全く見通しが立っていない。中東全体の和平には程遠い。

レバノン共和国

第一次大戦直後、現在のレバノンの政治単位になる。戦勝国の英国とフランスはオスマン帝国の領土だった東アラブを分割、それぞれ委任統治領とした。フランスは一九二〇年に支配地域をさらに分割し、現在のシリアから切り離して自治権を与えた。大半はアラブ人だが、約二十万人のパレスチナ人がいる。

多国間——「経済」軸に地域連帯へ動く

（北日本新聞　1995・11・18）

中東訪問中、ヨルダンの首都・アンマンで中東・北アフリカ経済サミット（十月三十一日閉幕）が開かれた。宿泊したホテルも後日、サミット会場の一つに当てられた。市内のホテル全部を使うと聞き、話題もサミットで持ちきりである。

宗教と民族——中東問題を解くカギだが、経済をキーワードに多国間交渉や地域連帯の動きが出始めた。従って様相は一層、複雑である。世界は冷戦構造崩壊後、地域の経済統合や経済協力へ活発に動いている。中東もその例外ではない。ことに影響力を誇っていた旧ソ連が崩壊し、カネの切れ目は縁の切れ目と中東ではロシアが影をひそめた。

サミットは昨年、モロッコの首都・カサブランカで初めて開かれ、今回は二回目。イスラエルのヨシ・ベイリン経済計画相は「カサブランカ会議はアラブ・ボイコットの終焉《しゅうえん》だった。アンマン会議は、新しいビジネスチャンスが開放される区切りだ。会議を通じ、中東諸国の道路や通信、観光などの社会基盤を整備したい」と、その意義を語った。さらに「イスラエルと周辺の国々は大きな市場になる。イスラエルが経済的リンクを作り、市場を形成することが可能だ」と言い、経済協力の主導権を狙う。

一回目のサミットは米国、イスラエル、モロッコが強く呼び掛け、結局六十一カ国の代表と千百人のビジネス関係者が集まった。

アンマン会議では経済協力の精神を具体化するため、中東開発銀行の創設が「アンマン宣言」に明記された。本部はカイロに置き、今年末まで具体的協議を終える予定だが、発足まで二年はかかる見通しという。

銀行の創設を提唱した米国の狙いは、ＥＵやアラブ産油国の資金を利用し、和平を達成したイスラエルやヨルダン、パレスチナ自治区の経済開発を支援し、中東の政治的安定を固めることにある。

ただ銀行にはフランスやサウジアラビアが不参加を表明しており、当初予定していた総額五十億ドルの出資確保は困難になった。計画に賛成する日本の負担増もあり得るという。

エルサレム市内にある「嘆きの壁」。世界に散ったユダヤ人の悲運を嘆き、壁に向かって祈る姿は絶えないが、観光客もいっぱいだ

イスラエルが熱心なのは、当然アラブ・ボイコットを解除し、パレスチナなどとの和平を通じて、アラブ市場へ進出を図りたいためだろう。ヨルダンのアンマンで会議が開催されたことについて、アラファトＰＬＯ議長は和平の主導権がフセイン・ヨルダン国王に奪われかねず、いい顔をしていない、と現地で聞いた。経済というキーワードをめぐり、また思惑と主導権争いが見え隠れする。

さらにレバノンとシリアは今回もサミットに不参加だ。経済が政治的安定を創出するほどに至っていない。

しかし、経済的つながりが強くなるほど、確かに和平交渉は進展しやすい。利害関係はあっても、政治に比べ、経済という専門分野はお互いの食い違いが少ない。「和平で大事なことはスローガン（例えば正義）から遠ざかることだ」（ベイリン経済計画相）といい、多国間で展開し出した経済交渉が融雪剤になり得る可能性がある。

アラブ・ボイコットの中、イスラエルへ輸出されていた日本の自動車は一部に限られていたが、湾岸戦争を境にトヨタや日産の車も見掛けるようになった。まだイスラエルとの貿易に慎重論が根強いが、徐々に崩れていることも事実である。多国間交渉が不得意な日本だが、経済分野でどのような行動を取るのか、中東の「包括和平」の行方をも左右するだろう。

アラブボイコット

アラブ諸国はパレスチナへユダヤ人の移民が増えたため、対抗措置としてパレスチナのユダヤ社会を経済的にボイコットした。一九四八年のイスラエル独立後、イスラエルと経済関係を持つ企業とは取引しない。イスラエルの経済発展を妨げるものだが、湾岸戦争後、崩れてきた。

ＰＬＯ議長　来年一月の選挙確認――本社論説委員らと会見

（北日本新聞　１９９５・１０・３０）

【ガザ市29日　梅本清一本社論説委員】アラファト・パレスチナ解放機構（ＰＬＯ）議長は二十八日深夜、先行自治区のガザ市で共同通信加盟社の論説研究会と会見し、九月下旬にワシントンで調印した占領地ヨルダン川西岸の自治拡大協定に基づき、パレスチナ評議会選挙と自治政府の議長選挙を「来年一月に実施したい」との方針を確認、同日の自治政府閣議でもこの方針が承認されたと語った。

議長はまた、自治拡大にあたっての不安要素であるイスラム原理主義組織ハマスなど和平反対派にテロを放棄させ、選挙参加を求める交渉に進展があったことを明らかにした。

ペレス・イスラエル外相は今月中旬、アラファト議長と

握手するアラファトPLO議長の手は温かく、私との記念撮影にも快く応じてくれた＝1995年10月28日夜、議長公邸で

会談後の共同記者会見で、選挙が当初伝えられた来春ではなく、一月に実施されるとの見通しを明らかにした。しかし、その後も選挙に向けた動きは鈍く、やはり来春以降の実施になるとの見方が広がっていた。

ユダヤ人過激派の入植者が居住するヘブロンでのイスラエル軍部分撤退は来年三月末の予定。アラファト議長はヘブロンからの撤兵を待たずに選挙に打って出る方針とみられる。評議会選挙では、議長の権力基盤であるPLO主流派ファタハが優勢で、議長選挙も事実上アラファト議長の信任投票になる可能性が高い。

議長は、ハマスの対イスラエル・テロ停止と選挙参加をめぐる交渉について「まだ継続中だ」と断りながらも「スーダンで原理主義組織の指導者が協議した後、前向きな話を聞いている。選挙参加も含め、彼らは和平実現を受け入れた」と述べた。またハマス以外の和平反対派とも交渉が続いていると言明した。

一方で、米上院が二十四日、在イスラエル米大使館を現在のテルアビブからエルサレムに移転する法案を可決したことは「和平全体に重大な悪影響を及ぼすものだ。聖地（エルサレム）に関する国連決議などにも違反している」と厳しく批判した。議長は東エルサレムを首都とするパレスチナ独立国家の樹立を悲願としている。イスラエルは一九六七年の第三次中東戦争で東エルサレムを占領・併合し「首都」と宣言したが、ほとんどの国はこれを承認せず、テルアビブに大使館を置いている。

穏やかな口調印象的——握手に日本への期待感

この日、アラファト議長から中東諸国を訪問中の「取材団」メンバーに「午後七時以降だったら会う」との連絡が入り、緊張しながら約束の一時間前に公邸入りした。待つこと五時間余り、担当官から「議長は帰った」と告げられ、いったん車へ引き揚げたところ、警備の兵士が「来てくれ」と叫び、急転直下会見が実現した。いかにもアラファト議長らしい応対ぶりだ。

昨年五月のガザとエリコ両地区の暫定自治開始後、日本の記者との会見に応じたのは初めてである。

アラファト議長は公邸室で各社の論説担当者と会い、にこやかな表情で着席を勧めた。この時もカーキ色の軍服を身にまとっていた。テレビで見るいかつい顔つき、ぎょろっとした目、分厚い唇、まくし立てる話しぶりとはほど遠く、静かで穏やかな口調が印象的だった。

質問に対し、ゆっくりと一言一言かみしめるように、時にはうつ向き加減で話す。やさしいおじさんといった感じだ。近づくアンマンでの中東・北アフリカ経済会議の打ち合わせで疲れているのだろうか。

パレスチナへの日本の支援について感謝を表明し、村山首相との会談の成功を強調した。

会見はわずか十五分。握手を求めると気軽に応じ、その手は予想外に柔らかかった。握手にはアラファト議長の日本に対する期待感が込められていたのかもしれない。

写真特集――今なお続く「冷たい戦争」

（北日本新聞　1995・11・10）

街角に兵士／漂う緊迫感

中東五カ国とパレスチナ自治区を駆け足で回ってきた。レバノンの首都・ベイルートを皮切りにシリア、ヨルダン、イスラエル、エジプト、そしてガザ地区やエリコにも足を運んだ。

国境から国境へ、すべてをバスで越えた。小さな国が入り組んでいて、通過するのに随分手間取った。戦争を幾度も経験し、今はテロと背中合わせで暮らす人々にとって、当然だろう。レバノンからシリアへ抜ける時、私たち一行を新聞記者と知った担当官は、国の情報省へわざわざ問い合わせるほどの警戒ぶりで、緊迫感が漂っていた。

ゴラン高原に残るイスラエル軍の野戦砲。周囲はキブツが入植し、畑になっている。右端にあるのは干し草＝ヨルダン国境から入り写す

シリアとイスラエル国境にあるゴラン高原を臨む。有刺鉄線の手前は非武装地帯。兵士の姿は見えず、静かだが、不気味さが漂う＝シリア側から写す

パレスチナ自治区・エリコの町並み。ガザのように検問は厳しくなく、割と自由な雰囲気がある

イスラエル占領地、ゴラン高原は一見、静かなたたずまいだった。だが、地雷がたくさん埋まっており、「地雷注意」の看板や野戦砲が放置されているなど、不気味であった。はるか山の上にイスラエル兵がいた。今なお「冷たい戦争」が続いている。

中東諸国の街のあちこちに銃を持った兵士が立っている。ベイルートで初めて見た時、ゾッとしたが、各地を回り、それが中東の日常の光景だと気づいた。

パレスチナのガザ地区は、閉鎖された街だった。土ぼこりを上げ、ごみごみしていたが、自分たちの国を、自治を築くんだ、という活気があった。ことに人懐っこい子供たちの笑顔が忘れられない。

パレスチナ自治区・ガザの子供たち。カメラを向けると、愛想よく笑ってくれた

それから20年

コラム「春秋の風」編

（1）岩手三陸を訪ねて

二〇一四年八月、岩手三陸地方は三五度を超す猛暑だった。「こんな夏は珍しい」と地元の人も驚くほどだった。東日本大震災から三年五カ月。新聞のニュースと言えば、安倍総理がゴリ押しした「集団的自衛権行使容認」から「地方創生」「九月の内閣改造」へと変わり、震災ニュースは影を潜める。3・11前後はにぎやかだが、その後はすっかり途絶えてしまった。それが今の日本である。

二十年前の阪神大震災では神戸の街が焼け焦げ、高速道が倒壊した。文明の在り方が問われた震災だった。あのころ、震災から三年後はどうだったろうか。

東北の被災地の人々は「風化させてはいけない」と事あるごとに語るが、現実は風に消されていないだろうか。例のガレキ処理の受け入れの是非をめぐって、全国の自治体とトラブルがあったころまで、映像やニュースが結構、流れていたが、被災地は今、どうなっているのだろう。巨大津波が町を、人々の暮らしをのみ込み、破壊した。復興は着々と前進しているのか。被災者はどんな思いで震災と闘っているのだろう。被災地の一端でも知りたく、岩手三陸を訪ねた。被災

「津波てんでんこ」哀史

世界屈指の津波防潮堤に立った。真下の車が小さく見えるほど高い。見渡せば、赤茶けた土、山の麓にわずかに残る家々と破壊されたホテル。所々でトラックや重機が動く。太平洋に開けた小さな漁港の後ろには町を守る二重の防潮堤が構える。総延長二千四百三十三メートル。町の背後には小高い山に向かって格子状に整備された避難道路が見え、照明塔や階段も付いている。城壁のように市街地を囲んでいる。ここは新たに開発する町ではない。少し前まで四千四百人が暮らしていた漁業の町、宮古市田老地区（旧田老町）だ。二〇一一年三月十一日、大津波が襲い、一瞬にして二百人近くが死亡、町が消え、荒漠たる土地に変わった。

宮古市内の佐々木純子さん（五一）は、宮古観光協会の「学ぶ防災ガイド」。子供たちや希望する観光客を対象に、震災で泣いた町や海を自分の目で確かめ、防災意識を高めてもらう「語り部」だ。炎天下、あちこち歩きながら話を聞いた。

田老地区は一八九六（明治二十九）年と一九三三（昭和八）年の二度、地震後の大津波に襲われた。明治の津波では人口の七三パーセントの一、八五九人が死亡、村は全滅状態だった。昭和の津波でも九一一人が死亡、三陸沿岸の中でも最悪の被害だった。「度重なる災害から村を守りたい」と昭和の津波の翌年、防潮堤工事がスタート、一九七九（昭和五十四）年にようやく完了した。一九六〇（昭和三十五）年のチリ地震津波で他の三陸海岸に犠牲者が出たが、田老は防潮堤のお陰で無事だった。以来、防潮堤に関心が高まり、海外からも視察団がやってきた。

「田老・万里の長城」の異名を持つ田老地区に、私は二〇〇六（平成十八）年、岩手出張の折、岩手日報社の案内で防潮堤を見た。あの時、「この高さを越えることはないだろう」と正直思った。「過信だったのです」とガイドの佐々木さんが悔しさをにじませた。十メートルの防潮堤の二倍をはるかに超える津波が襲った。加えて後で築いた第二防潮堤が破壊された。津波の大きいエネルギーにも耐え、真っ向から立ち向かうように築いた。だが、津波は湾内を渦巻き、エネルギーをため、大津波に成長し襲い掛かった。最先端の技術を導入し、世界に誇る「防災の町」という市民の自負心がアダとなり、「逃げる」行動が鈍かったのか。佐々木さんが指摘した「過信」が「油断」を招いたというのだ。三月三日は昭和津波の日。「防災の日」と定め、大津波襲来直前のこの日も地区ぐるみの避難訓練を実施したが、明治も昭和も遠くなり、年々、参加者が減っていた。

田老をはじめ、三陸地方には「津波てんでんこ」という言葉が残っているそうだ。地震・津波の時は、「親が子を、子が親を探していたら逃げ遅れるぞ。てんでんばらばらに逃げろ」という教えだ。お互い慮《おもんぱか》るのは親子の自然な感情、行動だろう。それを否定する教訓は、明治三陸津波で、村がほぼ全滅したことに由来がある。代々続いた家系が一瞬に途絶えてしまう。家系を絶やさないためにも「てんでんバラバラに逃げろ」という悲しい叫びである。

三月十一日、あの時、津波警報が出た。当初三メートルを予想した。「大したことない」「また警報かね」。やっと逃げ始めた人も、途中、引き返した人もいた。高い防潮堤に遮られ、海のすごさが見えない。警報が出て、津波が防潮堤を乗り越えるまで四十分間あった。佐々木さんは「『津波てんでんこ』の防災意識があれば、みんな助かっていたはず」と言う。田老は百十五年に三度も大津波に襲われた。三、四十年に一度だ。「天災は忘れたころにやって来る」のではない。あす、どこかで津波が襲来するかも知れない。別れ際、「一番の教訓は?」の問いに「率先して一番に逃げる勇気を」が答えであった。

町をつくる、人をつくる─大槌町の夢

宮古市から海岸沿いを南へ、車で国道45号を走った。殺風景な道路沿いの所々に、仮設住宅と復興工事の事務所が交互に見える。約一時間、目指す大槌町の「福幸きらり商店街」の一角に一般社団法人「おらが大槌夢広場」の事務所があった。新聞発行や企業の新人研修、学生の研修や修学旅行など多彩なメニューをそろえ、被災地の課題を逆手に「復興事業」を始めた団体だ。地元の若者や県外からはせ参じた人もいる。

大槌町は大津波に加え、あちこちから火の手が上がり、廃墟の町と化した。約四千八百人が仮設住宅で暮らす。「福幸きらり商店街」は町に残った住民のための仮設商店街。地震発生当初、大槌町の被害の全容がメディアに乗るまで時間がかかった。宮古と釜石を結ぶJR山田線は、震災直後から今も不通だ。

釜石にあった地域日刊紙「岩手東海新聞」が津波で輪転機を失い、休刊。再出発したが、大槌は

発行エリアから外れた。「お互いの情報が欲しい」「町役場は今、何をしているのか」「自分たちの思いを伝えたい」――。大槌は〝情報過疎〟の町になった。一番怖かったのが、支援も、人との交流も、情報もなく、忘れ去られ、記憶からも消えてしまうことだった。

情報不足の現状を憂い、創刊されたのが「週刊大槌新聞」だ。「おらが大槌夢広場」の新聞担当は編集長（記者）と広告営業の二人。四ページの新聞だが、町の動き、人々の表情が詰まっている。四十八もある仮設住宅団地の様子や区画整理の進捗《しんちょく》状況から学校の話題、写真企画「なつかしい大槌」など週刊とはいえ、取材は大変だろう。事務所にいた二十代の営業担当の菅原ゆかりさんは秋田出身。「大槌町内だけではなかなか難しい。隣の山田町や釜石市までお願いに回っている」と額の汗を拭った。新聞は、町内の仮設住宅を中心に、五千百全世帯に無料配布し、県外の支援者には有料で郵送している。「おらが大槌夢広場」の臼沢和行代表理事は「印刷代で毎月四十万円。広告と県外支援者の購読料金が収入ですが、新聞事業は厳しい。でも続けたい」と意思は固い。臼沢さんらは町民が変化し、成長させたのは、多くの支援者との交流と考える。「大槌の人が内面に抱えている課題と、どう向き合い、乗り越えようとしている姿をまた見に来てください」という。

「おらが大槌夢広場」の事業・リーダーシップ研修のプログラムを開き、すごさを見た。大槌町は大津波襲来で町長以下大勢の職員が亡くなった。町長不在の中、町民のリーダーが、さまざまな決断をせざるを得なかった。研修生が、被災地で現実に直面している課題をもとに、「町長」としてどう決断するのか。普段の組織運営や、管理と関わりのない課題を通して、「決断する覚悟」を体験し、自分が大切にしている信念を見つめる「ワークショップ」である。

最後に、語り部ガイド担当の岩間敬子さん（五一）の案内で、漁港の岸壁へ行った。「あれがひょっこりひょうたん島です」と指さした。本当の島の名は蓬萊島《ほうらい》。小さな島だ。ＮＨＫの人形劇「ひょっこりひょうたん島」のモデル。確か「ひょっこりひょうたん島」はドン・ガバチョ大統領や海賊トラヒゲなどよそ者を受け入れた。流れ着いた先々で起きる事件や難題を、島のみんなで知恵を出し合い、乗り越えていった。

更地の町は、ようやく一部で土地のかさ上げ工事が始まった。東京五輪の影響か、撤退した建設会社があったと聞いた。復興が遅々と進まぬ風景を見て、むなしくもあったが、「おらが大槌夢広場」のメンバーや大槌町民と「ひょっこりひょうたん島」のテーマソングがダブる。「苦しいこともあるだろさ　悲しいこともあるだろさ　だけど僕らはくじけない――」

人と人をつなぐ鉄路

三陸復興のシンボルとなった三陸鉄道。ＮＨＫ朝の連続テレビ小説「あまちゃん」の舞台になり、一躍脚光を浴びた。二〇一四（平成二十六）年四月五日に三陸鉄道南リアス線、同六日に北リアス線が全線開通した。ことに、あまちゃんのふるさと、久慈市を中心に各駅で「北鉄」こと、北リアス線の開通を祝う映像が全国に流れた。あの日、太鼓が鳴り響き、歓声と大きな拍手の中、大漁旗が揺れた。「おめでとう、三陸鉄道」の横断幕があちこちに掲げられた。市民や観光客らが共に喜び合う姿を見ると、「三陸は復興した」と勘違いしそうだった。

「あまちゃん」終了からはや一年。「あまロス」というわけではないが、宮古駅から北の終点、久慈駅まで七一キロを往復した。二両編成のワンマン運転、列車はほぼ満員。宮古市では「観光客はほとんど久慈市に行きました」と恨めしそうな声も聞いた。確かに途中、東京のツアー客がどっと乗り込み、添乗員の「あまちゃんの舞台になった駅です」と元気な声が響く。風光明媚《めいび》な海岸が望める場所や「あまちゃん」のロケ地、名シーンに差し掛かると、「海側に見える桟橋で、三鉄で東京へ向かうあまちゃんに、宮本信子演じる夏ばっぱが、大漁旗を振って見送ったところです」とアナウンスする。乗客は窓ガラス越しにシャッターを切り、安心したように座席に戻る。

宮古―久慈間は半分以上がトンネル。海が見えたと思えば、またトンネルが続く。所々に高い橋《きょう》梁《りょう》があり、太平洋を望むことができるが、またトンネル。四十一カ所もあった。地震と津波に襲われた三陸鉄道だが、震災の五日後に一部区間で運転を開始した。橋梁や駅、路盤が流失するなど被害が出たが、一部とはいえ、運転開始は三陸の希望のシンボルであったことは間違いない。

三陸鉄道宮古―久慈間は、元々JR宮古線と久慈線が一九八四（昭和五十九）年に第三セクター三陸鉄道北リアス線として生まれ変わった。北リアス線の鉄道被害そのものは五カ所、距離にして五・八キロで済んだ。復旧のためのルート変更はなく、「被害が局所的だったのも、トンネルのお陰」と地元の人は言う。それもそのはずだ。国鉄時代、鉄道のルート選定に当たり、明治三陸大津波の経験を踏まえ、極力被害が出ないよう、トンネルにしたそうだ。

鉄道は復活したが、地域の復興は道半ばと感じた。久慈行きはトンネルの多さと、時折、姿を見せる海の風景に気をとられたが、帰りの車窓の山手を見ると、震災の爪痕が残る風景だった。狭い谷あいを縫うように、何もない更地が細く伸びていた。多分、震災前は漁師らの家々が固まるように集落があったのだろう。高齢者世帯がほとんどだろうか。地域の再建が進むだろうか。やっと盛り土のため重機が動き出したのだ。どれだけの人が再起を期して、戻って来るのか。そんな風景を宮古駅まで何カ所も見た。

一方の南リアス線に乗るには、宮古駅からJR山田線で南へ終点の釜石駅まで行き、そこから大船渡市まで三陸鉄道南リアス線がつながっているのだが、真ん中のJR山田線（宮古―釜石区間）の不通が続く。宮古市内のタクシー運転手が「JRは永久に再建しないだろう」と残念がっていた。その日の地元紙・岩手日報の一面に「山田線三鉄移管、JRと本格協議へ、沿線首長が了承」とあった。JR側の提案を受け、県や地元自治体が協議、方針を決めた。南北リアス線をつなぐ、新たな線路の復興、開業はいつか。津波に壊された鉄路だけに難題山積だろう。この路線上には国道45号を走った山田町や大槌町がある。どんな形態であれ、レールは人と人をつなぐ。沿線の人々が一番待ちわびている。

語り始めた被災地の人々

JR宮古駅に降り立ち、市内を巡った。倒れた電柱や壊れたままのビルはない。むろん、ガレキはどこにも見当たらない。「ここは震災後の町なのか」と思うほどだが、市民らは悪夢と闘い、やっと落ち着きを取り戻したのだ。震災直後、市役所横を流れる閉伊《へい》川に押し寄せた大津波が、防潮堤を越え、市内を襲った。濁流とともに車や建物が押し寄せ、みな逃げ惑った。そんな中、市役所前の交差点にある信号機と電柱によじ登り、しがみついて難を逃れた男性がいた。その様子を市役所職員が映像でとらえ、Ｙｏｕ Ｔｕｂｅに流した。「すごい人もいるものだ」と結構、話題になった。

夕刻、ホテル近くの飲食店に入った。マスターと、震災直後の様子や三陸のおいしい魚介類の話をしていたら、私が富山から来たことが分かり、隣席の男性が「立山黒部アルペンルートへ行ったことがありますよ」と話し掛けてきた。話が弾み、震災時のことを尋ねた。男性はどこか照れくさそうに、カウンター横に並ぶ、震災時を特集した宮古市の広報誌を取り出した。「これが私です」と開いたページに、信号機と電柱に足を掛け、しがみつく男性を指さした。偶然の出会いだった。

岩手県食品衛生協会宮古支部専務理事の石曾根長福さん（六〇）。コンビニを経営する石曾根さんは地震直後、店が心配になり、自宅からマイカーで町中に入った。市役所前を通り過ぎた時、閉伊川の防潮堤から、津波が流れ込むのが見えた。慌ててＵターンしたが、後ろと横から津波が襲ってきた。エンジンが止まり、車から降り歩いたが、車やガレキが流れてくる。電柱と信号機の根元にある道路柵の所で漂流物を避けるが、水かさが増す一方だった。「駄目か」と思い、とっさに道路柵の上に上がり、そのまま電柱によじ登り、しがみついた。やがて雪がちらつき始め、体が凍える。午後六時ごろか、暗くなった。濁流はまだ引かないが、飛び降り、流れた家屋や車の間を縫い、泳いで市役所分庁舎までたどり着いた。「助かった」と思った。飛び降りた瞬間の心境を尋ねたら、「それがね、意外でね。ぬるま湯のように温かかった」と言う。久しぶりにメモ帳を開き、酒のせいもあろうが、興奮気味に尋ねた私に比べ、石曾根さんはむしろにこやかに淡々と語った。仕事は息子に任せ、ゴルフを楽しみながら、のんびりとした毎日だそうだ。

次の日、同じ市内のすし店に入った。「震災はどうでしたか」と尋ねると、若い店主は「自分にとって人生の転機でした」と当時の様子を語り始めた。

ネタを仕入れ、親父さんと準備をしていたら、大きく揺れた。大津波警報が出た。店を閉め、遠方の自宅に逃げた。店内は二メートル近く濁流が入った。道路は車やガレキで埋まった。再起を期し、店を修復し、開店にこぎ着けた。そんな時、六十すぎの親父さんが「俺はもう辞める。おまえ（店主を）頼む」と言い出した。以来、親父さんは家に引きこもった。心配なのか、忘れたころに店に顔を出すが、何も言わず帰って行くという。任された他人の若い店主は店をもり立て、頑張っている。

宮古市田老地区と大槌町で、自治体から委嘱された、震災防災の「語り部ガイド」の世話になった。それぞれ、時間を忘れ、真剣に語り、途中あの時の自分のことを思い出すのか、涙ぐむガイドもいた。全国の多くの人々に現場で今の姿を見てもらい、聞いてもらい、学んでもらうことが使命だろうが、「語りたい」という強い思いが伝わった。震災から三年五カ月、被災地では心を閉ざしたままの人もいるが、電柱に登り、泳いで助かった人、すし店の店主……。ようやく「生かされた」多くの人が語る気持ちになったのだろうか。

（2）内外政治の風景

石橋湛山と平和主義

「野《や》に石橋あり」と言われたジャーナリスト、石橋湛山。新聞記者やジャーナリストなら知らない者はいないだろう。戦後は政界に転じ、一九五六（昭和三十一）年、総理大臣に就任するが、病気のため二カ月で辞任した。大正期から戦前戦中、政治家や財界人、軍人、新聞人までも太平洋戦争に向かい、戦争一色になる中、東洋経済新報社の主幹・社長として、反戦・反軍や満州放棄を主張した、反骨のジャーナリストである。

ことに植民地の放棄について「一部の人々に利するだけだ。二十世紀のこれからの世界は、植民地の全廃に進むであろう。それぞれが独立し、新しい国家をつくることは目に見えている。世界史の流れはやがて軍備を撤廃し、世界平和の実現に着々と進んでいる」と言い切った。経済的、論理的に分析する湛山。大戦終結後の世界の流れ、姿を予見していた。その湛山は、軍備を整えることの必要について、こうも述べている。「『他国を侵略するか』、または『他国に侵略せらるる虞《おそ》れがあるか』の二つの場合以外にはない。侵略の意図もなく、侵略せらるる恐れもないならば、警察以上の兵力は海陸ともに絶対に用はない」と論じている（半藤一利著『闘う石橋湛山』）。

戦後、世界は植民地政策を放棄し、独立国家が誕生するなど湛山の予言通りになった。日本は平和憲法を制定し、自衛隊の発足、日本を守る個別的自衛権の行使など変更はしてきたとはいえ、基本的に他国と戦争をしない平和主義を貫いてきた。

今、日本の平和主義が大きく揺らいでいる。同盟国と共に戦うことを可能にした「集団的自衛権行使容認」を閣議決定した。国民に問うことなく、その手法は余りにも荒っぽい。

積極的平和主義――。この言葉を安倍晋三首相から初めて聞いた時、本来の平和主義を強力かつ、積極的に推進すること、と思いきや、そうではなかった。集団的自衛権を行使できることであり、平和主義と逆方向なのだ。だから積極平和主義でなく、積極「的」平和主義と含みのある言い方をしたのだろう。憲法の柱は国民主権と平和主義。平和主義は憲法の前文で「日本国民は、恒久の平和を念願し、人間相互の関係を支配する崇高な理想を深く理解し自覚する……」と高い理念を掲げ、その上で第九条は、戦争放棄と戦力不保持をうたっている。

本来、日本語の「的」は、英語の形容詞を作る言葉、「-tic」に相当する。「進歩的」「合理的」のように一種のムード、にじみを示す言葉だが、安倍首相の解釈は例えば、友好国・米国が他国の攻撃を受けた場合、平和主義の対極にある、武器を持って戦争に加担しましょう、ということなのだ。曲解も甚だしい。こういう言葉遣いは意味不明で、国民に対し、ごまかしと言わざるを得ない。一国の首相が国民に理解を求めるなら、もっと率直に明快に語るべきだろう。

湛山には、積極的平和主義がまかり通る現代が、どう映るだろうか。湛山はかつて、平和主義こそ唯一の道であり、「平和主義に徹し、国民のため学問技術の研究と産業の進歩に注げ、兵営に代わり学校を建て、軍艦の代わりに工場を建てよ。仮に陸海軍経費の半分を年々、平和事業に投ぜよ、日本の産業は幾年ならずして、全く一新するであろう」と提言している。

もし、安倍首相が湛山に「積極的平和主義」について問うたなら、湛山はこう答えるだろう。「憲法の前文にこうも書いてある。『われらは、全世界の国民が、ひとしく恐怖と欠乏から免かれ、平和のうちに生存する権利を有することを確認する』と。紛争や戦争が相次ぐ今こそ、世界の平和、世界各国の国民のため、日本人の知恵と技術と資金と人を投ぜよ。これこそ日本の『積極平和主義』ではないか」

総理大臣の権力

権力とは何か。容疑者を逮捕できる警察や、起訴する検察庁。国家や政府が持つ強制力。例えば、こんなふうに使う。権力で抑え込む、権力をかさに着る、権力をほしいままにする――等々。国家権力、権力者、権力闘争、権力争い、権力べったり。辞書を引けば、事例が並ぶ。一般庶民には偉そうで近寄り難く、いいイメージはない。国家の最高権力者、総理大臣の「権力の中身は?」と問われれば、具体的な権限はいくつか思いつくが、想像もつかない。

小泉純一郎元総理が二〇一三(平成二十五)年十一月十二日、日本記者クラブで「原発ゼロ」発言について講演した。その中で「総理の権力」という言葉が印象的だった。原発ゼロを説き、小泉元総理の言う「総理の権力」の意味がぼんやりと分かった。「いかに権力が強くても、総理にはね、使える権力、使っても実現できない権力がある。いま決断すればできる権力、それは原発ゼロの決断です」。誰が総理だろうが、テーマが何であろうが、いつだろうが、「総理の権力」を振りかざしていいわけがない。「使える権力」「いま使える権力」と限定しているところが、ミソだし、小泉元総理らしい。こうも述べている。「いかに国民から与えられた権力を、望ましい、あるべき姿に向かって使うか。使おうと思えば、使えるんですよ。こんな運のいい総理はいない。総理が決断すれば、原発ゼロ反対派も黙っちゃいますよ。安倍総理がゼロにしたら、それに盾突く議員は、ほんの一握りでしょう」

かつて原発推進派は体制派、反原発派は反体制派の構図だったが、福島の原発事故以来、思想やイデオロギーの区別はなくなった。霞が関にも脱原発派、反原発派の官僚だっている時代。国民意識も同様だ。小泉流に言えば、国民世論は反原発、即原発ゼロなのだろう。総理大臣がいま、底流は「賛成が多い。原発ゼロにしよう」と決断すれば、多少の反対はあっても、風は原発ゼロへなびき、風は強まると読む。

「郵政民営化どころじゃない。命を懸ける意味のある、壮大な夢のある事業だ」と熱弁した。原発ゼロ宣言、実行宣言は国家的政策、総理の「使える権力」である。むしろ、国民はエネルギー政策の転換を望んでいる。「国民の声を聞かない」「法律や行政手続きを踏んでいない」うんぬんと批判される筋合いはない。世論の風はいま「おおむね原発ゼロ」であろう。

安倍晋三総理にとって、「使える権力」「いま使える権力」とは何か。集団的自衛権行使であろう。しかし、この行使容認は憲法解釈によるもので、しかも閣議決定という、あらぬ権力を使ったのだ。

憲法の立憲主義に立てば当然、憲法改正手続きが必要だ。それを突然、国会審議はそこそこに、国民的議論が深まったとは、到底思えない状況である。閣議決定直後の共同通信社の世論調査では「憲法解釈を変更して行使容認する閣議決定に賛成か反対か」の質問に対し、賛成三四・六パーセント、反対五四・四パーセント、分からない一一・〇パーセントだった。巨大与党の自公連立政権。「今のうちに」と、何かに憑《つ》かれたように急いだのだろうか。

二十年前、阪神大震災で「自衛隊の出動を早く」の声に、「何分初めての経験で」と出動が遅れ、釈明した総理を思い起こした。東日本大震災、原発事故で総理の判断、行動が一層混乱を招いたと後々、問われた。「総理の権力」は諸刃《もろは》の剣だ。一つ判断を誤れば、多くの国民の生命と財産を奪う。気付けば、とんでもない事態に「なぜだ」と叫んでも、もう遅い。「使える権力」「いま使える権力」も重要だが、何よりも「使ってはいけない権力」を使う総理は困る。

孤高を貫くドイツ人

二〇一四年秋、南ドイツ地方を縦断するロマンチック街道を旅した。マイン河畔のビュルツブルクから、城壁に囲まれた中世の旧市街が残るローテンブルク、ドイツアルプス山麓の町・フュッセンに至る約三百五十キロメートル。ワーグナーに心酔し、耽美《たんび》的な芸術を愛したルートビヒ二世が夢に描いた白亜の城・ノイシュバンシュタイン城をはじめ、ルート沿いの所々に大小さまざまな城や世界遺産が待っている。ドイツで最も人気の観光ルートだ。街道沿いは緩やかに、波打つように広がる牧草地とトウモロコシ畑が続く。のんびり草をはむ牛や馬、窓辺に花を飾る農家の家々が点々とある。単調な農村風景と所々で彩る歴史ある街並み。ロマンチック街道は今も昔も変わらないが、時折、車窓に何本も空に突き刺す巨大な風車、トウモロコシ畑に負けないくらい、広大な太陽光パネルがあちこちに設置してあった。

ドイツは北欧に近く、太陽があまり照ることなく、代わりに風は強いと聞くが、それもバルト海と北海に面した北部地区。「脱原発」政策を進めるドイツとはいえ、南ドイツ地方で見た風景は意外だった。同行のガイドは「メルケル首相が『脱原発』にかじを切って、近ごろ急速にこうした再生可能エネルギーの施設が増えた。今、通り過ぎた発電施設で、ここらの農村一帯の電力を賄っている」と言う。そういえば、赤い色の農家の屋根にも、太陽光パネルが敷かれ、地域で使う地産地消型のようだ。ドイツ全土で脱原発へ突き進んでいるように思えた。

ドイツの反原発の市民運動は、既に四十年の歴史があり、国民的議論が盛ん。メルケル首相は元来、原発容認、推進派だ。ところが、東京電力福島第一原発事故直後に実施された、政権与党牙城の州議会選挙で、政権与党側が惨敗した。これに反し、反原発や風力発電の推進などを掲げる「緑の党」が躍進した。メルケル首相は安定した政権運営で支持を得ていたが、国民世論の風向きが大きく変わった。前年の二〇一〇年秋にメルケル政権下で、原発の稼働年数を延ばす法案を可決していたが、脱原発に転換したのだ。

豹変《ひょうへん》したと言えばそうだが、「君子は豹変す」だ。「自分の過ちに気付くと、直ちに改め、よい方向に進める」である。契機となった技術先進国・日本で起きた原発事故「フクシマ」、積み重ねた国民的議論と世論の動向を的確にとらえたリーダーといえるだろう。だが、脱原発政策は「順当に進んでいる」という声は聞こえてこない。電気代が高い。再生可能エネルギーに支払う助成金が大きく、買い取り価格がどうしても高くついてしまう。高く買い取った電気代は結局、消費者である国民が負担している。大企業に優遇措置を設定しているというが、電気料金が高ければ、多くの国民の家計、中小企業の経営を圧迫するだろう。

隣国のフランスは原発大国、ロシアも東欧諸国も原発を推進する。隣国はドイツが電力不足で困れば、売り込みを視野に入れている。とはいえ、ドイツは再生可能エネルギーを二〇二〇年まで発電量全体の三五パーセント、二〇五〇年までに五〇パーセントにするのが目標だそうだ。EU内で最も経済・財政が安定し、経済危機に苦しむギリシャやスペイン、イタリアに頼りにされ、ドイツの顔色をうかがう。

民族性を表すこんなジョークがある。「何か問題が起きたら、どう対処するか」。フランス人は「喧々囂々《けんけんごうごう》、揚げ句の果てデモが発生、問題が一層深刻化する」。ギリシャ人は「政府も企業も商店も全部閉鎖する」。スペイン人は「まあ昼寝でもするか」。ロシア人は「問題を起こした者、指摘した者を含め、とにかく全員逮捕する」そうだ。ドイツ人といえば、「最短の時間と最低のコストで解決する」。合理性を追求するドイツ人。エネルギー政策でも、歯を食いしばり孤高を貫き、世界の先陣を切る。

（3）暮らしと社会

70年目の伝言

昭和二十年八月十五日の正午、二十三歳の林はつ枝さんは、父と、ラジオから終戦を告げる玉音を聞いた。父は初めて肩を落として涙を流した。既に兄は赤紙一枚で召集され、南方へ、弟は軍艦の機関兵となったが、魚雷で沈没し、二人とも戦死していた。父の唯一の救いは末弟が帰ってきたことだ。予科練に志願し舞鶴に配属された後、行方が分からなかった。聞けば、弟は八月十五日夕、特攻隊で出撃することが決まっていた。ぎりぎりのところで命が助かった。父は無事を喜び、緊張の糸が切れたのか、翌年の春祭りの夕食後に倒れ、そのまま帰らぬ人となった――。これは戦後六十年の節目に、北日本新聞社が戦時下の体験を県民から募った企画「とやま戦後還暦」に、はつ枝さんが寄せた手記の一部である。はつ枝さんは八十三歳。高齢ながら気持ちのこもった、しっかとした文章だった。

「とやま戦後還暦」には百六十三人の体験談が寄せられた。例えば、終戦をソ連と満州の国境付近で迎え、極寒の地で伐採作業をした日々。空から焼夷弾《しょうい》が降り注ぎ、火の海から逃げ惑ったこと。空襲後に街をさまよった日々。集団疎開でのひもじい思い。戦争におびえ、二度と戻らない空白の小学生時代の記憶。原爆の後遺症に今も苦しむ妹のこと。戦地の父から届いた手紙、その内容は「弟と妹と一緒の写真を送るように」。だが宛名は母でなく兄とあり、妻への思いを素直に書けない時代だったのでは、と父の気持ちを察したあの日。数々の手記は、「凍土の果てに」「家族・わが家と離れて」「富山大空襲」「奪われた生活」「戦場に置かれたいのち」「再び繰り返さぬために」の六章に分け、全員の寄稿文を一冊の本にまとめた。行間からそれぞれの記憶のすごさを感じる。

寄稿した人は六十代後半から八十代前半がほとんど。五十代の人もいたが、父母から聞いた話をつづったものだ。いわば親からの「伝言」だろうか。二〇一五年は戦後七十年である。歳月は流れ、記憶を持つ人が急速に減っていく。戦争体験者はますます少数派になる。今再び、募集してもどれだけの寄稿者がいるだろうか。

戦時下の体験談は地獄のような日々の暮らしの記録であるが、どれにも平和を希求し、いかなる事情があろうとも、戦争は二度とあってはならぬ、という強い思いが伝わる。ひと言二言、あの日見た空の色、空襲で残った街の風景、臭い、人々の血相。百六十三人の記録をあらためて読んでみると、記憶を記録し、継承することの大切さが分かる。

体験の継承ほど大切なことはない。やがて体験者はこの世からいなくなる。体験談を聞き、社会の共通体験とする機会もなくなるだろう。体験を書きとどめ、記録するには今が最後かもしれない。戦争のむごさ、むなしさ、実体験の言葉ほど重いものはない。私たちに教訓をもたらし、風化を防ぐには記録が一番だ。

二〇一四年八月十五日、テレビを見ていると、「きょうは何の日か知っていますか」と東京の街頭で、テレビ局の社員が若者にインタビューしていた。せいぜいで「お盆かな」。聞き手が「終戦の日です」と話すと、「戦争?」「いつの戦争」。情けなかったが、現実である。

冒頭で紹介した、はつ枝さんは最後にこうつづった。「今、イラクへ復興支援に向かい、家族が日の丸の旗を振って見送る映像を見るにつけ、過去の戦争を思い起こさせる。どうか無事に帰ってと、手を合わせて祈らずにはいられない」。はつ枝さんはご存命なら、九十三歳。子や孫への伝言、継承は平和を守る「武器」なのだ。

「のぞみ」の夢を見た羽場さん

高岡市のプラスチックメーカー、タカギセイコーの元社長・羽場光明さんは生前、国宝・瑞龍寺に、年間百万人の観光客を呼ぼうと提案、自ら先頭に立ち、行動した。はたから見て「何とむちゃなことを言うわい」「一人はしゃいで何を考えているのか」と冷ややかな高岡人もいた。けれど、それは絵空事ではなく、高岡の浮沈をかけた戦略だったのだ。瑞龍寺は高岡観光の核。ここに観光客を呼ぶことが、高岡を元気にし、ひいては県西部全体に波及するカギと見ていた。

羽場さんとじっくり話す機会を得たのが、二〇〇七年六月だった。高岡支社勤務になり、最初に会った高岡経済人だった。そのころ、羽場さんは病魔と闘い、病院を抜け出し、市内のホテルの一室で会った。この年の夏、そろそろ「瑞龍寺・夏のライトアップ事業」の準備が始まるころだった。

「三日間の会期で三万人入場」を目標に掲げていた。会期といっても夕刻の開場から夜の九時半まで。一日わずか四時間で一万人を境内に入れることが可能なのか。それ以上に一万人も来てもらえるのか。想像もつかなかった。羽場さんは三万人という数字を掲げたものの、実はこの時、弱気だったが、「何とか成し遂げたい」と、病気とは思えない熱い思いを語った。「不可能を可能にする」のが「羽場流」だった。羽場さんの心意気に心を打たれた。

三日間の入場者数は五万四千人。閉門まで押し寄せる人々は、まさに波のごとく、どの顔も何かに憑《つ》かれたような表情だった。高岡市内はもとより、近隣市町、富山市など県東部からもたくさん来場した。ライトアップで浮かぶ瑞龍寺は魔法のように輝いていた。夜の閉会式に羽場さんが病院を抜け出し、駆け付けた。「高岡有史以来の出来事だ」とあいさつ、安堵《あんど》したように病院に戻った。それから三カ月後、亡くなった。六十五歳だった。

羽場さんはなぜ百万人にこだわったのか。北陸新幹線開業に伴い、新高岡駅に「のぞみ」号が停車するのが目標だった。「のぞみ」号とは、新たに北陸新幹線用に命名された「かがやき」のことだ。『のぞみ』が停車しない新幹線駅は、高岡に人が来ないということであり、魅力がないということだ」。「開業までに、瑞龍寺百万人観光客を軸に、魅力ある高岡にしたい」と熱く語った。

ＪＲ西日本と東日本は二〇一四年八月、北陸新幹線開業は一五年三月十四日、最速の「かがやき」は東京―長野―富山―金沢を一日十往復し、東京・富山間を二時間八分で結ぶが、新高岡駅には停車しないと発表した。高岡市や経済界は「長らく要望していたのに、信じられない結果だ。半数は停車すると思っていた」「乗降客数で判断されるなら、駅の利用促進運動を展開したい」と話した。

今後も粘り強く、県や県西部自治体と連携し、ＪＲに働き掛けるそうだ。

羽場さんの「瑞龍寺百万人観光」はあくまで象徴であり、開業までそれ以上の観光客を呼び込む。そのために魅力あるまちづくり、実績づくりを提唱した。ＪＲに「観光客も多く、停車しないとまずい」と思わせ、「停車させる」だけの力量を付けることだった。結論が出た以上、ＪＲが開業日までに停車駅を変更することは難しいだろう。

羽場さんなら、「『かがやき』新高岡駅停車せず」と聞き、どう反応するだろう。座して死す、諦めよ、だろうか。「停車可能な駅」の判定試験には落ちた。だが、試験には必ず再試験がある。「観光客やビジネスマンから〝新高岡駅停車コール〟が上がるくらい、人を呼び込め」。不可能を可能にする羽場さん。戦略の立て直しと、「最後はやる気だッ」。これも羽場さんの口癖だった。

考える機能こそ「地方創生」の一歩

安倍首相は二〇一四年九月、内閣改造で、地方創生担当大臣を設けるなど「地方創生」を大きなテーマとした。民間有識者の組織「日本創成会議」（座長・増田寛也元総務相）の推計では、日本は人口急減社会に突入し、やがて人口が一億人を割るが、東京の人口だけが増え続ける。地方からこのまま、東京圏への集中が続けば、二〇四〇年には半数の市区町村で、行政サービスの維持が困難になり、消滅可能性のある市町村は約九百に及び、その可能性が高い自治体名が公表されるなど、ショッキングな予測が出た。「アベノミクスで潤っているのは、東京を中心とする一部で、地方には浸透していない」「地方は疲弊している」という地方の声は根強い。「地方創生」は統一地方選を意識した政策と、うがった見方もあるけれど、日本の浮沈に関わる重大な問題だ。

この「地方創生」は決して新しいテーマではない。言葉こそ違えども、戦後日本では形を変えて、議論されてきた。田中角栄の高速道路網と新幹線網を整備し、国土の均衡ある発展を掲げた「日本列島改造論」。これも東京圏などの過密と過疎を解決する処方箋といわれた。それなのに東京集中が進んだ。大平正芳は「田園都市国家構想」を打ち上げた。都市と田園の交流を促し、二十万人都市を幾つもつくる。雇用の場を設け、住まいは田園という発想だった。首都機能移転構想も、東京一極集中と危機管理の分散を狙いに一九九二年、「国会等の移転に関する法律」まで成立したが、立ち消えだ。近年の「平成の市町村合併」も地方都市、自治体の生き残りをかけた国策だったが、一時的な財政の窮状を脱しても、人口減は一向に止まらない。それどころか、山間地集落の過疎化がさらに進み、町中の空き家が急増、地方都市の多くがシャッター街を抱える。

人口急減社会のもう一つの背景は、地方で若者の雇用の場が少ないことだ。あっても非正規雇用者が圧倒的に多い。結婚し、産み育てる環境がフランスなどと比べ、寂しい限り。東京圏の大学に進学しても、Uターンできない。雇用や地方都市の魅力、子育て環境。どれも心もとない。

戦後、さまざまな政策が登場したが、なぜ東京一極集中が進み、地方は過疎化するのか。端的に言えば、中央集権を維持したまま、霞が関が権限を握り、地方分権が強力に進まないためでなかろうか。平成の市町村合併の際も、「財源を地方自治体に移譲せよ」という地方の強い要望が反故《ほご》にされた。高速道路や新幹線網の整備も国策で、陳情政治の繰り返しである。

今度、政府は「ばらまき型の手法はとらず、中長期を含む政策目標を定める。各省庁の縦割りを排除、同じような施策は統合する。税制、地方交付税、社会保障制度の見直し検討」を掲げた。口当たりはいいが、甘くはない。煮え湯は何度飲まされたことか。官僚が政策のメニューを並べ、制度と財源で縛るやり方では、また、いつか来た道に戻ってしまうだろう。

鳥取県知事を務めた片山善博氏は「これまで中央政府が、画一的な制度と政策を作っては示し、地方から考える力を吸引し続けた。地方自身が考える機能を取り戻すことだ」と発言している。もちろん、若者の非正規雇用問題の解消や、子育て環境の大胆な支援策などの、バックアップは国の制度改革が必要だろう。しかし、企業立地や産業づくり、雇用の場の確保、街づくりは個々の地方にふさわしいかたちがあるはず。市町村の統合や画一的な街づくりは御免だ。そのためにも、財源・権限を地方へ大幅に移譲する。「考える機能」を取り戻した地方は、小さくとも輝きを放つだろう。

飛越源流の森づくり

そこは岐阜県高山市清見町（旧清見村）、神通川源流に近い森の中だった。蒸し暑い日であった。時折雨が降りしきる。木々の葉っぱはずぶぬれ、雨水が滴り落ちる。雨は葉緑素を含み、顔に当たり肌に染みる。大勢の人が、山の斜面の木々の下をはいつくばる。雨がっぱに身を包み、カマを手に、黙々と作業をしている。下草刈りのボランティアの面々だ。

二〇一四年夏。富山県から百十人、岐阜県から百人、総勢二百十人の草刈りボランティアが集まった。とやまの森づくりサポートセンターの担当者は「きょうは百人を突破した。これで県内から延べ三千人が参加した」と喜んだ。二〇〇六年から年一、二回行う「上下流連携交流事業」だ。神通川の源流は高山市清見町。コナラやミズナラ、クリなど混合林が広がる。幅一メートルもない清流があちこちの谷あいを縫うように、雪解け水と雨水を集め、音を立てている。山中の谷川が集まり支流へ、そして神通川に合流し、富山湾に注ぐ。

「森は海の恋人」という。下流の人々は上流の森の恩恵を受けている。森が元気なら、栄養分たっぷりの水が河川から海に下り、海藻や魚介類が元気に育つのだ。手入れが行き届いた森は、山地にしっかり根を張る。少々の豪雨や台風にも負けない。手を抜くと、山が崩れ落ち、木々が倒れ、災害が起きる。そんな森に感謝し、「恋人をいつまでも大事にしよう」と集まってきた。参加者はみな元気だ。私も射水市ビオトープ協会やきらら

かネットワークの仲間と一緒に参加した。

参加者は普段、地域の里山再生や、森づくりの手伝いに汗を流す、ＮＰＯやボランティア団体の会員だ。大小いろいろだが、この十年間、富山県内で百団体を超えたという。かつてクマが里山や町中まで現れ、人間を襲う事件が相次いだ。北日本新聞のキャンペーン企画「沈黙の森」で森林の倒木や放置、里山の荒廃が進み、クマが人間の生活圏に侵入したことが分かった。「クマと共存を」「自分も何かをしたい」という県民の熱い思いに応え、県は「とやまの森づくりサポートセンター」を設置、ボランティア団体などを支援している。かつて、魚津や新湊の漁師たちが飛騨の山でほそ

ぼそと、植林や下草刈りをしていた。それが県民こぞって参加するまでに成長した。

昼食の合間にグループの隔てなく、情報交換を求め話し掛けてくる。富山市のきんたろう倶楽部《くらぶ》に所属しているという高齢者が「会社の定年と同時に、倶楽部に入会した。もう四十回も活動に参加した。若い人は働き手だから、私ら元気な高齢者が、森林や里山を守らないといけない」と意気軒昂《けんこう》だ。「今年の氷見市余川のタケノコが、イノシシやハクビシンにやられた。高岡市の西田地区では竹林が猛威を振るっている。もう、どこも大変だ」と隣の高齢者も会話に入る。源流も大事だが、足元の里山も整備が追い付かないようだ。

作業が終わり、テント張りの集合場所には、県漁連から海の幸たっぷりのみそ汁、イカとサバの焼き物が振る舞われた。雨でぬれた体を温めてくれる。さしたる労働ではないが、初めて参加し、みそ汁をすすり一息ついた。「森林・里山再生」――言うは易《やす》く行うは難《かた》し。この程度の作業で長年の罪滅ぼしとはいかない。一人の力ではとても及ばない。森と海と人の連携が大事なのだ。

帰りのバスに乗車前、富山組一同が記念撮影した。ズラリと並ぶ各漁協の大漁旗をバックに並び、カメラに収まった。たぶん写真には雨にぬれた飛騨の森林も、大漁旗のバックにしっかり映っているはずだ。山と海と人が一つになった瞬間である。

「中東の風」編

アラファト議長の手

まさかアラファト議長を想う機会が、巡って来ようとは思わなかった。一九九五（平成七）年秋、共同通信加盟社中東訪問団の一員として、レバノン、シリア、イスラエル、パレスチナ自治区など中東諸国を取材、幸運にもガザ地区の議長公邸（通称・ホワイトハウス）でアラファト議長と会った。会見を終え、議長は機嫌がよかったのか、記念撮影や握手の求めにも気軽に応じた。ターバンをまとい、ギョロリとした目、いかつい顔に似合わず、温かく、やわらかな手だった。

故ヤセル・アラファト。今、アラファト議長を知らない世代が多いだろう。中東のパレスチナ独立国家を目指す、パレスチナ解放機構議長だった。テロリストの親玉とも呼ばれた。かつて、そのカリスマ性からイスラエルとの和平合意を進め、国際社会では特別な存在だった。もう一人の和平の立役者はイスラエルのラビン首相。「平和にイエス、暴力にノー」と名付けられて集会で、皮肉にも訪問団が中東から帰国直後に、凶弾に倒れた。「和平はユダヤ人に対する裏切り」と叫ぶユダヤ人青年の仕業だった。「和平が吹っ飛ぶ」「和平の底流は動かない」―当時、国際世論は割れたが、後退も進展もしなかった。むしろ、二十年たった今日、悪化の道をたどろうとしている。

ラビン首相暗殺から九年後の二〇〇四年十一月、アラファト議長がフランスの病院で亡くなった。七十五歳だった。後々、スイスの科学者らが、アラファト議長の下着と旅行カバン、遺骨を精密検査したところ、自然界にはありえない高濃度のポロニウムが検出された。ポロニウムは核兵器をつくる原子炉を所有する国でないと、入手できない。毒殺の可能性がある、と外電が伝えていた。一方、ロシア発のロイター通信は自然死だったと毒殺を否定している。死後十年たっても、ニュースになって登場するアラファト。存在が大きかっただけによみがえらせたい者、記憶さえも消し去りたい者。亡霊のように現れるのだろうか。

アラファトがニュースになる理由はもう一つある。中東訪問時に、アラファトが今にどこにいるのか、側近でも知る由もないと現地で聞いた。深夜に議長公邸で会見した翌日の早朝、エジプトの検問所を通過した際、係官が「さっきアラファトがここを通ったよ」と言うのだ。あえて存在を示し、神出鬼没ぶりをアピールしているのか。いずれにしろ、二日続けて同じベッドに寝たことがないという。いつも敵に狙われ、死線を越えながら、世界を飛んでいた。むしろ、七十五歳まで銃弾を浴びず、命があったのも不思議なくらいだ。

周辺諸国を含め中東情勢は大きく変わった。イスラエルとパレスチナの和平の進展はなく、対立の構図が一層固まり、危機的である。二〇一四年夏、イスラエル軍がパレスチナ自治区ガザを砲撃、ハマスの拠点を破壊する一方、市民や子供ら多数の死者を出した。

あの日の深夜、アラファト議長に会い、ガザ地区からエルサレムのホテルに戻った。原稿を本社に送稿したら、午前三時を回っていた。早朝六時にエジプトに向け、出発予定だった。興奮の余り眠れそうにない。アラファト議長の手の感触を思い起こし、ウイスキーをあおり、ベッドに潜り込んだことを思い出した。二十年たち、再びテロが多発している。せめて和平合意の時代に戻れないものか。あの時の、やわらかな手の感触が忘れられない。

変わる中東諸国　変わらぬ中東問題

歴史的なオスロ合意

イスラエルの首都、エルサレムは不思議な街だった。城壁に囲まれた旧市街は、中世の城郭都市の面影を残す。観光客が多い「嘆きの壁」に顔を伏せ、経典を唱え、祈るユダヤ人の姿は絶えない。かつて、世界に散ったユダヤ人の悲運を嘆く所となったため、その名が付いたという。

そこから程近い所に「黄金のドーム」がそびえ、ドームの真下に、巨大な白い岩がある。イスラム教の預言者ムハンマドが、この岩に手を突いて、一夜にして神様や預言者に会い、遠くアラビア半島のメッカに再び、戻ってきたという。この巨岩はイスラム教の聖なる岩となり、黄金のドームで覆われた。また近くにはイエス・キリストが祭られた聖墳墓教会がある。

エルサレムはヘブライ語で「平和の都」という。ユダヤ教、キリスト教、イスラム教の聖都である。それぞれの巡礼者が世界中から訪れる。旧市街はわずか一平方キロメートルの空間。ここだけは、ある意味、安全な街である。

二十年前の一九九五（平成七）年十月、中東諸国を訪れたころ、中東問題が新聞に連日、報じられていた。その二年前の一九九三年、「中東問題」の当事国、イスラエルとパレスチナの間で「ヨルダン川西岸とガザ地区でパレスチナ暫定自治を認める」と合意した。イスラエルは両地区から順次撤退し、パレスチナ人による選挙で代表を選び、自ら治めるというものだった。交渉はノルウェーの首都、オスロでひそかに行われ、和平協定が結ばれた。これが歴史に残る「オスロ合意」と呼ばれ、同年九月、米ワシントンで、クリントン米大統領の立ち会いでオスロ合意に調印、イスラエルのラビン首相とパレスチナ解放機構（ＰＬＯ）のアラファト議長が握手をした。以来、徐々にではあるが、和平が進展する状況下での中東取材だった。テロがいつ勃発するか、危険地帯であることには変わりないが、平穏な空気が漂うエルサレムだった。訪問したアラブ各国とイスラエルの閣僚、アラファト議長とも会見した。一様に、和平の進展に期待する発言が目立った。しかし、和平は急ピッチと思いきや、中東取材から帰国直後、ラビン首相がユダヤ人青年の銃弾を浴び、殺されたのだ。

４回の中東戦争

なぜ、和平の道をぶち壊す事件が起き、今も紛争、戦争状態が続くのか。根源はユダヤ人とパレスチナ人による領土争いにある。パレスチナ人というが、民族的にはアラブ人だ。現在のレバノンやシリア、イスラエル、ヨルダンなど地中海東岸一帯で暮らす民族を指す。今では自らパレスチナ人と呼ぶ。一方でユダヤ人は、ヨーロッパで差別を受けながら、旧約聖書と新約聖書の時代にさかのぼるが、ユダヤ人の国があり、かつて暮らしていた土地に帰ろうと運動を始めた。これがシオニズム運動と呼ばれる。

イスラエル建国のきっかけは、第二次世界大戦中のユダヤ人に対する虐殺だった。とりわけナチスドイツによる虐殺の犠牲者数は六百万人に上ったという。

ユダヤ人はパレスチナ人が住む土地を「神から与えられた土地だ」と十九世紀後半から移住し始め、パレスチナ人と衝突が始まっていた。第一次世界大戦前まで、パレスチナを含むアラブ地方はオスマン帝国の領土であったが、大戦後、イギリスはユダヤ人とアラブ人にも「建国支援」を約束し、フランスと土地を分け合う密約を交わすなど、こうした行動が中東紛争の火種になった。

第二次世界大戦後の一九四七（昭和二十二）年、国連がパレスチナ地域を、アラブ人のアラブ国家とユダヤ人のユダヤ国家に分ける決議を採択した。ユダヤ人は国連決議に基づき、翌年五月十四日、イスラエルを建国したが、国連決議にない広い地域を、実効支配してしまった。パレスチナの人々は土地を奪われ、追い出され、難民と呼ばれるようになった。以来、パレスチナ人は生命と人権を取り戻そうと闘っているのだ。

イスラエルの建国宣言直後には「勝手に異教徒がやってきて、国をつくるとは許し難い」と同じイスラム教徒が多数を占める、レバノン、シリア、ヨルダン、イラク、エジプト五カ国のアラブ連合軍が、イスラエルを攻撃した。これが第一次中東戦争である。軍事力に勝るイスラエルが圧勝、国連決議で建国したというものの、名実共に国家の存続を勝ち取ったといえる。

中東戦争は第四次まで続いた。この間、国連決議になかったヨルダン川西岸地区をヨルダン、ガザ地区をエジプトが一時占領。エルサレムは国際管理都市に指定されていたが、イスラエルは西側を、ヨルダンは東側を占領したため、パレスチナは三分割状態だった。その後は第三次中東戦争を経て、イスラエルはヨルダン川西岸とガザ地区も占領した。周辺国との関係も変化した。エジプトとイスラエルが和解、イスラエルは占領していたシナイ半島をエジプトに返還したが、シリアのゴラン高原を奪い、現在も占領する。

不幸なのはパレスチナの人々である。難民が周辺国に漂流し、二十年前にやっとオスロ合意に基づき、暫定自治区を得たものの、和平が進展しないことだ。一九九五年十一月ラビン首相の暗殺、その後一進一退していたが、二〇〇四年十一月に、パレスチナ自治区を統括していたアラファト議長が死亡した。中東和平をけん引し、ノーベル平和賞を受賞した二人の死亡は和平への時計の針を戻した、と言っても過言でない。

「アラブの春」中東和平に影

パレスチナ人は基本的にアラブの地域で暮らす。イスラエルとアラブ諸国の関係に変化があろうが、アラブの一員であることに変わりない。「中東問題」の解決をより困難にしているのが中東・北アフリカ諸国で起きた「アラブの春」と、その後の頓挫でなかろうか。

二〇一〇年十二月、「アラブの春」はアフリカ・チュニジアで始まった。チュニジアを代表する花がジャスミンだったため、「ジャスミン革命」とも呼ばれた。長年続いた強権体制に対し、不正にまみれた政治変革を目指した民主化運動だった。一人のイスラム教徒の青年が、抗議の焼身自殺をしたことを契機に、民主化運動に発展、ベンアリ政権が倒された。チュニジアに続き、リビアのカダフィ政権、エジプトのムバラク政権など、三、四十年の長期政権が次々と倒れた。エジプトはイスラエルと和解し、パレスチナ自治区ともチャンネルを持っていた。エジプトは政治的に中東の要である。米国との関係も良好だった。そのエジプト・ムバラク政権が倒れたため、和平を一層困難にした。

二十年前、エジプトを訪れた時はムバラク大統領の看板があちこちの街角に立ち、不満は表面化しておらず、欧米諸国からも信頼を得ていた。だが、「アラブの春」がエジプトにも波及した。反乱の中心は二十代の若者だった。強権体制の中、経済格差の拡大。一部富裕層の特権。ネットやツイッターで若者らがデモに集まった。民衆の力で、新たに選挙によるイスラム系モルシ政権が発足した。

二〇一二年にイスラエルとガザ地区を統治するハマスが軍事衝突した際、仲介役を果たしたのはモルシ大統領のエジプトと米国だった。だが、今度は二〇一三年七月、軍主導の政変でモルシ政権が崩壊、反イスラムのシーシ政権が生まれた。軍主導の政権は、イスラム勢力を弾圧するなど民主化と異なる道を行く。政権運営の不満か、モルシ大統領の出身母体がイスラム原理主義穏健派のムスリム同胞団のためか。どうであれ、選挙という民主主義の手続きでイスラム主義の大統領が選ばれながら、再び「ノー」を突き付けたのだ。地域独特のイスラム政治文化が民主主義を混乱させるのか。それにしても、イスラエルとパレスチナの紛争のたびに仲介役を果たしたエジプトだが、政権の激変が中東和平に影を落とす。「アラブの春」後、民主化道半ばのアラブ諸国の液状化は、中東和平を後退、悪化させる要因になっている。

中東全体に広がる戦火

シリアの変化も大きい。シリア内戦は表向き宗派の対立だ。現政権を後押しするイスラム教シーア派、反体制派のスンニ派。当時、現政権に対する若者を中心とする市民の抗議運動で始まった混乱だが、近隣の反政府側のサウジアラビアと政権側を支援するイランの覇権抗争が絡む。さらに内戦で国内が混乱する中、国際テロ組織「イスラム国」の勢力が流入し、シリアの勢力図を変えようとしている。まさにシーア派・政府軍、反体制派・スンニ派、イスラム国の三つどもえの様相である。シリア政府を支持するロシア、政府と対立する米国。米ロ両国が化学兵器の使用うんぬんで主導権争いした経緯があり、共に安定に導く力を失っている。シリア内戦で人口の一割以上が難民化し、隣国のレバノンやヨルダンに流出した。中東を訪問した時、かつて内戦を経験したレバノンはシリアの庇護《ひご》の下にあった。今やレバノンにはパレスチナ難民とシリア難民が同居している。

イラクの混乱も中東の混迷に拍車を掛けている。イラクのフセイン政権を打倒した米国だが、イラクからの撤退後、激しい宗派対立が混乱を招いている。イスラム教シーア派、スンニ派、グルド人勢力が勢力争いし、イラクという国の分断化が進んだ。何のためのフセイン政権打倒だったのか。さまざまな宗派の対立、分断化、そして中東全体に戦火が広がっている。そうした中、シリア、イラク北部で、急速に勢力を拡大しているのが、シリア国内に拠点を持つイスラム教スンニ派の、過激派組織「イスラム国」だ。「理想のイスラム共同体」を掲げる。実像は謎だが、国際テロ組織アルカイダ系組織を母体とする。イスラム教の預言者ムハンマドの後継者である、「カリフ」が率いる国をつくったと主張する「イスラム国」は、誘拐や略奪、敵対勢力に激しい弾圧を加える。制圧した地域の銀行や資産家を標的に現金を奪う。奪った金を活動資金に回す。この資金を元に世界各地で若者を勧誘するほか、十代の若者を誘拐し、戦闘員に教育、仕立てている。欧米出身者も含め、世界各国から続々と義勇兵が集結する「多国籍組織」で、勢力は拡大し続けている。米国は限定的とはいえ、クルド民族少数派への迫害で人道危機を招いたとして、再びイラク北部で活動する「イスラム国」に空爆を実施した。

この空爆がさらに拡大した。二〇一四年九月二十二日、米オバマ政権はシリア領内にあるイスラム国の〝首都〟の空爆に踏み切った。サウジアラビア、ヨルダンなど周辺のアラブ諸国の同意を取り付け、「米国対イスラム国」ではなく、「（中東の）地域対イスラム国」、国際社会の共通の敵、過激派組織との闘いという構図を前面に出した。これにはロシアやイランは国連決議に基づかない空爆だけに「反対」である。米国など有志連合国の空爆は長期化し、終息は不可能という見方が広がっている。「イスラム国」の原点は反米武闘闘争が始まりという。欧米は利害絡みでイラク戦争などアラブ諸国に介入した。この結果、民衆の反発、抵抗が高まる中、「イスラム国」が生まれたという見方がある。

パレスチナの分裂で和平困難に

アラファトが亡くなって二年後の二〇〇六年、パレスチナの議会選挙でイスラム原理主義組織・ハマスが過半数を占め、翌年にガザを支配した。ハマスが選挙の洗礼を受けて、過半数を占めたこと自体、独裁的なアラファト時代の後半から民衆の支持を失ったのだろう。元来、パレスチナ自治区内にはイスラエルと共存を目指す、穏健派・ファタ派とイスラエルの存在そのものを否定する過激派のハマスが存在した。アラファト率いるパレスチナ解放機構（ＰＬＯ）は穏健派・ファタ派。イスラエルはＰＬＯを交渉窓口にしていた。アラファト議長が過激派のハマスを抑えていたためだ。だが、議会選挙後、パレスチナ内の主導権争いからアッバス議長のファタ派とハマスの対立が激しくなり、ついに銃撃戦にまで発展した。ヨルダン川西岸地区はファタ派、ガザ地区はハマスが支配する二重構造になった。いわばパレスチナ内の分裂である。これまでも過激派ハマスに手を焼くイスラエルは、ハマスが居るガザの封じ込め政策をとった。ガザ地区への出入りの厳重監視、生活用品や薬品をガザに入りにくくするなど経済封鎖した。怒ったハマスがガザの広い範囲にトンネルを掘り、ロケット弾を保管、武装強化した。イスラエルは二〇〇八年以降、何度もガザへ大規模な攻撃を重ね、双方の憎しみと不信感が高まっていた。この間、停戦にこぎ着けてもその場しのぎ、常に火種を残していた。

二〇一四年七月八日、懸念した通り紛争が勃発した。引き金は、イスラエルの少年ら三人がハマスに殺害されたと、イスラエルがハマスの活動家を拘束した。これにハマスが反発し、イスラエルにロケット弾を撃ち込み、逆にイスラエルが大規模な攻撃をかけ、戦争状態に発展した。軍事力に勝るイスラエルによるトンネルの破壊はもちろん、子供ら一般市民にまで被害が拡大、大勢の死傷者が出たため、国際世論の批判を受けた。

そもそもハマスは、エジプトで創設されたイスラム原理主義組織「ムスリム同胞団」が母体で、ムスリム同胞団パレスチナ支部だ。かつて、イスラエルがＰＬＯの弱体化を図るため、対立するハマスを援助したという。今度はそのハマスの過激な行動に手を焼いている。これまでもイスラエルとハマスとの交戦があったが、そのたびにイスラエル寄りである米国とはいえ、仲介役になり、停戦に持ち込んだ。

リーダー不在が混迷に拍車

中東諸国の混迷はこれまで述べた通り、宗教・宗派対立の中に英仏など欧州諸国、第二次世界大戦後は米ロ（旧ソ連）の介入で一層混迷、混乱に輪を掛けている。特に利益絡みで米国はイラクなどアラブ諸国に軍事介入し、失敗を繰り返す。さらにロシア台頭に合わせるように、米国の国際政治や世界経済の一強の地位が揺らぎ、中東でもリーダーシップが発揮できない状況である。

こうした中、パレスチナ自治政府は二〇一二年、国連総会に国連非加盟オブザーバーの地位を、現行の「機構」から「国家」に格上げにする決議案を提出、採択された。この決議は正式な国家承認ではなく、ある意味「政治宣言」だ。イスラエルと米国は反対したものの、多くの国は承認した。

一方、「中東問題」の当事者、イスラエルとパレスチナ自治区の周辺諸国が変質、混乱する中、アッバス・パレスチナ自治政府議長が率いる主流派組織・ファタ派と、ガザ地区を実効支配するイスラム過激派組織・ハマスが、二〇一四年四月、暫定統一政府の発足に向け、再び合意した。分裂していたパレスチナ自治区の再統一である。アッバス議長が国連外交を基軸に、イスラエルを追い込み、和平交渉に当たる戦術をとったのだ。和平実現へ一歩動き出したかに見えた。

これに対し、イスラエルは、テロ組織・ハマスを抱える統一政府の発足について、この合意案に反発を強め、久しぶりに再開した和平交渉が決裂の危機に突入したのだ。元来、ハマスはイスラエルの生存権を根本的に否定し、自爆テロを行うなど、欧米諸国や日本はテロ組織に指定している。ハマスが二〇〇七年にガザを武力制圧し、イスラエルとの境界封鎖を強化した経緯があるためだ。アッバス議長は、パレスチナ自治区内の和解と統一は矛盾せず、「ガザはパレスチナ国家の一部。ヨルダン川西岸との統合はパレスチナ国家樹立にとって不可欠」と見ているのだ。

パレスチナを国家格上げの国連決議案、パレスチナ内の統一で和平への話し合いの下地が見えてきた中、米国は二〇一四年春、和平交渉の再開を目指した。肝心のイスラエルとパレスチナの国境の画定、双方が「首都だ」と主張するエルサレムの帰属問題、パレスチナ難民の帰還などが残されており、交渉は期限内での合意目標とした。

だが、米国とイスラエルは同盟国である。米国はユダヤとのつながりが深い。米国は中東和平の仲介役と言いつつも、パレスチナ「国家」承認決議に反対するなど〝本気度〟は分からない。ケリー米国務長官は「指導者の決定次第だ」と発言するなどどこか、腰が引けている。そうした中、イスラエルは中東和平の交渉を中断したのだ。

停戦合意、和平の枠組みづくりを

二〇一四年七月八日の戦闘勃発以来、ほぼ一か月半ぶりに、イスラエルとハマスが長期停戦に合意した。この間、イスラエルとガザ地区を実効支配するハマスが戦争状態になった。軍事力に勝るイスラエルは一般市民や学校までも攻撃し、パレスチナ人の死者は二千百人を超え、負傷者は一万一千人以上に上る。イスラエル側も約七十人以上死亡した。ガザ地区で攻撃を受け、住宅を失った市民約四十七万五千人が避難民となった。住宅や学校、難民の増大など、被害の拡大は周知の通りである。攻撃と停戦が繰り返され、米国や欧州諸国、国連機関が停戦に向け、仲介に乗り出しても、なかなか進展しなかった。両者の要求に大きな隔たりがあるだけでなく、もはや米国には力がないのである。

停戦合意は突然だった。仲介役が米国でもエジプトでもなかった。イスラエルとハマスの思惑が一致したという。仲介と交渉の結果による停戦合意ではない。ハマスはハマス幹部の暗殺を恐れ、イスラエルは国際社会の非難とパレスチナの外交攻勢を恐れたためと伝えられる。双方のトップが何らかの政治的地位の保全を図ったのだろう。それにしても米国やエジプトを始め、アラブ周辺諸国が仲介役に登場し、まとめることができなかった。中東諸国は基本的に親米派だ。それでもオバマ・米国は仲介に失敗した。

今回の長期停戦合意も、イスラエル、パレスチナ双方が内部事情を抱えているだけに、再び、戦闘状態に突入する可能性がある。敵対関係の終焉は強固な和平の進展しかないのだ。二十年前の合意の立役者はノルウェーだった。今は米国なのか、エジプトなのか。やはり第三国か。

和平交渉は停滞し、パレスチナ難民は増加し、ヨルダン川西岸地区へのイスラエルの入植者は増えるばかりである。入植者はオスロ合意時に約十一万人だったが、三倍以上に膨れたという。一九九五年十月、ヨルダン川西岸を訪れた時、入植地がすでに拡大し、町さえ形成している状態だった。この暫定自治区やエルサレム近郊からの、ユダヤ人入植者の撤退など不可能ではないか、と思えるほど固定化していた。

ただ言えることは、今度の攻撃、戦争で、パレスチナ人を中心に、民間の犠牲者があまりにも多いのだ。ハマスに対し「テロの封じ込め」を名目の攻撃は、多くの市民生活を破壊し、多数の死傷者を出した。破壊される街や学校、泣き叫ぶ子供たち。あまりにも犠牲が大きい。この事態に東京でも抗議の声が上がった。ＮＰＯ法人「日本国際ボランティアセンター」など十数団体が緊急集会を開き、即時停戦を求めた。イスラエルがガザの人口密集地に攻撃し、ロケット弾を無差別に発射する状況を批判、「一般市民を標的にする行為は戦争犯罪だ」と訴えた。こうした声は欧米でも上がった。一国の力に頼れない時代だけに、国際社会で国連外交や国際世論が重要になってくるだろう。

日本の外交・民間支援に期待

かつて聖地を追われ、虐待されたユダヤ人。ユダヤの人々がイスラエルを建国し、長年、生活の根を張っていたパレスチナの人々が追われ、難民化した。オスロ合意で和平の道筋が見えたが、停滞と闘いを繰り返す。それを裁き、まとめるリーダーや国が存在しない。二つの世界大戦を経て、中東諸国は西欧諸国の覇権主義と米ロの思惑などさまざまなかたちの分断が進んだ。そしてアラブの春、宗派間の対立と過激化する集団の台頭。イスラエルとパレスチナ人の対立、憎悪にとどまらず、もぐらたたきの解決策ではとても安定は望めない。中東諸国全体が液状化し、新たな「中東戦争」が始まったと指摘する専門家もいる。まさに「新中東戦争」はかつてなく世界の政治と経済を混乱に陥れるだろう。

日本の中東外交といえば、「油乞い外交」だ。産油国の多い中東が紛争のため、原油の輸入や輸送に支障を来せば、日本経済への打撃は大きい。その時々、産油国と外交交渉で道を開いても、中東の平和に何ら寄与するものではない。ただ、日本は一九七〇年代以降、アラブ諸国と良好な関係を築いてきた。イスラエルとの関係も良い。中東諸国を訪問した時、各国の主要人物は、ほぼ一様に日本の経済支援に感謝し、一層の貢献を求めた。当時、ゴラン高原に自衛隊PKOの派遣が決まり、日本国内では軍事面での新たな国際貢献を期待する見方があった。その後、シリア内戦による治安悪化でPKOは撤収している。

しかし、シリアやレバノン、イスラエル、パレスチナのアラファト議長らは軍事面に特段、期待していなかった。経済支援では日本一国で欧米にも負けないことを承知している中東各国は「外交政治面に力を貸してほしい」と語ったことを思い出す。日本の軍事力でなく、外交力に期待していた。それは〝外交辞令〟ではない。欧米諸国と違い、どこにも肩入れしない日本、今もNGOやNPO、ボランティア団体など民間団体の支援に期待がかかる。

あらためて振り返りたい。一九九三年九月の「パレスチナ暫定自治協定」共同宣言にラビン首相とアラファト議長が握手し、共同宣言に調印したニュースは世界中に衝撃を与えた。ワシントン・ホワイトハウスでの調印式ではクリントン大統領が真ん中に立ち、ラビン・アラファト両氏の体を抱える光景はまさに歴史的であった。式典を見る限り米国が仲介し、合意に導いたと思いがちだが、実はノルウェーだった。首都・オスロに関係者を呼び、秘密裏に交渉、合意にこぎ着けた。これが「オスロ合意」と言われるゆえんである。日本は日米同盟を結び、西側の一員とはいえ、戦争放棄を掲げた平和主義の国家である。しかも経済力がある。中東とは遠い極東の日本だが、中東諸国は日本・日本人に対し、親近感を抱いていた。パレスチナはむろん、中東諸国の難民や民衆に対し、官民挙げての支援が求められる。間違っても軍事力ではなく、経済、生活支援の積み重ねが民衆の支持を得る中、外交力が発揮できるはずだ。

中東和平への年表

1948年	国連決議に基づきイスラル建国 第1次中東戦争
1956年	第2次中東戦争（スエズ戦争）
1964年	PLO（パレスチナ解放機構）設立
1967年	第3次中東戦争
1973年	第4次中東戦争
1993年	イスラエルとパレスチナがパレスチナ暫定自治合意（オスロ合意）
1995年11月	イスラエルのラビン首相暗殺（10月、著者中東訪問取材）
1996年	イスラエルとシリア国境のゴラン高原に国連平和維持活動（PKO）の一環として自衛隊派遣（2012年撤収）
2001年9月	米国同時多発テロ
2003年	イラク戦争、フセイン政権崩壊後にイラクは内戦状態に
2004年11月	アラファト議長死去
2006年	ハマスがパレスチナ地方議会選挙で過半数占める。翌年ガザ支配し、パレスチナ分裂
2010年12月	アフリカ・チュニジアで「アラブの春」始まる
2012年11月	パレスチナ自治政府が国連で「オブザーバー国家」に承認決議
2014年7月	イスラエルがガザ攻撃、戦争状態に。翌月停戦
8－9月	米国がイラク北部・シリア内に拠点を持つ「イスラム国」を空爆

パールベック村（レバノン）の結婚式　吉川信一（洋画家・砺波市）

パレスチナの子どもたちに出会って

洋画家　吉川信一（砺波市）

富山県洋画連委員長のころ、美術団体の会合で上京の折、洋画家の上條陽子さん（東京）と何度か会う機会がありました。ある時、「吉川さん、あなたも今度、中東のレバノンへ行かない。私、パレスチナ難民キャンプで子どもたちに美術指導しているの」と誘われました。酒も少々入っていたためか、「あァ、いいよ」と軽い気持ちで返事をしてしまい、しばらくして、出発の催促。パレスチナやレバノンと何の接点もない自分ができるだろうか。不安はあったが、これも何かのご縁と思い、二〇〇八年、九年にパレスチナ難民キャンプで子どもたちに美術指導する機会を得ました。

ＮＰＯ法人「パレスチナ子どものキャンペーン」（本部・東京）の絵画教育部門を担っているのが、上條陽子さんが代表を務める「パレスチナのハート・アートプロジェクト」です。このＮＰＯ法人は農業技術や環境、医療など様々な分野でパレスチナ難民の支援を行っています。

当時、中東レバノン国内にはパレスチナ難民キャンプが十一カ所ありました。特にその一つ、二〇〇八年に訪れた首都ベイルート市内にあるシャティーラ難民キャンプで実践した様子を述べてみたいと思います。

美術教育の分野でプロの芸術家に指導してほしいという要請があり、「パレスチナのハート・アートプロジェクト」代表の上條さんら仲間四人で訪れました。私は中高生・大人十三人にデザイン教育を行いました。第一段階は花をモチーフにした写生と和紙と墨を使った線描画、第二段階はアイデアスケッチ・構成（単純化・抽象化）、第三段階はそれらを基に「世界平和」というコンセプトでマークデザインを制作するカリキュラムを組みました。

他の仲間たちは、約四十人の低学年の子どもたちに絵画やステンドグラス、コラージュ、時計をモチーフにした造形、パズルの箱、紙を使った車、動く動物の工作などの制作指導に当たりました。多くの子どもたちが参加し、その熱気で圧倒される感じでした。午前の部は九時から正午まで、午後の部は三時から六時まで。休憩なしのハードスケジュールでしたが、子どもたちの目は輝き、学習意欲はとても強く、飽きることなく熱心に取り組んでいました。

代表の上條さんは八年間、毎年指導に訪れ、全ての難民キャンプを回ったそうです。ベイト（子供の家）のソーシャルワーカー、ジャミーラさんによれば、毎年来てくれる人はほかにいないとのことです。

子どもたちは満足な教育の機会も与えられず、大人になっても働く場所や職種も限られているため、苦しい生活環境に耐えなければなりません。彼らの希望は母なるふるさとパレスチナの地に帰ることです。ベイトの壁には家の鍵を模した作品が飾ってあり、ふるさとの家の鍵を開けて帰るという気持ちを表しているとのことでした。

子どもたちには予想以上の理解力があり、英語を自由に操ることのできる優秀な生徒も集まっていましたが、私のブロークンイングリッシュでは、専門用語の説明や細かい指導はできないので、レバノンの若い女性にアラビア語に訳してもらいました。最初、戸惑っていた子どもたちですが、やがて自由な色使いで絵を描き始め、アイデアもどんどん出てきます。私が教員時代の富山の高校生と比べても遜色がありませんでした。こころが解放されるのでしょうか。最後の学習課題で世界平和のマークを描いた時、肌の違う人間が手を取り合い、一つの輪を作っているデザインもありました。平和への思い、エネルギーを感じました。

私のライフワークの芸術のこととか、芸術教育に関することで協力ができたことをうれしく思うとともに、「暴力と破壊、殺人が日常化している状況は何だろうか」「人間として生きるということの意味」、そして「将来の希望をどこに求めるべきなのか」を自分の目で確かめなければならないという気持ちがますます強くなりました。

どんな状況下にあっても未来を信じ、しっかり生きていこう、生き抜いていこうとする子どもたちの強い姿勢が感じられて、逆に勇気をもらったような気がしました。

一九八二年、「サブラ・シャティーラのマサカ」と呼ばれた大虐殺があり、約三千人が殺されたという歴史を持つこのキャンプですが、ジャミーラ

レバノン・ベイルート市内のパレスチナ難民キャンプで子どもたちに美術指導をする吉川さん（中央）＝2008年7月

さんが語った「私の希望は、故郷でいろんな人たちと共存することである」という言葉が忘れられません。

キャンプ内の生活環境は劣悪で停電がしばしば発生、水道・下水道も整備されていません。キャンプ地以外には土地の所有も認められておらず、建物といえば、人口増加とともに質の悪いレンガとセメントで上へ上へと建て増しするしかありません。七、八階建ての櫛《くし》の歯のように細い建物が乱立し、狭い道路は真っ暗でじめじめしています。

私たち日本人が子どもたちのために遠い国からわざわざ来てくれたということで、とても親切に優しく接してくれました。先の彼女の「共存」というキーワードが今でもずっしりと胸に突き刺さっています。いつになったら、この思いから解放されるのか。難民キャンプで出会った子どもたちが思い出され、考えるほどにウイスキーの量が増えてしまいます。

あとがき

新聞コラムは新鮮さがいのちという。その鉄則からすれば、二十年も経過しての書籍化は無謀というほかない。歴史の一端を知り、今の時代を読む手掛かりにしてほしい、と言っても読者に理解してもらえるとは到底思えないが、自分史のつもりでまとめ出版した。ご了承願いたい。

コラム担当は「事件記者」だった。すぐにでも書けるテーマはそうない。知らないこと、難しいテーマは山ほどあった。それでも書いてみたい、書かねばならないニュースが飛び込んでくる。あるいは出勤途中にカーラジオから流れてきた話題、久しぶりにスカッとした青空や夕日を眺め、書き換えたこともあった。中でも締め切りの正午ごろ、当時の村山首相が辞意を表明したというニュース速報が流れた。急きょ原稿を差し替えたことも忘れがたい。野球の打者でいえば、球を見送るわけにいかない。ピッチャーゴロでもいいから、バットを振り抜き、当てねばならない。予告なしで発生した事件や話題の取材におじけづいてはいけない。自分の持てる知識と限られた時間で勝負する。「事件記者」と同じと思ったゆえんである。文章は上達しなかったが、その分度胸はついた。一方、せわしいニュースから一時離れ、読者に少しでも安らぎをと、柄にもなく、野山の花々や木々、子供や身近な暮らしの話も書いた。大事な友である「植物の本」に助けられた。

まえがきで論説委員時代は特別な在籍だったと述べた。「若い自分がなぜコラム担当を」と困惑したが、後々の報道編集活動や新聞社生活の「糧」となり、随分役立った。森羅万象の出来事に立ち向かうことは、新聞社のスピリットでもあるのだ。

コラム集をまとめるに当たり、二十年の空白をどうしたら埋めることができるか悩んだ。それなら、わずか十六年後に発生した、阪神大震災に勝るとも劣らない東日本大震災の被災地を訪ねようと思い立った。被災地で会った人々は元気に振る舞っていた。だが、町の区画整理事業の発表など計画から既に一年遅れており、

「このままいけば、四度も冬の仮設住宅住まい」と嘆いた。また大槌町で出会った週刊「大槌新聞」のスタッフにカンパのつもりでお金を差し出したところ、「その金額でぜひ、県外購読者に」と懇願された。一週間ごとに自宅に届く新聞を楽しみにしており、自分と被災地をつないでくれる。被災地での取材を「岩手三陸を訪ねて」としてまとめた。中東問題の取材は厳しいため、かつて現地で聞いた話をベースに北日本新聞などニュースや書籍を頼りにまとめてみた。十九年前の「和平のゆくえ」の補足とした。

中東に関していえば、砺波市の洋画家、富山国際現代美術展運営委員長の吉川信一さんの作品「パールベック村の結婚式」と偶然出合ったことが大きい。北日本新聞社が毎年正月、本社で開催している「色紙展」でこの作品が展示してあった。聞けば、吉川さんは二度仲間とともに、レバノンで難民となったパレスチナの子供たちを美術教育のため訪れたという。私以上にパレスチナ難民問題に詳しい方だった。寄稿文をお願いし、私の拙い報告を十二分に補足していただいた。

本書の題字「春秋の風」は高岡市の書家、日展会友の嶋崎一翠さんにお願いしたところ、快く引き受けていただいた。嶋崎さんには高岡支社長時代から当社のカルチャー教室の講師などいろいろお世話になっている。

出版に当たり、名前や肩書のほか市町村合併に伴い、変わった地名や施設名など固有名詞は当時のままとした。

最後に何とかコラムを書き上げ、刊行できたのも論説委員時代の明石志行論説委員長（故人）をはじめ、論説室の仲間や先輩諸氏に助言を頂いたお陰であり、感謝したい。今度の出版で、出版元は北日本新聞社、編集制作は北日本新聞開発センター、印刷は北日本印刷にお願いした。厚くお礼を申し上げる。

二〇一四年十二月

梅本清一

著者略歴
梅本清一　うめもと せいいち
1951年、富山県射水市（旧小杉町）生まれ。1974年富山大学経済学部卒業、北日本新聞社入社。論説委員、社会部長、政治部長、取締役編集局長を経て、広告局長、高岡支社長、常務取締役社長室長、関連会社社長などを歴任、2014年退任。現在は同社相談役。

新聞《しんぶん》コラム
春秋《しゅんじゅう》の風《かぜ》　「震《しん》」の時代《じだい》に生《い》きる

２０１５年1月1日発行

著　者　梅本清一
発行者　板倉　均
発行所　北日本新聞社
編集制作　（株）北日本新聞開発センター
印刷所　北日本印刷（株）
装　丁　土井野デザイン事務所

定価はカバーに表示してあります。
©Umemoto Seiichi
ISBN 978-4-86175-081-6 C0095 Y2000E
＊乱丁、落丁本がありましたら、お取り替えいたします。
＊許可無く転載、複製を禁じます。